Operários da fé
O padre na sociedade brasileira

José Carlos Pereira

Operários da fé
O padre na sociedade brasileira

© 2023 - José Carlos Pereira
Direitos em língua portuguesa para o Brasil:
Matrix Editora
www.matrixeditora.com.br
/MatrixEditora | @matrixeditora | /matrixeditora

Diretor editorial
Paulo Tadeu

Capa, projeto gráfico e diagramação
Patricia Delgado da Costa

Revisão técnica
Joaci Pereira Furtado, doutor em História Social pela USP

Revisão
Adriana Wrege
Silvia Parollo

CIP-BRASIL - CATALOGAÇÃO NA PUBLICAÇÃO
SINDICATO NACIONAL DOS EDITORES DE LIVROS, RJ

Pereira, José Carlos
Operários da fé / José Carlos Pereira. - 1. ed. - São Paulo: Matrix, 2023.
240 p.; 23 cm.

ISBN 978-65-5616-310-9

1. Clero - Vida religiosa - Brasil. 2. Igreja Católica - Clero - Vida religiosa. 3. Espiritualidade - Igreja Católica. 4. Clero - Ministério. I. Título.

22-81560   CDD: 253.2
                   CDU: 2-725-584:2-726.3

Gabriela Faray Ferreira Lopes - Bibliotecária - CRB-7/6643

Sumário

Prefácio 9
Introdução 15

I – Qual é o perfil do clero brasileiro? 19
   1. Predominantemente secular. 21
   2. Nascido no Brasil 25
   3. Relativamente jovem 26
   4. Majoritariamente branco 30

II – A origem social do padre brasileiro 35
   1. Origem familiar 36
   2. Estilo de vida 37
   3. Demografia familiar 41
   4. Família patriarcal 44
   5. Tradicional família católica 47
   6. Orfandade 50
   7. Relação econômica com a família 54
   8. Escolaridade dos pais 58
   9. Homem do povo 60
  10. Raízes agrárias 63
  11. Renda familiar 65

III – Formação e produção intelectual do padre brasileiro . . 69

1. Nível de instrução 70
2. Interesse em se instruir 75
3. Satisfação com a formação recebida 78
4. Produção intelectual 79
5. Interesse em obter informação 80
6. Conexão com o mundo virtual 81

IV – Pastorais e ministérios dos padres do Brasil 83

1. Satisfação com o papa Francisco 83
2. Excesso de missas dominicais 84
3. Nem todos se consideram missionários 87
4. Satisfação com as côngruas 90
5. Nível de entusiasmo 92
6. Relacionamento fraterno com outros padres 94
7. Panorama da organização das paróquias 95
8. Padres de origem rural em paróquias urbanas 96
9. Gestão das paróquias 98
10. Desafios pastorais 99
11. Uma categoria desunida 102
12. A relação com os bispos 104
13. Crise vocacional 106
14. Arrefecimento nos trabalhos sociais 108
15. O celibato 110
16. Tempo de ministério sacerdotal 112
17. Conexão com as redes sociais 115
18. Relacionamento com diáconos permanentes 118
19. Relacionamento com outros padres 121
20. Resistências ao ecumenismo. 123
21. O perfil da identificação pastoral 125
22. Envolvimento com o trabalho vocacional 129

V – A espiritualidade do padre brasileiro 135

1. A confissão dos confessores 136
2. Direção espiritual 141

3. O Ofício divino 142
4. Os padres são felizes? 142
5. Retiro do clero: necessidade ou obrigação institucional? . . 147
6. Padres que rezam 148
7. Fontes próprias de espiritualidade 149

VI – A saúde física e mental do padre brasileiro 153

1. O sedentarismo e suas consequências. 155
2. Como os padres cuidam da saúde 157
3. A qualidade da alimentação do padre 159
4. Os padres têm plano de saúde? 165
5. Acompanhamento psicológico 166
6. Problemas psiquiátricos e suicídio 169
7. Relações de amizade 179
8. A sociabilidade. 183
9. Problemas crônicos de saúde 185
10. Identidade afetivo-sexual. 187

VII – A vida cultural do padre brasileiro 193

1. Cinema 194
2. Teatro 196
3. Lazer 198
4. Férias 202
5. Viagens e destinos preferidos 206

VIII – Os padres e a sua relação com a política 211

1. Afiliação partidária 213
2. Apoio a candidatos em época de eleição 216
3. Satisfação com o governo federal 218
4. Pastoral de Fé e Política 218
5. Relação com as políticas públicas. 220

Considerações finais 225
Anexo. 227
Referências bibliográficas. 237

Prefácio

O texto bíblico de João 8:32 nos convida a embarcar numa viagem em torno da verdade. Ela deverá nos libertar, segundo diz a perícope. Mas a verdade é "não toda". Isso implica dizer que ela está sempre em construção e a partir do sujeito.

O livro do sociólogo José Carlos Pereira, que também é padre, conduz para essa verdade sempre em aberto. Ao analisar sob a ótica das Ciências Sociais o perfil do clero no Brasil, cria-se um espaço para o diálogo e a elaboração de "verdades" individuais, numa tentativa de, no "todo", contemplar as partes, ou seja, os padres deste país de dimensões continentais.

Exerci o ministério sacerdotal por 16 anos. Nesse período, ocupei diversos cargos e funções e, por quase dez anos, fui formador das etapas configurativa e discipular de seminários. Essa função exigia uma construção da "verdade do sujeito". Tal elaboração contemplava um intenso diálogo com os regimentos institucionais. Ser religioso é adaptar-se a um modo de ser. Sob a tutela da palavra "vocação" há um construto pessoal/psíquico que não pode ser esquecido.

Para contribuir nessa função formativa de futuros padres, decidi enveredar pelo campo da psicologia. Nada novo no meu entendimento, uma vez que os estudos anteriores – filosofia, teologia, especializações e mestrado – acenavam para o campo psíquico como um campo melindroso e de suma importância. Eu vinha de um longo período de análise pessoal que em muito colaborou com a compreensão desse papel formativo dentro da Igreja Católica e tinha o desejo de trabalhar essa dimensão com mais afinco na formação dos futuros padres.

Após a conclusão do curso de Psicologia, enveredei pelos caminhos da escuta clínica. Recebi em meu consultório, além de pessoas religiosas consagradas, seminaristas e padres. Todos eles buscavam conciliar "as verdades": as suas com as da Igreja. Aqui começava o drama vivido por muitos deles: elas se tocavam, mas não comungavam plenamente. Mas o não tocar não significava que havia uma inaptidão para o ministério. Era preciso construir um caminho, uma verdade – a do sujeito. Daí a importância de cuidar da saúde psíquica para que pudessem responder com bravura ao suposto chamado de Deus.

A saúde psíquica é um fator importante para que as pessoas, não somente as da Igreja, atinjam certa plenitude em todas as dimensões da vida, inclusive a vocacional. Hoje, um acompanhamento com um profissional da saúde mental não pode mais ser estigmatizado. É urgente e profundamente valioso. Quando adentramos o campo religioso, no sentido dado por Pierre Bourdieu, dos gerenciadores do sagrado, encontramos sujeitos adoecidos por inúmeras questões que merecem ser pontuadas. Neste livro, fundamentado em dados estatísticos, o autor demonstra com muita clareza essa realidade.

Partindo daquilo que Freud disse ser a constituição psíquica do sujeito – o sexual –, encontramos nesse campo religioso uma moral que busca o controle e a normatização dessa "pulsão" que atravessa seus membros. A palavra encontrada pela Igreja nos últimos séculos para manter o controle sobre o sexual é *sublimação*. Quem se aproxima da Igreja para exercer nela o que supostamente se chama de "vocação" deve sublimar seus impulsos sexuais e viver a dimensão celibatária e a castidade.

Aqui encontramos o primeiro problema. A pulsão, segundo Freud, sempre busca a sua satisfação. Entendendo isso, a Igreja utiliza um termo criado por esse mesmo autor para tentar abafar a dimensão sexual: a sublimação. Seria uma forma de canalizar essa energia sexual para outras áreas de atuação, quase como uma suplência. Mas o psiquismo não funciona por suplência, e a pulsão sempre cobra sua satisfação. É como se algo faltasse ao sujeito, criando certa frustração e um vazio, muitas vezes inominável, uma vez que tudo isso acontece de modo inconsciente.

Um trabalho de análise daria ao sujeito a condição de fazer algo com isso que não se nomeia. Possibilitaria uma escuta do seu próprio inconsciente, dando ao sujeito a condição de se haver com suas questões e de escolher qual caminho ele desejaria seguir. No entanto, este livro mostra que 56,6% dos padres brasileiros não fazem acompanhamento psicológico e nenhum outro trabalho de análise ou de escuta do seu inconsciente. E, como esse campo carrega ainda um estigma, muitos são atropelados pelas suas próprias questões não trabalhadas e acabam sofrendo por não conseguir nomeá-las. É tudo uma questão de escolha. Goza-se com o sofrimento também.

O segundo problema é a dimensão na qual esse sujeito religioso está inserido. Há uma moral que tece um pano de fundo e o obriga, seja ele ministro ordenado, seminarista ou mesmo um fiel leigo, a se encaixar. A moral religiosa é normativa e excludente. Ela lida com aqueles que se "adaptam" às regras: "Para estar aqui é preciso viver assim". Eis o desdobramento do problema: muitas vezes o próprio sujeito religioso ou mesmo o leigo não consegue se adequar à norma moral. Há uma dicotomia reinante: prega-se algo, mas vive-se de modo destoante. É importante lembrar também que, para muitos, manter-se inserido nesse tecido moral é desgastante e ao mesmo tempo doloroso, mas muitos religiosos foram capturados pela ideia de um chamado sem questionar suas verdadeiras intenções. É como cair numa teia de aranha e não conseguir sair.

Para confrontar essa dimensão moral que deseja colocar todos em uma tessitura única, anulando a particularidade de cada sujeito, podemos focar o trabalho analítico como um campo ético – diverso da moral. A ética tende a tirar o sujeito da teia. Ela deseja acolher o que há de mais singular na sua existência. Uma escuta ética visa acolher o que é dito, sem nenhum juízo moral. Não há um pano de fundo em que o sujeito deva se encaixar. Há, antes de tudo, uma história que precisa ser acolhida, reescrita, às vezes, mas trabalhada pela própria palavra do sujeito, que deverá se haver com o seu dito. Eis o caminho da construção "da verdade".

Escutar-se, num trabalho terapêutico, é algo doloroso, mas necessário. Muitos procuram a terapia ou a análise quando algo fugiu do seu suposto controle. Uma análise não tende a numerar resultados, mas, se fosse possível fazê-lo, eu afirmaria: uma análise responsabiliza o sujeito diante do seu "dizer" e do seu "fazer", ou seja, o coloca nu diante de si mesmo, não havendo mais nenhuma roupagem institucional que o proteja. Por isso, fazer análise dói e não é para todos – é para quem banca o desejo, e, entre os padres brasileiros, apenas 43,4% se arriscam a buscar ajuda terapêutica e, como disse, depois que algo escapou ao seu suposto controle.

Durante as escutas de pacientes padres, ficava clara a dicotomia entre responder a um chamado e elaborar o que é da ordem singular. A palavra reinante era "inadequação" – um sentimento de não pertencimento, mas ao mesmo tempo de zelo e desejo de servir a Igreja com seus dons. Acolher esse vazio angustiante e deixar que o próprio sujeito construa com suas palavras uma "verdade" sobre si e sobre a instituição foi a saída que muitos encontraram para seguir respondendo à vocação.

O livro do pesquisador José Carlos Pereira lança luz sobre esses vazios institucionais e pessoais. Sua leitura nos convida à construção de uma verdade – não pronta, acabada, limitada e total, mas antes de tudo uma verdade mutante, em eterna construção, acompanhando a mudança dos tempos e a capacidade de cada sujeito de ser a partir de si mesmo.

Como numa análise interminável, este livro não termina, pois aponta desdobramentos que são verdadeiras pistas para pesquisadores de diversas áreas que se interessam pelo campo religioso. Sua leitura socioantropológica, mas também com recortes teológicos e psicológicos, busca entrelaçar o peso da construção subjetiva de cada membro da vida institucional. Um caminho interminável e que precisa de companhia durante o percurso. Daí a importância de fazermos memória do texto dos discípulos de Emaús – tristes, cabisbaixos, seguiam o caminho. Emaús não deveria ser o ponto final, mas seria se não tivesse alguém que escutasse a angústia daqueles homens pelo caminho. Embora 94,9% dos padres tenham dito ser felizes como padres e com o que fazem e 88,5% deles acompanharem com alegria e entusiasmo a caminhada pastoral da Igreja, permitir acompanhar e ser acompanhado é fundamental para o equilíbrio na missão e a alegria de servir.

Enfim, este livro, resultado de vasta pesquisa do autor, pode servir de alerta não apenas para os padres, mas para a Igreja em geral e, sobretudo, para os bispos, de modo que deem maior atenção ao seu clero e saibam ler os sinais que indicam que o padre está precisando de ajuda. Serve também para as pessoas em geral, para que compreendam que por trás da batina dos homens de Deus há também seres humanos com fragilidades, que precisam ser vistos e tratados como tal, sem perder de vista aquilo que é próprio de sua escolha. Padres não são super-homens, mas homens comuns com propósitos extraordinários.

Professor Mestre Fábio Geraldo da Costa
Psicólogo clínico

Introdução

O objetivo da pesquisa que originou este livro foi, entre outros, traçar o perfil do padre na sociedade brasileira para melhor compreendê-lo, assim como entender uma sociedade ainda predominantemente católica, mas com um índice alarmante de sacerdotes que precisam de ajuda. Aqueles que se consagram e dedicam as suas vidas para ajudar os outros também precisam de auxílio. Foi isso que mostrou essa pesquisa e é isso que mostra a taxa de clérigos com problemas de saúde física e mental, bem como o índice de suicídio entre eles – o que ocorre no Brasil e no mundo, mas nem sempre é divulgado. Padres que se sentem sozinhos, esquecidos. Temos aqui um diagnóstico preocupante, resultado de pesquisa nunca feita nessas proporções, tanto pelo número de padres que alcançou e pela abrangência das questões que foram aplicadas quanto pela contundência das respostas, que nos levam a pensar os rumos da Igreja e outras questões relacionadas à vida do padre no Brasil.

Podemos dizer que essa pesquisa é qualiquantitativa, ou seja, é um misto de pesquisa qualitativa e quantitativa. As interpretações dos resultados são de natureza subjetiva, o que confirma a característica qualitativa da pesquisa. O formulário, embora tivesse perguntas objetivas e com múltiplas alternativas, também teve espaço para respostas subjetivas, flexíveis e de múltiplas interpretações, o que dificultou um pouco o trabalho de tabulação e análise. Por outro lado, foi uma pesquisa quantitativa, porque foram usadas técnicas e ferramentas estatísticas como meio de análise dos dados obtidos. Para tanto, usei um questionário com múltipla escolha em sua maior parte, possibilitando respostas objetivas e claras. A pesquisa tinha o objetivo de avaliar o comportamento e as opiniões dos padres do Brasil, o que me levou a dividir o estudo em duas partes: a primeira expõe os dados e a análise estatística deles, e a segunda consiste numa reflexão subjetiva das problemáticas que emergiram dos resultados.

Assim, este livro não traz apenas os resultados dessa ampla pesquisa sobre o padre na sociedade brasileira, mas também uma análise do seu perfil a partir das Ciências Sociais. O sacerdote é um ator social, ele compõe o quadro de uma sociedade predominantemente católica e é visto nela como uma figura relevante, além de uma autoridade religiosa. Quando a imagem de um representante oficial da Igreja é atingida, é a própria instituição que é alvejada.

Desse modo, essa pesquisa buscou conhecer o real perfil do padre no Brasil e levantar dados até então inexistentes sobre essa categoria, que nas últimas décadas vem sendo alvo de escândalos de toda natureza. Sobretudo éticos e morais, mas que também tem, em sua maioria, desenvolvido trabalhos muito relevantes não apenas para a Igreja, mas para a sociedade como um todo, e que não são visibilizados. Diante disso, conhecer os padres ajuda a entender questões complexas como essas e muitas outras, principalmente no âmbito social. A configuração do padre reflete a imagem e a própria Igreja Católica, que, apesar de alguns escândalos, continua sendo uma instituição crível, pois a grande maioria dos padres é formada por pessoas que se doam completamente. Por essas e outras razões, conhecer os padres sob a batina, saber de onde eles vêm, o que pensam e o que fazem, qual o seu grau de comprometimento, suas agruras e sofrimentos, entre outros aspectos da vida clerical, é de suma importância para entender a sociologia da religião e uma sociedade ainda predominantemente católica, fazendo jus ao que Émile Durkheim classificou como *fato social*. Nesta obra a religião católica foi tratada como um fato social, como de fato ela é, e os padres, como sugere Pierre Bourdieu, como gerenciadores do sagrado.

No entanto, o estudo das respostas ao questionário da pesquisa não acaba com a gama de possibilidades de interpretação e de outras conclusões dos diversos estudiosos das Ciências Humanas e Sociais, inclusive da Teologia, e não esgota as possibilidades de inferências sociológicas e antropológicas dessas questões. Ele representa apenas uma visão, a do autor, podendo corresponder ou não à realidade. Porém, a pesquisa fica em aberto para outras possibilidades de interpretação e, consequentemente, de conclusões, pois não pretendo aqui limitar as possibilidades de análise nem fechar a discussão dos inúmeros temas e problemáticas que despontam das respostas dadas às questões propostas.

Essa pesquisa, que durou cerca de dois anos (de 2019 a 2021), realizou-se nas modalidades presencial e virtual. Nas entrevistas pessoais, que também preservaram o anonimato do entrevistado, foram acrescentadas questões como, por exemplo, pensamentos suicidas e orientação sexual, além de terem sido anotados os desdobramentos das questões que vão aparecer de alguma forma neste livro em meus comentários. Foram feitas aproximadamente 200 entrevistas pessoais e 1.658 virtuais, perfazendo um total de 1.858 entrevistas, mediante questionário com 100 perguntas. Os entrevistados virtuais foram selecionados a partir de lista de contatos recolhidos de diversas fontes. As entrevistas pessoais foram feitas em diversas ocasiões, a maioria delas em encontros de formação do clero. A motivação dessa pesquisa foi um estudo acadêmico na área de Antropologia Social e não teve o fomento de nenhuma instituição. Portanto, as informações aqui contidas são de inteira responsabilidade de seu autor, que preparou a pesquisa. Nenhuma informação macula ou avilta a imagem da Igreja e dos padres. Traz apenas dados e informações recolhidas dos próprios sacerdotes sobre os diversos aspectos de suas vidas, configurando, assim, o perfil do clero brasileiro.

I.

Qual é o perfil do clero brasileiro?

Neste primeiro capítulo trato do perfil identitário dos padres, ou seja, sua identidade dentro do clero deste país. *Clero* é uma nomenclatura usada para designar os que pertencem oficialmente à Igreja, por meio do sacramento da ordem, ou seja, diáconos, padres e bispos. No entanto, a pesquisa tratou apenas dos padres, que estão classificados dentro do clero em duas categorias gerais: seculares e regulares, isto é, padres diocesanos e padres religiosos. Religiosos são os que pertencem a um instituto, congregação ou ordem religiosa. Diocesanos são os que pertencem a uma diocese. Não tratarei diretamente dos diáconos e dos bispos, embora eles façam parte do clero, mas analisarei a relação dos padres com essas categorias. Priorizei somente o perfil dos padres, também chamados de presbíteros. Como "presbítero" é um termo mais genérico e formal, além de ser usado por outras denominações religiosas não católicas, preferi a nomenclatura "padre", pois é assim que o sacerdote católico é mais conhecido entre a população brasileira.

Destaco primeiramente a identidade do padre, ou seja, se ele é secular (diocesano) ou regular (religioso), e, de antemão, vamos ver que o clero brasileiro é predominantemente composto por padres seculares (78%). Os regulares são em número bem menor (22%) e parecem diminuir a cada ano. As razões desse decréscimo no número de padres regulares são várias, e de algumas delas tratarei mais adiante. No entanto, os poucos regulares que responderam à pesquisa não se sentiram contemplados nela, pois disseram que as perguntas estavam mais voltadas para os seculares. Entretanto, preparei o questionário de modo que ele contemplasse todos os padres, seculares ou regulares.

A segunda questão analisada versa sobre a nacionalidade do padre que atua no país. O Brasil foi, ao longo de sua história, terra de missão. Para cá vieram, e ainda vêm, muitos padres estrangeiros. Além disso, boa parte dos institutos, congregações e ordens religiosas tem origem estrangeira e envia seus padres para o Brasil. Nesse sentido, quis saber se o padre que respondia à pesquisa era brasileiro ou estrangeiro. Obviamente, a maioria absoluta dos padres que atuam no Brasil é, de fato, brasileira. Eles formam 93,3% do clero. Os estrangeiros representam apenas 6,7%.

A terceira questão aborda a faixa etária. Aqui tive outra surpresa. Predomina no Brasil um clero relativamente jovem. Quase metade dos padres disse ter menos de 45 anos (47,6%). Outra parcela, de 46 a 55 anos, soma 25,1%, ou seja, 72,7% dos padres têm até 55 anos de idade. Apenas 27,3% disseram estar acima dos 55 anos.

A quarta e última questão desse primeiro bloco tratou da etnia ou cor da pele dos padres. Aqui também outro dado surpreendente: a pesquisa revelou a predominância de padres que se identificam como brancos (67%). E os afrodescendentes, que são a maioria da população brasileira (56,2%)[1], onde estão? Tratarei disso mais adiante. No entanto, apenas 10% dos padres se identificaram como negros e 18,9% como pardos. O restante se autodeclarou como sendo de outras etnias.

---

1 Cf. IBGE. Diretoria de Pesquisas, Coordenação de Trabalho e Rendimento. Pesquisa Nacional por Amostra de Domicílios Contínua 2012-2019. Essa pesquisa revelou que 42,7% da população brasileira é branca; 9,4% preta; 46,8% parda; 1,1% amarela ou indígena. Disponível em: https://biblioteca.ibge.gov.br/visualizacao/livros/liv101707_informativo.pdf. Acesso em: 31 maio 2021.

Etnia

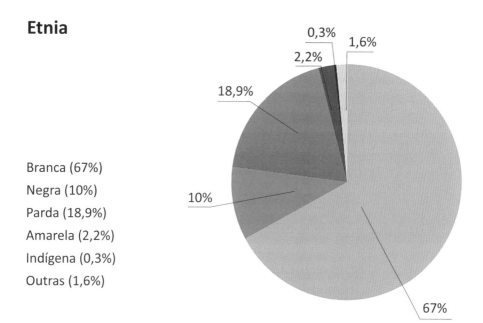

Branca (67%)
Negra (10%)
Parda (18,9%)
Amarela (2,2%)
Indígena (0,3%)
Outras (1,6%)

1. Predominantemente secular

Dados da última pesquisa do Centro de Estatística Religiosa e Investigações Sociais (CERIS), em 2018, apontavam 27.300 sacerdotes católicos no país, dos quais a parcela mais numerosa é secular. Ela está diretamente sob a jurisdição do bispo de sua respectiva diocese, e geralmente tem mais estabilidade que os regulares, cuja transferência só ocorre (quando ocorre) dentro da própria diocese. Pode, em casos e ocasiões excepcionais, ir para missão temporária ou estudar em alguma região fora do território da diocese e até mesmo fora do país, mas sem perder o vínculo com a diocese de origem e seu bispo. O clero regular deve obediência direta aos seus superiores, que os transferem periodicamente de um local para outro, e até de um país para outro, sem interferência direta do bispo. As normas e regras para a vida dos padres regulares são diferentes das dos seculares, embora ambas as categorias sejam regidas por algumas normas comuns do Direito Canônico. Porém, o próprio Código de Direito Canônico traz orientações distintas para seculares (Cân. 368-572) e regulares (Cân. 573-746). Os regulares seguem também as constituições e regulamentos das instituições religiosas às quais pertencem.

O primeiro dado revelado nessa pesquisa confirmou aquilo que outras, de menor proporção, já haviam indicado: o clero brasileiro é formado em sua maioria por padres seculares. Esse dado pode não parecer novidade, e nem precisaria de investigação rigorosa para ser constatado: basta verificar o número de candidatos nos seminários das dioceses e nos seminários dos institutos religiosos para conferir esse fato. Porém, não obstante essa constatação, é importante saber as causas dessas disparidades e por que o número dos regulares está se reduzindo nas últimas décadas, enquanto a vocação para o clero diocesano tende a aumentar, apesar da crise financeira, religiosa e até moral que a Igreja vem atravessando. Não são motivos muito claros, mas procurarei explicitá-los ao máximo para apontar alguns caminhos que ajudam a entender essa situação.

Assim, 78% responderam que pertenciam ao clero secular e apenas 22% disseram pertencer ao clero regular. Esses dados revelam, em primeiro lugar, uma questão de cunho vocacional. É fato comprovado, por meio de outras pesquisas que tive oportunidade de fazer, ou de que pude participar, que o número de padres pertencentes ao clero diocesano é bem maior que o dos pertencentes ao clero dos institutos, congregações ou ordens religiosas, como mostrou o CERIS nos resultados de pesquisas dessa natureza, em 2010. Esse dado reflete-se também nos seminários. O índice de jovens que procuram os seminários diocesanos é bem mais elevado do que o daqueles que procuram as instituições religiosas. Essa informação merece atenção. Quais são os fatores de atração dos jovens pelas dioceses? As propostas e o estilo de vida apresentados pela vida diocesana seriam mais atraentes?

Um fato é que as similitudes entre seculares e regulares são poucas, e, portanto, a convivência entre essas duas categorias acontece mais no âmbito da formalidade, sem muito estreitamento de laços fraternos, o que, entre membros da mesma categoria, se torna mais conveniente. Um elemento que contribui para isso é o fato de os regulares serem transitórios, enquanto os seculares são, geograficamente, mais estáveis. Desse modo, a relação amistosa entre regulares e seculares fica mais no âmbito das formalidades e das obrigações pastorais e funcionais. Essas hipóteses podem justificar o fato de a maioria dos padres que responderam à pesquisa ser secular. Não obstante essa constatação, é relevante pensar nos fatores que levam um candidato ao sacerdócio a buscar o clero secular e não o clero regular. Esse dado possibilita uma gama de hipóteses que envolvem muitas questões que vão além da estabilidade geográfica, como, por exemplo, a estabilidade financeira e a liberdade, uma vez que seculares não fazem votos de pobreza e castidade (não confundir castidade com celibato, este obrigatório para todos os sacerdotes católicos), enquanto os regulares fazem esses e outros votos e mantêm outro estilo de vida. Padres seculares moram sozinhos, ou até com familiares, enquanto os regulares vivem em comunidade com outros religiosos. Esses e outros aspectos podem favorecer a decisão na hora da escolha por uma diocese ou por um instituto, congregação ou ordem religiosa. Há também outras questões, como, por exemplo, o tempo de formação. Um padre regular leva, em média, dez anos para ser ordenado, enquanto um secular precisa, aproximadamente, de seis ou sete anos. Além disso, o deslocamento periódico dos regulares impede-os de estar perto da família, enquanto os seculares têm a possibilidade não apenas de estar perto, mas até de morar com ela.

Porém, tudo indica que o dado financeiro seja o que mais pesa na hora de escolher entre secular e regular. Os seculares podem ter bens móveis ou imóveis em seu nome, enquanto os regulares, não. Vivemos numa sociedade capitalista, e o desprendimento de bens representa um desafio até mesmo para pessoas que se supõem desapegadas. Mesmo entre o clero, não é incomum ver indivíduos com bens materiais além do que necessitam, sobretudo se o padre é secular. Já os regulares não podem – pelo menos em teoria – ser proprietários. Tudo que eles têm pertence à instituição à qual são afiliados.

Nesse sentido, o fator financeiro pode ser determinante na hora de decidir entre ser secular ou regular. O candidato sabe que, sendo regular, terá que abrir mão de bens, de estabilidade e até da liberdade de escolher onde viver, pois seus superiores é que decidirão por ele, enquanto o secular tem muito mais liberdade, embora deva obediência ao bispo e dialogue com ele quando há necessidade de transferência de uma paróquia para outra. Além disso, o padre secular, ao receber a provisão para assumir uma paróquia, por exemplo, tem estabilidade, atribuída pelo Código de Direito Canônico (Cân. 522).

Além do mais, para entender as causas de um menor número de regulares, é preciso levar em conta os seguintes fatores: exigências no recrutamento, tempo de formação e exigências no processo formativo. As pesquisas do CERIS de 2010 já apontavam para um acentuado decréscimo no número de vocações para a vida religiosa, com maior visibilidade na categoria feminina, mas também com reflexos acentuados na masculina, quando comparada à vocação para o clero secular. As causas da diminuição do clero regular, que se acentua, podem estar também relacionadas aos fatores citados. Quanto às exigências no recrutamento, o sociólogo Antônio Flávio Pierucci já havia atentado para essa situação há mais de duas décadas. Disse ele: "Há que supor, pelo menos, diferenças no recrutamento do clero das ordens religiosas e do clero secular. Este podia muito bem ser um clero de segunda linha, como parecem desde o início ter compreendido os jesuítas"[2]. Às exigências no recrutamento de candidatos e ao seu tempo de formação nos seminários, agregamos as exigências no processo formativo promovido pelos institutos, sobretudo os mais tradicionais, como, por exemplo, a ordem dos já citados jesuítas (Companhia de Jesus). Mesmo em outros institutos há comumente um processo seletivo um pouco mais moroso que em muitas dioceses, quando se trata de recrutamento e formação dos candidatos. Há certos bispos que recebem aspirantes sem nenhum critério aparente, inclusive aceitando sem consulta prévia aqueles dispensados por outras dioceses e institutos – procedimento que pode gerar problemas, como, por exemplo, escândalos de diversas naturezas. No entanto, esse procedimento diferenciado na recepção de candidatos contribui para a desigualdade numérica entre seculares e regulares. Além disso, há uma etapa na formação dos regulares que não acontece entre os seculares: o período do noviciado, tempo exclusivo da formação dos regulares, com duração de um ano, em que o candidato estuda internamente e, ao final, faz os votos (pobreza,

---

2 Antônio Flávio Pierucci. *Não é ele o filho do carpinteiro?* Origem sociocultural do clero católico, p. 117.

obediência e castidade) em uma determinada instituição religiosa. Entre essa etapa e a anterior costumam ocorrer muitas evasões.

O índice de evasão no processo formativo inicial dos candidatos ao clero regular é bem mais acentuado do que entre os seculares. Esse dado também está relacionado a outros fatores, como, por exemplo, a mobilidade geográfica, o voto de pobreza e de obediência e as exigências da vida comunitária imposta aos regulares. A vida em comunidade, anti-individualista por definição, é um dos elementos primordiais para os regulares, e nem todos os candidatos que se apresentam para essa modalidade de clero aceitam dividir espaços de convivência, bens materiais e intelectuais, entre outras exigências que diferenciam acentuadamente seu estilo de vida daquele do padre secular.

Outro fator a ser pontuado são as facilidades que um padre regular tem de migrar para o clero secular, enquanto o contrário é mais dificultoso. Para um padre regular deixar seu instituto e se incardinar numa diocese, basta o consentimento do bispo local, enquanto para um padre secular migrar para o clero regular é preciso, além da aprovação do provincial (superior regional) daquele instituto e de seu conselho, fazer algumas adaptações, como, por exemplo, um tempo de acompanhamento e a etapa do noviciado, que é a que lhe conferirá o caráter de pertencimento à instituição pleiteada.

2. Nascido no Brasil

Qual é a nacionalidade da maioria dos padres que vivem em nosso país? O Brasil ainda é tido pela Igreja no mundo como terra de missão, e de fato o país ainda possui vasto território que, do ponto de vista da instituição, está sujeito à missão, pois há lugares, como a região Norte, que é um campo com inúmeros desafios missionários, mas carente de padres. Os que lá estão atualmente são, na maioria, estrangeiros e regulares – ou são seculares que vieram de outras regiões do Brasil para um determinado tempo de missão. As dioceses dessa região têm poucos padres nativos, ou em número insuficiente para a evangelização em suas extensas áreas territoriais. Essa foi uma das preocupações do Sínodo para a Amazônia, que aconteceu em outubro de 2019, no Vaticano, que cogitou, em seu documento preparatório, a ordenação de homens casados para suprir a necessidade de padres. Obviamente a proposta não foi aprovada, mas alertou para a necessidade de padres nessa região.

Entre os nativos, sobretudo indígenas, não aparecem muitos candidatos ao sacerdócio, e, quando surgem, as barreiras são bem maiores, sobretudo a do preconceito e a das questões culturais. Esses dados contribuem para o baixo número de padres nativos no Norte, o que coloca essa região como uma das que mais têm padres estrangeiros em atuação. Nesse quesito, a pesquisa revelou que, no Brasil, 92,3% dos padres são brasileiros e apenas 7,7% estrangeiros – e boa parte destes está na região Norte.

No entanto, o percentual de padres estrangeiros que aparecem na pesquisa pode não refletir a porcentagem exata de padres estrangeiros no Brasil. Porém, repete-se aqui o que verificamos anteriormente: a maioria dos padres estrangeiros pertence ao clero regular e, pelos motivos apontados, não tiveram tanta representatividade nas respostas dessa pesquisa. E, talvez por serem padres estrangeiros e pertencentes ao clero regular, não se sentiram motivados a responder à pesquisa, possibilitando essa margem de acentuada diferença entre brasileiros e estrangeiros.

3. Relativamente jovem

A pesquisa mostrou também que o Brasil tem um clero jovem. Os dados mostraram que 72,7% dos padres têm menos de 55 anos, enquanto 27,3% estão acima dos 65. Os dados da pesquisa referentes à faixa etária mostram que 15,6% são bastante jovens, com até 34 anos de idade, seguidos de um número bem significativo de padres na faixa de 35 a 45 anos, que representam 32%; na faixa de 46 a 55 anos estão 25,1% dos padres. Os padres na faixa de 56 a 65 anos representam 14,8%; os que têm de 66 a 76 anos representam 8,2%, e os com mais de 76 anos somam 4,3%.

Faixa etária dos padres

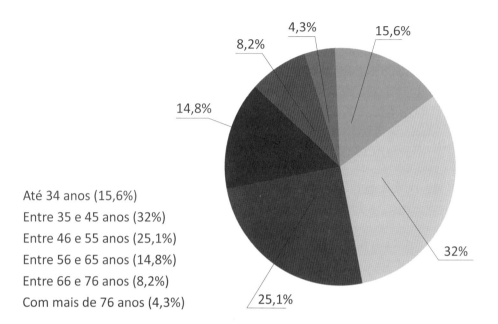

Até 34 anos (15,6%)
Entre 35 e 45 anos (32%)
Entre 46 e 55 anos (25,1%)
Entre 56 e 65 anos (14,8%)
Entre 66 e 76 anos (8,2%)
Com mais de 76 anos (4,3%)

Assim, o perfil de um país com padres relativamente jovens foi descortinado nessa pesquisa. Mas será essa a realidade? Se esse dado proceder, derruba-se a tese da escassez vocacional alegada nas últimas décadas. Porém, o dado não descarta de todo a escassez vocacional, pois ela ocorre, como já citei, para alguns segmentos da Igreja, como, por exemplo, o clero regular. É comprovado, e essa pesquisa ajuda a confirmar isso, que o clero regular vem diminuindo a cada ano, enquanto o secular tende a aumentar. Nesse sentido, a crise de vocação sacerdotal aparece apenas em determinada categoria, e não em todas, e por essa razão não pode ser classificada como crise generalizada de vocação para o sacerdócio. A maior parte das dioceses recebe em seus seminários, todos os anos, um número significativo de candidatos, diferentemente dos institutos mais tradicionais do clero regular, que veem minguar o número de aspirantes. Isso sem contar o índice de evasão dos seminários e casas de formação dos regulares, que é bem mais acentuado do que nos seminários seculares.

Sobre o dado do perfil jovem revelado nessa pesquisa, agrego outro dado já apontado: além de padres jovens, eles são na grande maioria do clero secular. Se considerarmos os padres com até 55 anos de idade, eles somam 72,7%, um número significativo, pois nessa faixa etária supõe-se que o padre esteja em plena atividade pastoral e usufruindo de boa saúde. No entanto, apesar de indicar um clero relativamente jovem, a pesquisa revelou certas fragilidades físicas e psicológicas que atingem esses padres devido a vários fatores, levando-os à depressão e até mesmo ao suicídio – assunto que abordarei mais adiante.

No que se refere aos padres acima de 65 anos, a pesquisa não trouxe dados expressivos. Qual seria a razão? Não há padres idosos no Brasil? Eles existem e são em número bastante expressivo, como pude observar em minha experiência pessoal nas diversas instituições. Porém, boa parte deles ficou fora da pesquisa, seja por debilidade física ou por outros motivos, como, por exemplo, dificuldade ao lidar com a tecnologia da informação e de acesso à internet. Se ela tivesse sido aplicada no domicílio do padre, talvez o número daqueles acima de 65 anos se revelasse bem mais elevado. Outro motivo talvez seja o desinteresse em responder a pesquisas, dado o avançado da idade ou a vida pouco ativa de aposentado. Daí a baixa porcentagem (4,3%) de padres com mais de 76 anos.

No entanto, foi constatado que a maioria dos padres é jovem e secular, o que nos leva a alguns questionamentos e inferências. Por que os jovens preferem o clero secular ao regular? Já apontei algumas diferenças entre as duas modalidades. Acredita-se que o jovem que deseja ser padre o queira por vocação. Porém, há algo que nos intriga diante do quadro que a pesquisa mostrou, ou seja, a grande predominância de jovens padres seculares e o baixo número de regulares. Quais são as principais motivações dos jovens que os levam a preferir o secular?

Acredito que não seja um único fator. É uma soma de fatores, que, nas atuais circunstâncias, tornam a vida do padre secular mais conveniente que a do regular. Entre esses fatores, creio que pesam mais os votos que fazem os regulares e os seus desdobramentos. O padre regular faz votos de obediência, pobreza e castidade, que tornam a vida religiosa bem mais desafiadora. A obediência talvez seja a mais radical, pois dela dependem as demais. Se não houver obediência, não haverá pobreza nem castidade. O padre secular também deve obedecer ao bispo, porém é um tipo diferente de obediência, que não configura subserviência. Ele obedece respeitando uma ordem hierárquica, enquanto o padre regular, além de respeitar essa ordem, faz votos de obediência, o que o impossibilita de questionar as ordens dadas pelos seus superiores. É incompatível com o estilo de vida regular desobedecer aos superiores. Assim, o padre regular deve estar sempre à disposição da instituição a que pertence, para atendê-la quando dele precisar.

Mas há outro aspecto da vida do padre secular que contribui na hora de o jovem optar ou não por ela: os bens materiais. Relembro que os padres regulares fazem também o voto de pobreza. Os seculares não fazem. Estes podem ter bens em seu nome, enquanto as regras e constituições dos regulares não lhes permitem o mesmo. Se o jovem, ao ser padre, pode ter as mesmas coisas que qualquer outra pessoa, além do privilégio de pertencer a uma categoria que lhe confere certo *status*, por que não optar pela proposta mais atraente? Esse elemento não deixa de ser tentador e ajuda a explicar o maior número de jovens optantes pelo modo de vida do padre secular. Além disso, a vida do regular caracteriza-se por traços que podem dificultar a escolha, como, por exemplo, o já referido tempo de formação. Não é todo candidato que quer passar dez anos de sua vida dentro de um seminário, sobretudo quando se trata de vocação adulta, como tem sido o atual quadro dos que buscam a formação sacerdotal. Se no passado o candidato era levado ao seminário ainda criança ou adolescente, essa prática mudou. Atualmente, boa parte dos que procuram os seminários já passou dos 20 anos. Alguns já têm formação universitária e até pós-graduação.

Outro fator que pode decidir na hora da escolha é a missão, no sentido de vida itinerante ou missão *ad gentes*. Padres regulares são essencialmente missionários. Eles devem estar dispostos a ir para a missão, em qualquer parte do mundo, enquanto os seculares não têm em primeiro plano esse aspecto de suas atividades pastorais. Na prática, a missão dos seculares se restringe à paróquia, enquanto a dos regulares vai além dela.

Ainda sobre a questão do significativo número de jovens no clero brasileiro, podemos inferir que as atuais circunstâncias da sociedade e do mundo globalizado contribuem fortemente para a consolidação desse quadro. Em face das inseguranças e instabilidades do mundo pós-moderno, ou do *mundo líquido*[3], em que tudo é efêmero, passageiro e volátil, a Igreja ainda representa certa estabilidade ou segurança. Assim, nessa sociedade liquefeita, em que as supostas garantias de segurança desaparecem, ou se diluem com muita facilidade, expondo as fragilidades dos laços humanos, a Igreja, paradoxalmente, representa a possibilidade de recuperar o "paraíso perdido"[4]. No entanto, Bauman diz que "é um tipo de lar, por certo que para a maioria das pessoas é mais como um belo conto de fadas que uma questão de experiência pessoal"[5]; mas não deixa de ser um atrativo, sobretudo se apresentar um modelo mais conservador, tradicional, isto é, ainda mais sólido, com mais segurança, que se contrapõe ao mundo líquido. Esse aspecto é atraente para os que se sentem desorientados num mundo de valores transfundidos.

Assim, a Igreja Católica, pela sua tradição, pode representar ou oferecer segurança em um mundo de inseguranças. Ajuda a confirmar essa inferência – a partir de minha observação em campo – o número de padres jovens com comportamento conservador, apoiando-se em atitudes e posturas tradicionais, sejam elas doutrinais, de rubricas litúrgicas, ou meramente de aparência eclesial, como as vestes litúrgicas. Reforçar posturas tradicionais pode ser uma forma de evidenciar o poder religioso no qual o padre se apoia para obter segurança. Padres que usam vestes clericais reforçam certa personificação que os coloca numa zona de conforto e segurança e lhes confere respeito.

4. Majoritariamente branco

Outro aspecto abordado na pesquisa foi a etnia ou cor da pele que predomina entre os padres brasileiros. Esse dado também é bastante

---

3 Cf. Zygmunt Bauman. *Modernidade líquida*, p. 193-198.

4 Cf. Zygmunt Bauman. *Comunidade: a busca por segurança no mundo atual*, p. 7.

5 Ibidem, p. 197.

relevante, por se tratar de um país majoritariamente de negros e pardos – também chamados de "mestiços" ou "mulatos" –, que nos atuais quadros sociais de poder político e econômico ainda ocupam pouco espaço e funções subalternas. Sendo assim, a configuração da Igreja não poderia ser muito diferente da configuração da sociedade. O número de padres que se identificam como negros não passa de 10%. Esse número é baixo em um clero com mais de 27 mil padres.

A pesquisa mostrou que o clero brasileiro é majoritariamente branco (67%), seguido de pardos (18,9%) e com apenas 10% de negros. As demais etnias – indígenas, asiáticas e outras – apareceram com pouca representatividade, sendo a soma de todas elas de apenas 4,1%. O que chama a atenção é a baixa porcentagem de padres pardos em um país formado por maioria parda, isto é, por pessoas de pele morena, resultado do cruzamento de pessoas brancas e negras. O antropólogo Darcy Ribeiro, na obra *O povo brasileiro*, afirma que "os mulatos foram parte essencial na formação da identidade brasileira, porquanto, por serem mestiços, não se identificavam com suas origens europeias e africanas, restando a eles assumir uma identidade brasileira". Ribeiro não está de todo equivocado com tal afirmação, porque essa, de certa forma, se não é a identidade, é a condição do povo brasileiro, por ser de maioria mestiça, ou com predominância da mestiçagem entre brancos e negros. Por essa razão, é suspeitoso ver o resultado da pesquisa apontando para um clero de maioria branca em um país de maioria miscigenada. Qual seria a razão dessa identificação com a branquitude? Estaria ela influenciada pelo preconceito racial estrutural? Estou propenso a crer que esse seja um dos fatores – se não o principal, um dos principais. Isso pode estar relacionado a fatos históricos, quando, para ser aceito nos seminários, era preciso passar por um processo de branqueamento. O sociólogo Antônio Flávio Pierucci, em uma de suas pesquisas, já citada, recorda as *Constituições Primeiras do Arcebispado da Bahia*, de 1707, "que trazia, desde os tempos de Anchieta, o requisito de pureza de sangue, que excluía os indígenas, os negros e mestiços de todo gênero, mamelucos, crioulos, mulatos..."[6] Não obstante a

---

6 A. F. Pierucci, *op. cit.*, p. 114.

falta de padres, ainda havia esse requisito excludente para que um rapaz fosse aceito no seminário. E, mesmo quando aceito, chegar ao sacerdócio era um percurso mais difícil que os demais. Os poucos que chegavam a ser ordenados viam-se relegados ao *baixo clero*, uma categoria ainda existente. Embora os tempos tenham mudado, ainda há preconceito e exclusão na Igreja. É um dos resquícios do Brasil Colônia, conforme mostrou o historiador C. R. Boxer, ao relatar que o bispo de Coimbra, dom Martinho de Ulhoa (1578-1591), "mostrou-se contrário à criação de seminários nas colônias, como também à formação de um clero de cor: em vez de perder tempo tentando educar mulatos e negros para o sacerdócio, afirmava ele, mais valia mandar para essas terras 'o clero branco pobre, que não tinha benefícios ou meios em Portugal, e educar rapazes órfãos brancos para o sacerdócio no seminário vazio de Coimbra'"[7].

Pierucci recorda que "a discriminação étnica foi procedimento comum da parte das Ordens Religiosas, dos Jesuítas, dos Franciscanos, Beneditinos, Carmelitas, Marianos, etc., embora houvesse sempre meios de se conseguir a dispensa dos impedimentos ditos 'de sangue'"[8]. Pierucci, com base nos dados do historiador João Fagundes Hauck, recorda o caso de Frei Caneca, "que teve que branquear sua árvore genealógica para ser admitido às ordens. 'Chamado, em polêmica, de filho de pardos, apresentou toda a sua genealogia: só uma tataravó talvez tivesse sangue negro'"[9]. De certa forma, esse perfil ainda se reflete no clero brasileiro. Não há restrição de ascendência para um jovem ser aceito no seminário, mas, mesmo assim, o número de negros, pardos e indígenas ainda é bastante reduzido em relação aos identificados como brancos.

O número de padres que se autodeclaram pardos no Brasil é baixo quando comparado com a população afrodescendente. Segundo dados do IBGE[10], um total de 56,2% da população brasileira se declarou preto (9,4%) ou pardo (46,8%). Entre os mais de 27 mil padres, há

---

7 C. R. Boxer *apud* A. F. Pierucci, *op. cit.*, p. 115.

8 A. F. Pierucci, *op. cit.*

9 João Fagundes Hauck *apud* A. F. Pierucci, *op. cit.*, p. 114.

10 Cf. https://biblioteca.ibge.gov.br/visualizacao/livros/liv101707_informativo.pdf, consultado em 3/10/2020.

um número significativo de negros, porém, entre esse contingente, é irrelevante o número de cardeais, arcebispos e bispos, o que mostra pouca ascensão do negro ou afrodescendente no clero brasileiro. Dos 477 bispos[11], entre ativos e eméritos, apenas 12 são afrodescendentes, representando uma baixíssima porcentagem dessa etnia no episcopado brasileiro, segundo dados da Pastoral Afro-Brasileira. O CERIS[12] e o *Diretório da Liturgia e da Organização da Igreja no Brasil* (2020) mostram que há mais estrangeiros do que afrodescendentes entre os bispos do Brasil. Esse fato nos faz relembrar e relacionar as referências históricas anteriormente citadas, de "importação" de padres brancos para compor o clero brasileiro nos primórdios do Brasil Colônia. As estatísticas comprovam que é bem mais frequente no Brasil eleger bispos entre os padres brancos do que entre afrodescendentes. Esse dado também pode ter contribuído na hora da identificação étnica desta pesquisa.

* * *

Assim, este primeiro capítulo revela o perfil do padre brasileiro como de maioria secular, isto é, diocesana, relativamente jovem, majoritariamente branco e nascido no Brasil.

---

11 Dados extraídos do *Diretório da Liturgia e da Organização da Igreja no Brasil*, p. 444.
12 Cf. http://www.ceris.org.br/o-processo-do-censo-2018-nas-dioceses/.

II.

A origem social do padre brasileiro

ste capítulo consiste numa breve exposição sobre a origem social dos padres brasileiros. Trata-se de uma interpretação parcial, de caráter socioantropológico, no sentido do *tipo ideal* que Max Weber conferiu ao termo. Dessa forma, busco identificar os meandros dessas origens para a construção do perfil que predomina entre os sacerdotes católicos do Brasil. No entanto, para compreender as especificidades da sua origem social, faço referência primeiramente ao pensamento de Florestan Fernandes. Ele afirma que faz parte da realidade de um país subdesenvolvido a existência de uma infinidade de situações nas quais as pessoas precisam – sobretudo as influenciadoras sociais, como padres e educadores – estar munidas de uma consciência política penetrante[13], o que não é o caso do padre brasileiro. No entanto, as desigualdades sociais tão evidentes no Brasil possuem estreita ligação com os sistemas políticos e com as outras formas de desigualdade crônicas que envolvem outros fatores sociais, como raça, religião, gênero, educação e, sobretudo, questões econômicas.

Diferentes estudos já demonstraram o peso das desigualdades sociais sobre a família e o indivíduo, e por essa razão, ao analisar a

---

13 Cf. Florestan Fernandes. *A formação política e o trabalho do professor*, p. 82.

origem social do padre, dei destaque ao seu contexto familiar. Assim, neste capítulo vou lançar luzes sobre a linhagem familiar do padre e o perfil de sua família, buscando conhecer o estilo de vida dela, no sentido de como e onde vive.

Outro elemento a ser tratado é a demografia familiar. O sacerdote católico brasileiro comumente vem de famílias com mais de um filho. Embora as configurações familiares tenham mudado, esse ainda é um perfil predominante. Veremos também o modelo de família a que o padre brasileiro pertence, família que se configura como patriarcal, tradicionalmente católica, com pais casados na Igreja, apesar de muitos religiosos terem convivido apenas com a mãe. Nesse aspecto, veremos também o índice de orfandade dos padres, a ajuda financeira dada por eles à família, o grau de escolaridade de seus pais e a origem rural dos clérigos.

1. Origem familiar

Ao tratar da origem familiar do padre brasileiro, refiro-me à linhagem direta, que são seus pais. Essa linhagem paterna e materna o vincula a seus ancestrais, muitos de naturalidade europeia – basicamente italiana, alemã e portuguesa, dependendo da região do Brasil. As ancestralidades africana e indígena não apareceram com tanta expressão.

Linhagem, em antropologia, pode ser entendida de várias maneiras, e não apenas relacionada à cor da pele, mas também à casta a que uma pessoa pertence, à série de gerações, à linha de parentesco, à genealogia etc. Aqui aplicarei o conceito de linhagem em termos genéricos, no intuito de abarcar várias perspectivas e, assim, ajudar a definir o perfil da família do padre, envolvendo aspectos sociais que estão relacionados direta ou indiretamente com o atual perfil predominante do sacerdote católico no Brasil. Porém, o termo linhagem pode ser usado também com outros significados e finalidades, como, por exemplo, de ascendência de uma família nobre ou com certa influência social, com sobrenome de prestígio, entre outros aspectos.

Além da ascendência do padre, trato também da situação conjugal de seus genitores, da religião predominante em sua família e da situação financeira. Essas características ajudam não apenas a identificar a linhagem do padre, mas também a sua origem social. À vista disso, tratarei de apontar o indicador da classe social originária do padre. Ainda no quesito origem social, destaco a relação dela com a vida rural e a urbana. No que se refere às questões econômicas, mapearei a renda familiar e seus desdobramentos.

As duas primeiras perguntas que fiz eram se o padre morava sozinho ou com a família; depois vinha uma sequência de perguntas nesta ordem: se era filho único; se era filho de pais separados; se os pais ou irmãos eram de outra denominação religiosa; se ainda estavam vivos; se o padre era arrimo de família, ou seja, se sustentava alguém da família; e qual o grau de escolaridade dos pais.

Perguntei também sobre o indicador social de origem, como, por exemplo, de qual classe social o padre se originava. Indiquei, por ordem decrescente, seis categorias de classes: alta, média alta, média, média baixa, baixa, abaixo da linha de pobreza. A outra pergunta, com três alternativas, era se o padre tinha origem rural, urbana ou outra. Perguntei, por fim, sobre a renda mensal da família, em salários mínimos: de até dois a mais de cinquenta.

2. Estilo de vida

Os primeiros dados analisados neste capítulo dizem respeito a domicílio compartilhado, quer dizer, com quem o padre mora. Essa informação é importante, porque uma das imagens que se tem do padre, no senso comum, é a de que ele é uma pessoa solitária.

Quando falo de estilo de vida, recordo que essa é uma expressão moderna, que se refere, entre outras coisas, à estratificação da sociedade por meio de aspectos comportamentais, expressos geralmente sob a forma de padrões de consumo, rotinas, hábitos ou uma forma de vida adaptada ao dia a dia, que mostra se a pessoa tem ou não qualidade de vida. É, portanto, um conceito sociológico, mas também antropológico. Em Antropologia, o estilo de vida está relacionado a questões culturais, enquanto em Sociologia está mais voltado para as questões econômicas e sociais. Na Antropologia, sua determinação não foge às regras da formação e diferenciação das culturas, como, por exemplo, a adaptação ao meio ambiente e aos outros grupos sociais. É, portanto, a forma pela qual uma pessoa, ou um grupo de pessoas, vivencia o mundo e, em consequência, se comporta e faz escolhas. No caso do padre, o estilo de vida considera esses e outros aspectos de sua vida, porém vou me ater aos aspectos socioantropológicos, sem omitir o viés eclesiológico, porque o padre é parte de uma instituição visível na sociedade, que é a Igreja Católica. O estilo de vida que ele leva repercute na comunidade e, dependendo do grau de visibilidade, também na sociedade, e a comunidade e a sociedade esperam do padre certo estilo de vida compatível com os princípios teológicos apregoados pela Igreja, isto é, pelo próprio clero. Assim, a máxima "diga-me com quem tu andas e te direi quem és" serve também para o estilo de vida do padre, ou seja, "diga-me como tu vives e te direi como ages".

Ao trazer para análise o estilo de vida do padre brasileiro, a partir de conceitos socioantropológicos, sobretudo com o recorte da estratificação social, recordo que o conceito de estratificação social, no campo da Sociologia, é aquilo que envolve a classificação das pessoas em grupos, com base em condições socioeconômicas comuns. Portanto, dentro desse conceito, os padres formam um grupo ou categoria que, de um modo geral, vivem de forma similar e em condições socioeconômicas idênticas. Entretanto, embora seja essa uma definição conceitual, ela influencia na imagem que a sociedade tem do padre. Porém, na prática, não é bem assim que as coisas acontecem. Os padres não vivem da mesma forma e não têm o mesmo estilo de vida, embora sejam todos da mesma Igreja, variando categoricamente apenas entre seculares e regulares.

Na sociedade em geral, o estilo de vida de um indivíduo, família ou outro grupo reflete o conjunto relacional das desigualdades entre os outros indivíduos, famílias e grupos. Sobretudo quando relacionadas a questões econômicas, sociais, políticas e religiosas, e, no caso do padre, todas essas mais o *status* que ele tem no grupo a que pertence e na sociedade.

Quando as diferenças no estilo de vida do padre levam a uma categoria de poder ou ao privilégio de uns em detrimento de outros, também é classificado como estratificação social, mas, no contexto que analiso, também posso chamar essa situação díspar de estratificação eclesial. Ou seja, se na sociedade a estratificação social consiste em um sistema no qual os grupos são classificados por categorias de pessoas em uma hierarquia que lhes confere prestígio, na Igreja esses grupos também são classificados em várias escalas hierárquicas, próprias de cada instituição. Assim, faço aqui uma análise comparativa entre a estratificação social e a estratificação eclesial, para indicar suas similitudes e dissimilaridades em vista do conhecimento do estilo de vida dos padres.

A estratificação social tem quatro princípios básicos: 1) é uma característica da sociedade, e não simplesmente um reflexo das diferenças individuais; 2) ela continua de geração para geração; 3) ela é universal, mas variável; 4) envolve não só a desigualdade, mas também as crenças. A estratificação eclesial segue mais ou menos a mesma dinâmica e princípios, porém na hierarquia da Igreja também há essa continuidade histórica que perpetua certas prerrogativas a uns e não a outros, como as titularidades, os cargos, o tipo de paróquia e as funções que alguns padres recebem ou desempenham que os colocam em posições mais privilegiadas que outros – embora o estilo de vida nem sempre esteja atrelado à sua função, mas à sua condição econômica, ou como cada um lida com as circunstâncias a que estão vinculados. Nesse sentido, há padres com funções relevantes na Igreja, mas têm estilo de vida simples e despojado, enquanto há outros cujas funções são comuns a qualquer padre, mas têm estilo de vida mais arrojado ou sofisticado.

Como as questões econômicas são determinantes no estilo de vida do padre – algo similar ao que ocorre na sociedade em geral –, geralmente aquele que está numa função ou posição mais privilegiada na Igreja, ou que é responsável por paróquias mais bem estabelecidas economicamente, tenderá a ter estilo de vida mais requintado do que aquele que está na periferia, sem privilégios econômicos e eclesiásticos. Porém, se esse quadro se inverter, o estilo de vida dos envolvidos também tende a se inverter. Enfim, essa gangorra de vantagens sociais ocorre em todas as instituições da sociedade e não é muito diferente na Igreja.

Essa situação foi apontada por vários sacerdotes nessa pesquisa.

Padres descreveram, por exemplo, as desigualdades existentes dentro do clero de uma mesma diocese ou instituição religiosa. Selecionei alguns desses comentários que mostram certo descontentamento com tais desigualdades. Um deles escreveu: "Como padre secular, me sinto desconfortado ao perceber as condições de vida diferenciadas entre nós. Enquanto uns vivem muito bem, outros passam dificuldades. Isso é proveniente das paróquias em que atuamos. Se ela for bem--sucedida, o padre vive bem, caso contrário, passa dificuldades. Entendo que necessitamos crescer no espírito de partilha financeira para que todos nós pudéssemos viver de forma mais igualitária". Nessa mesma linha de reflexão, disse um outro: "Há muita desigualdade entre nós, padres. Sinto-me angustiado por ver alguns desfrutando certas mordomias, enquanto outros passam grandes dificuldades. Acredito que é necessário olhar para essas disparidades, valorizar a todos, sem prioridades. [...] Acredito que deveria existir um meio de as paróquias que possuem melhor situação financeira ajudarem a outras desfavorecidas". Outro padre fez a seguinte observação em relação às desigualdades nos estilos de vida: "Apesar de me relacionar bem com os colegas padres, mesmo que com alguns esse relacionamento seja formal, vivo meio perplexo, pois com toda sinalização de humildade feita pelo papa, muitos padres estão preocupados só com o bem-estar: carros, casas e igrejas sofisticadas, liturgias pomposas. [...]. Muita infantilidade, corporativismo e pouca reflexão. Quem pensa ou age diferente é até excluído". Outro escreveu: "Desejava que os padres fossem de fato mais pobres e não ostentassem tantas regalias (gastos altos, roupas de marca, sapatos caros e uma conta bancária gorda)".

Quando perguntei se o padre morava só, 46,8% disseram que sim e 53,2% disseram que não. Ou seja, mais da metade dos padres não mora sozinha. Esse dado refuta a tese de que todo padre leva uma vida solitária. Diante desse quadro, é importante lembrar que, entre os padres pesquisados, uma parcela (22%) é de regulares, isto é, pertencem a instituições religiosas, e estas, por sua vez, têm como regra a vida comunitária, ou seja, seus membros não moram sozinhos, mas em comunidade com outros colegas. Outros, ainda, mesmo sendo seculares, podem morar com outros padres também diocesanos. Há dioceses que possibilitam que seus padres dividam a mesma casa e, assim, não vivam sozinhos, mesmo sendo responsáveis por paróquias distintas. Há também padres diocesanos que têm vigários paroquiais, e estes, às vezes, moram na mesma casa. Outros, ainda, são formadores ou reitores de seminários, onde moram com seminaristas e outros padres. No entanto, a grande maioria (96%) não mora com familiares ou parentes. Apenas 4% moram com eles.

3. Demografia familiar

Um dos propósitos deste capítulo é reconstituir o perfil sociodemográfico da família do padre brasileiro do século XXI, e aqui busco investigar o número de irmãos dos sacerdotes católicos que vivem no país. Para tanto, recorro a outras fontes para fazer as inferências a respeito, como, por exemplo, algumas entrevistas pessoais que fiz em diferentes ocasiões e alguns referenciais teóricos de pesquisadores sobre o tema da família. Assim, ao tratar sobre a demografia familiar, assumo um olhar panorâmico da sociedade brasileira, mas com ênfase na família de onde vem o padre, mapeando assim seu perfil societário, para conhecer e entender o delineamento dos padres da Igreja no Brasil deste século.

A família do padre, como qualquer família do corpo social brasileiro, segue os indicadores demográficos da coletividade, porém com algumas particularidades que estão relacionadas a outros fatores.

A família é uma espécie de microssociedade que depois formará a sociedade maior e seus fatos sociais que compõem as tramas dessa rede de relações. Assim, as hierarquias de gênero que encontramos na sociedade já estão presentes no âmago das famílias de cada sociedade. Se ela é patriarcal, esse sistema é moldado dentro da família, com os papéis que cada um vai desempenhar, e esses papéis são geralmente bem definidos, como o do pai, o da mãe, o do filho e o da filha. Quando algum membro da família não se enquadra em nenhum deles, esse deslocamento pode se estender para a sociedade, que o verá com um olhar de estranhamento, como é muitas vezes o caso dos homossexuais, dos que optam por não seguir padrões sociais ou que escolhem seguir um caminho que não seja comum dentro dos paradigmas daquela família – como, por exemplo, o rapaz que escolhe ser padre em vez de seguir o protótipo de seus pais ou irmãos. O filho que fez uma escolha atípica, como a de ser padre, rompe com certo "arquétipo" desse "lócus estruturante", ou célula da sociedade que engendra o sistema social, e, portanto, tende a ser visto de forma diferenciada tanto na família como na sociedade. Por essa razão, as famílias numerosas se conformam melhor à decisão do filho que quer ser padre – ao contrário daquelas com filho único. É claro, porém, que se trata de uma regra geral, que comporta nuances e contradições em cada caso.

O filho que escolheu romper com a dinâmica definidora de papéis sociais por seguir a vocação sacerdotal, desviando-se da constituição de família, acaba por ser recebido com certo diferencial dentro desse núcleo familiar. Esse distintivo pode ser favorável ou desfavorável. Pela notoriedade da Igreja Católica, é mais frequente que a vocação sacerdotal seja bem acolhida e até enaltecida pela família do aspirante à vida clerical. No entanto, há também dissenso, e um dos motivos para essa oposição é a imposição do celibato, que impede a continuidade da família. Por essa razão, famílias com mais filhos tendem a aceitar melhor a decisão de um rapaz ir para o seminário do que famílias com filho único. Vimos isso nos resultados dessa pesquisa. Ao perguntar se era filho único, 78,5% responderam que não. Mesmo com todo o desenvolvimento social da atualidade, ter um filho padre ainda não é visto como algo comum. Se a família tem certo poder aquisitivo e é contra a vocação religiosa do filho, ela fará tudo para dissuadi-lo da ideia, propondo-lhe benesses que poderão atraí-lo para outras escolhas. Recordo o caso de um seminarista, cujo pai era médico e queria a todo custo que o filho tivesse a mesma profissão. Para que o filho não continuasse no seminário, o pai propôs-lhe um carro e um consultório assim que ele fosse aprovado no vestibular de medicina. Mediante a pressão do pai, o filho permaneceu apenas um ano no seminário. Mesmo no caso de famílias de menor poder aquisitivo, o comportamento é pouco amistoso quando há oposição à escolha do filho. Um dos padres que entrevistei, e que depois deixou o sacerdócio, afirmou ter enfrentado resistência de sua família quando se decidiu pelo sacerdócio. Disse vir de família humilde, com seis irmãos, e que sua mãe rompeu relações quando ele ingressou no seminário. O rapaz ficou dez anos na instituição, e sua mãe não o visitou uma vez sequer. No dia da sua ordenação, ela compareceu e comparou aquele dia com o de sua morte. Dois anos depois de ordenado, para a alegria da mãe, o jovem padre arrumou uma pretendente e deixou a batina. A mãe, "religiosa" como era, usou a seguinte passagem bíblica: "Esse meu filho estava morto e tornou a viver" (Lucas 15:24). Vemos, portanto, que, sendo ou não filho único, e independentemente da classe social a que pertença, a decisão de ser padre pode refletir de diferentes modos dentro de cada família.

Por conseguinte, os dados recolhidos evidenciam a predominância de padres oriundos de famílias com maior número de filhos. Geralmente eles vêm de famílias numerosas ou de famílias com mais de um filho (78,5%). Os unigênitos são poucos (21,5%).

Essa informação mostra uma tradição que vem de muito tempo, desde o período do Brasil Colônia, quando era comum, nas famílias numerosas, um dos filhos tornar-se padre. Ter um filho padre na família era um índice de *status*, e, como as famílias tinham vários filhos, "dar um para Deus" era visto como uma "bênção" para elas. Esse costume perdurou por muito tempo, pode-se dizer que até meados do século passado. Antigamente, os pais que não tinham condições financeiras colocavam os filhos no seminário para estudar, pois sabiam que ali eles receberiam uma formação mais qualificada. Hoje esse quadro mudou. Não são mais os pais que colocam os filhos para estudar nos seminários, são os próprios filhos que, depois de certa idade, buscam o seminário e permanecem nele até concluir uma graduação.

Ainda sobre o dado "filho único", fator que interfere diretamente no índice de jovens que buscam o seminário e que perseveram na vida eclesiástica, vale lembrar que, de algumas décadas para cá, as famílias foram diminuindo, com um número de filhos cada vez menor: no Brasil, segundo o IBGE, a taxa de fecundidade caiu de 6,2 filhos por mulher em 1940, para 1,86 em 2010[14].

---

14 Fonte: IPEA. *Planejamento e Políticas Públicas*. n. 41. Disponível em: https://www.ipea.gov.br/ppp/index.php/PPP/article/view/422.

4. Família patriarcal

A família patriarcal, como o próprio nome indica, caracteriza-se por ter o pai como figura central, o patriarca, que é chefe da família e gestor de toda a extensão econômica e influência social que o grupo familiar pode exercer. É o tipo de família em que a autoridade e os direitos sobre os bens e as pessoas se concentram nas mãos do pai. Seu sentido, além de uma patrilinearidade, é um sistema social, político e jurídico que vigorou com bastante evidência não apenas no Brasil, mas em todo o mundo ocidental, até o século XX. No Brasil, esse modelo de família começou a se formar logo no primeiro século da colonização portuguesa e perdura até hoje. As raízes da herança cultural ibérica estavam vinculadas com o passado medieval europeu – que, por sua vez, recebeu influência do modelo patriarcal greco--latino[15] e se espalhou pelas colônias portuguesas e espanholas da América e de outros continentes.

No Brasil, o protótipo da família patriarcal lusitana gerou, assim, uma forma específica de organização social que se consolidou com a vinda de imigrantes de outras regiões da Europa, sobretudo da Itália, em fins do século XIX e início do XX. Esse fato teve grandes implicações em várias dimensões da sociedade, principalmente na organização política e econômica, mas também na formação eclesial, já que na primeira metade do século XX os seminários, especialmente os do sul do Brasil, recebiam um número significativo de candidatos oriundos de famílias de ascendência italiana. Além disso, as congregações e ordens religiosas de origem italiana presentes em terras brasileiras tinham muitos clérigos oriundos da Itália. Isso reforçava ainda mais os valores das famílias patriarcais no modelo vigente de Igreja, apregoando valores como a união da família, a predominância e a prática católicas, a união do casal até que a morte os separe, a dedicação ao trabalho e a pouca atenção aos estudos, sobretudo das mulheres. Os meninos, para estudar, eram enviados aos seminários.

---

15 Ver a respeito – Renata Rocha Gadelha. *Recampesinização e ressignificação do campesinato: histórias de vida no movimento de mulheres camponesas do Paraná*, p. 59.

Operários da fé

O sociólogo Gilberto Freyre foi um dos pensadores que estudaram esse fenômeno no contexto da história brasileira, inclusive a do "filho padre". Nas suas obras *Dona Sinhá e o filho padre, Casa-grande & senzala e Sobrados e mucambos,* essa relação entre Igreja e sociedade patriarcal é bastante visível. Podemos dizer que Freyre foi um dos "mentores" do conceito de família patriarcal para descrever as relações familiares no Brasil, desde o período colonial até o final do século XIX, quando ela teria entrado em declínio, segundo alguns pesquisadores, para ser substituída, paulatinamente, pela família nuclear burguesa.

Apesar de todas as mudanças sociais que refletem nas famílias de onde vêm atualmente os padres, e embora ainda persistam sinais de patriarcalismo nelas, esse modelo de família perdeu força, sobretudo com as conquistas das mulheres na sociedade. Muitas delas são responsáveis pela gestão da família, e também pelos novos modelos de família que estão sendo formados. Mas os padres ainda vêm de famílias com aspectos do modelo tradicional, ainda que muitas já adaptadas às mudanças da época.

A reformulação e o avanço dos sistemas jurídicos corroboraram essas mudanças no perfil do modelo familiar. Vale lembrar que no Brasil, até a década de 1960, o sistema da família patriarcal ainda era vigoroso. Nesse aspecto, jovens que entraram para os seminários até esse período, e até mesmo em décadas posteriores, vinham majoritariamente do modelo patriarcal de família e o reproduziam em seu comportamento, tornando-se padres que comumente defendiam a sujeição da mulher ao marido e destacavam o poder do pai sobre a mãe e os filhos. A ideia de um Deus Pai passada na catequese ajuda a reforçar a supremacia do pai e a submissão da mãe, que faz todas as suas vontades: "Eis a escrava do Senhor. Faça-se em mim segundo a Tua vontade" (Lucas 1:37). O modelo de família reforçado pela catequese, com fundamentações bíblicas, portanto, é o da mãe submissa à vontade do pai.

A desigualdade entre homens e mulheres no exercício de atividades no mundo do trabalho formal se refletiu na Igreja. A mulher, na Igreja, apesar de ser maioria nas bases, ainda tem um papel de subalternidade quando se trata de funções de direção e decisão. Há padres que defendem que as mulheres não façam parte dos quadros de decisão da Igreja nem que lhes sejam conferidos os sacramentos da ordem, reservados aos homens. Alguns sacerdotes católicos, seja por machismo, seja por medo de perder espaço e poder ou por qualquer motivo que escapa à razão, também concordam que mulheres não ascendam aos sacramentos da ordem e não tenham papéis de decisão na Igreja. Essa postura é resquício da sociedade patriarcal, que conferia mais direitos aos homens do que às mulheres, sobretudo no tocante a hierarquias e poderes. O empoderamento da mulher apregoado por movimentos feministas está longe da estrutura hierárquica e dos centros de decisão da Igreja. Nela, as mulheres continuam a reproduzir o papel desempenhado no lar da família patriarcal. São elas que limpam os templos, ajudam no desempenho das funções litúrgicas, assumem a maioria dos trabalhos pastorais e rezam, mas não têm muita representatividade nas decisões. Até mesmo nos Conselhos de Assuntos Econômicos das paróquias a maioria é masculina, quando não são todos homens.

Enfim, recordo que a narrativa de Gilberto Freyre em *Dona Sinhá e o filho padre*, embora fictícia, corrobora a análise sociológica da pesquisa sobre o tipo de família dos padres brasileiros, sobretudo os que são filhos de pais separados ou de mães viúvas. Se 21,5% são unigênitos, 24% são filhos de viúvas. Os números quase coincidem, mas, antes de tratar dessa porcentagem coincidente, abordemos o dado seguinte, sobre a situação conjugal dos pais: 89,7% disseram não ter pais separados e 10,3% se declararam filhos de pais nessa situação. Isso revela que o padre brasileiro ainda vem, em sua ampla maioria, de famílias nos moldes tradicionais – ou ao menos conjugalmente estáveis –, apesar do acelerado processo de mudanças na configuração familiar. Porém, o fato de as famílias com perfil conservador gerarem filhos com vocação sacerdotal condiz com aquilo que apregoa a Igreja Católica sobre a instituição familiar e seu modelo: a família em que pai e mãe vivem juntos, comumente casados na Igreja, com seus filhos, estes educados naturalmente na fé católica. Esse arquétipo ainda é predominante na família do padre brasileiro, embora despontem outras situações que talvez num futuro bem próximo poderão alterar o quadro ora apresentado – por exemplo, o número de membros da família, sobretudo irmãos do padre ou até mesmo seus pais, que professam outras religiões.

5. Tradicional família católica

É fato comprovado por pesquisas censitárias que o Brasil é uma nação ainda predominantemente católica. O censo demográfico do IBGE de 2010 apontou que o Brasil tinha, na ocasião, 64,6% de pessoas que se autodeclaravam católicas, ou seja, cerca de 123 milhões de brasileiros. Em 2020, outras fontes mostraram que o Brasil apresentava uma população 50% católica. Embora o país tenha tido, num passado não muito distante, 90% de católicos, essa marca de 50% ainda é significativa e mostra a importância social e cultural da Igreja Católica e, naturalmente, de seus padres.

Essa situação se reflete também nas famílias dos sacerdotes que, apesar de terem tradição católica, contam com membros de outras denominações religiosas. No entanto, a despeito de haver membros de outras religiões nas famílias dos padres, elas ainda são predominantemente de tradição católica. Constatamos que 81,6% dos padres ainda vêm de família católica ou nas quais pelo menos os pais são católicos, nos moldes das tradições da Igreja local.

Uma família tradicional católica varia de região para região, mas algumas características são comuns. A primeira delas é a assiduidade às missas dominicais ou de preceito (aquelas celebradas em dias santos). A maioria das famílias católicas do Brasil, que efetivamente seguem as tradições do catolicismo, dificilmente perde missa de preceito. Se é uma família da zona rural, como é o caso da maioria das famílias dos pais dos padres, seus membros vão à missa sempre que podem – e, se não podem, sentem que pecaram, por isso buscam a confissão na primeira oportunidade. Atualmente, com as facilidades de locomoção, mesmo as famílias do campo têm oportunidade de ir à missa na cidade, quando não há a cerimônia na comunidade local. Essas famílias geralmente se reúnem na celebração, ou pelo menos a maior parte delas vai unida ao templo para o rito.

Outra característica da família tradicional católica de onde vêm os padres é a vida mais intensa de oração. Os familiares costumam rezar juntos, sobretudo as orações mais tradicionais, como os terços e as novenas, bem como as orações nos dias em que recebem a imagem de Nossa Senhora em casa. Muitas dessas famílias costumam se reunir com os vizinhos para rezar juntos. Mesmo morando na cidade, elas preservam tais costumes devocionais trazidos do campo. Portanto, são também famílias com forte tendência a práticas devocionais do catolicismo popular, com ênfase na devoção aos santos e às diversas invocações de Nossa Senhora – esta última varia conforme a região e as influências dos costumes locais: Nossa Senhora Aparecida, Nossa Senhora do Rosário, Nossa Senhora do Carmo, Nossa Senhora de Nazaré etc.

São famílias que valorizam os sacramentos, sobretudo os da iniciação à vida cristã (batismo, eucaristia e crisma), mas também o matrimônio, e essas circunstâncias sacramentais são momentos de festividades em que até mesmo aqueles membros mais distanciados da religião vão à igreja. Como algumas dessas famílias têm um filho padre, o sacramento da ordem é também tido como algo extraordinário e uma dádiva divina. Um dado observado nessa pesquisa é que as famílias católicas tradicionais que vivem ou viveram no campo aceitam e até desejam que um filho seu se torne padre. Já as de origem urbana nem sempre aceitam a ideia e, se aceitam, o fazem com certa resistência e, às vezes, opondo-se radicalmente, apesar de tradicionalmente católicas. A cultura urbana costuma apresentar outras perspectivas além da religião, sendo esta apenas um aspecto da vida familiar, com importância menor do que aquela atribuída pelas famílias de origem camponesa.

Outra característica muito presente nas famílias tradicionais católicas são as romarias. Católico que é católico de tradição vai a romarias, seja em viagens de longas distâncias, seja a santuários mais próximos. O ingrediente comum em todas as romarias, além da devoção ao santo, é o pagamento de promessa, os votos e ex-votos. Todos os santuários têm um espaço reservado para os ex-votos, conhecido como "sala de promessas" ou "sala dos milagres". Lá são deixadas as provas das graças e milagres recebidos. Elas funcionam como registro da eficácia do santo. Quanto maior o número de ex-votos e de relatos de milagres deixados nesse espaço, mais eficaz é o santo daquele santuário. Por essa razão, a visita à sala dos milagres é indispensável para os romeiros.

Todavia, a influência devocional da família, sobretudo no que concerne às práticas do catolicismo popular, costuma perder força na vida espiritual dos padres. Identifiquei isso no item sobre a espiritualidade do padre brasileiro. Muitos deles se distanciam das práticas devocionais mais rudimentares de seus familiares, e, quando as promovem em suas paróquias, nem sempre é por devoção, mas para motivar os católicos que ainda preservam essas raízes religiosas em seu imaginário. Dessa forma, é comum ver padres realizando novenas e outras práticas do catolicismo popular que encantam muitas pessoas e as trazem de volta para a igreja, movidas por uma manifestação saudosa de tempos idos – práticas que ainda são tidas como valores religiosos, mas que a cultura urbana tende a suplantar.

Assim, as devoções do catolicismo popular, de matriz lusitana, acabam por se concentrar nas zonas rurais e pequenos vilarejos, enquanto nos centros urbanos outras formas de manifestação da fé sobressaem, como, por exemplo, as da Renovação Carismática Católica e as dos movimentos tradicionalistas – como os Arautos do Evangelho (dissidência da antiga Tradição, Família e Propriedade – TFP).

Desse modo, padres vindos de famílias com práticas do catolicismo popular acabam por também propagá-las. Sobressaem os que enxergam nesse comportamento uma forma de angariar seguidores e obter visibilidade. Além disso, nem todos os padres propagadores de certas "devoções" ou "espiritualidades" acreditam naquilo que apregoam. São, na verdade, estratégias de marketing. Essas representações sociais de cariz religioso foram detectadas em vários momentos, como em conversas informais, em intervalos de reuniões e retiros, nos encontros de formação ou confraternização do clero, em que, estando longe do cenário das celebrações e formalidades do ofício, os padres mostraram mais sinceramente os seus perfis.

Quando perguntei se os pais ou irmãos professavam outra religião, 81,6% dos entrevistados disseram que não e 18,4% disseram que sim. Esse dado ajuda a confirmar a inferência das respostas à questão de que os padres ainda vêm, em sua grande maioria, de famílias nos moldes tradicionais, portanto ainda predominantemente católicas, como era de esperar. Dificilmente uma família com predominância evangélica ou de outra denominação teria um filho padre. Esse dado, somado aos anteriores, reforça a importância do modelo tradicional de família na geração de padres para a Igreja Católica.

6. Orfandade

Sobre o número de padres órfãos, a presente pesquisa revelou os seguintes dados: 38,5% disseram ter os pais ainda vivos. Ou seja, 31,1% dos entrevistados responderam que eram órfãos de pai e mãe; 24% disseram que tinham a mãe viva e 6,4%, apenas o pai.

Ainda tem os pais vivos

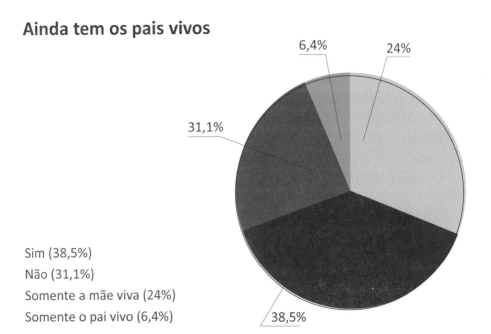

Sim (38,5%)
Não (31,1%)
Somente a mãe viva (24%)
Somente o pai vivo (6,4%)

A primeira informação que essas respostas revelam é que 61,5% dos padres, apesar de relativamente jovens, não têm os dois progenitores vivos. Outro percentual interessante é o alto índice de padres órfãos de pai: 55,1%. É um dado intrigante, pois 72,7% dos entrevistados têm de 34 a 55 anos. Esse fator merece uma atenção maior, embora eu não pretenda analisá-lo aqui, a não ser pontualmente.

Padres relativamente jovens e majoritariamente órfãos (61,5%) lembram, em parte, o retrato traçado pelo sociólogo Gilberto Freyre, em 1964, quando publicou o "meio romance" ou a "seminovela" *Dona Sinhá e o filho padre*, já referido. Freyre fundamentou-se na realidade do clero daquela época e a retratou de forma tal que o perfil perdura ainda hoje, em alguns aspectos, entre o clero brasileiro, como podemos observar nos resultados desta pesquisa. Em *Casa-grande & senzala*, Freyre retrata a situação do negro no Brasil a partir das "janelas da casa-grande", e acertou na visão, apesar de seu lugar de fala. Não foi diferente em *Dona Sinhá e o filho padre*, que, apesar de descrever de modo caricato a figura do padre de então, não deixou de contemplar realidades que as pesquisas de certa forma comprovam. Esse acerto se deve ao seu olhar acurado de sociólogo, que não deixava passar aspectos do perfil da realidade que não estavam de todo evidentes, inclusive as consequências da orfandade.

Orfandade, além de ser a condição do órfão, é um conceito socioantropológico usado para classificar a categoria daqueles que perderam o pai ou a mãe ou ambos. Embora seja mais usado para classificar crianças nessas circunstâncias, devido à dependência e à vulnerabilidade que essa situação lhes impõe, também é aplicado a qualquer pessoa cujos pais tenham morrido. O conceito é também usado no sentido metafórico, para identificar ou exemplificar sentimentos ou situações de vazio, de perda de referenciais ou parâmetros, ou aquele que foi abandonado ou privado de algo; alguém que está desprotegido, desprovido ou desamparado, ou mesmo todo esse conjunto de situações, entre outras, que significam algum tipo de privação ou carência. Isso porque a palavra "orfandade" procede do étimo grego ορφανός, que em tradução literal significa "privado", "carente". Não quero afirmar com isso que os padres órfãos sejam mais carentes que os não órfãos, mas que sua orfandade pode, em vários aspectos, agregar certas diferenciações ao seu perfil individual. Uma delas tem estreita relação com a que vem a seguir, sobre a ajuda financeira que alguns padres dão à família, seja por ainda serem arrimos de família, apesar de não estarem mais em casa, seja por ajudarem algum membro da família que passa por dificuldade.

Até o início da segunda metade do século XX, os candidatos ao sacerdócio costumavam sair de casa ainda na infância. Alguns na mais tenra idade, outros na adolescência ou na juventude e, nos últimos tempos, com o aumento da chamada "vocação adulta", desencadeada por inúmeros fatores que não vêm ao caso agora, há um número significativo de homens acima de 25 anos que buscam o sacerdócio. No entanto, independentemente da idade, ou da fase da vida em que um rapaz sai de casa para ir para o seminário, ele não perde o vínculo com a sua família. Em tempos passados, um candidato ao sacerdócio, ao entrar para o seminário, voltava a rever a família somente por ocasião da ordenação sacerdotal – ou seja, quando concluía sua formação e ingressava efetivamente na vida clerical. Não era permitido ir para casa nem por motivo de morte dos pais. Entrevistei alguns padres idosos que traziam profundas marcas psicológicas por terem sido impedidos de participar do funeral dos próprios pais. Esse rigor em relação ao distanciamento entre o candidato e sua família era mais acentuado em algumas congregações e ordens religiosas, mas muitas dioceses também mantinham essa prática, pois esse rigor integrava a formação do padre, treinando-o para o desapego às coisas do mundo – o que incluía a relação familiar. Porém essa situação mudou, e hoje o seminarista continua mantendo estreito contato com seus familiares, os quais podem visitá-lo no seminário. Esse tipo de vínculo faz com que o padre seja diretamente afetado pela perda dos pais.

Enquanto os pais vivem, o contato da maioria dos padres com a família costuma ser frequente. Sempre que podem, eles costumam visitá-los, sobretudo se são seculares, que vivem mais próximo da família. Alguns pais chegam a morar com seus filhos padres. É o caso de 4% dos padres brasileiros. Destes, a maioria absoluta é secular, já que os regulares estão sujeitos a maiores restrições. No entanto, esse índice mostra estreita relação dos presbíteros com seus pais, seja por laços afetivos, seja pelo cuidado na velhice ou por outras razões que podem estar relacionadas a algum tipo de vulnerabilidade dos pais e à relativa estabilidade econômica e social do filho padre. Porém, mesmo que os pais ou um deles não resida com o sacerdote, que é o caso da maioria dos padres brasileiros (96%), ele mantém contato frequente com seus pais. Essa informação foi obtida em entrevistas e conversas informais com vários clérigos no decorrer não apenas desta pesquisa, mas também em outras ocasiões.

A perda dos pais pode afetar o estado psicológico do padre e influenciar sua atuação ministerial. Essas mudanças de paradigmas familiares ocasionadas pela perda dos genitores são perturbadoras, porque ocorrem no referencial arquetípico de família. A morte dos pais atinge o arquétipo de família e do lar como ninho, lugar de proteção. A casa dos pais, antes lugar de encontro dos filhos, sem a presença dos progenitores deixa de ter o mesmo significado, ainda que ali permaneçam um ou mais irmãos. O lar agora chefiado ou habitado pelos irmãos não tem mais o mesmo significado de quando era a "casa dos pais". Por mais que os irmãos sejam unidos e preservem elementos que recordem os pais, ali sempre será o lugar da ausência deles. O vazio deixado pela morte dos pais não é algo fácil de superar, sobretudo para os padres, que, por interdições do ofício, não constituem outra família de sangue, com esposa e filhos. Nesse sentido, a orfandade é uma experiência especialmente dolorosa para o padre. Há casos de sacerdotes católicos que desenvolveram um quadro de depressão após a morte dos pais. Outros se fecharam para os irmãos de presbitério e para a comunidade por longo período. E há os que nunca superam o luto. Essas sensações e sentimentos foram recolhidos entre alguns padres que perderam recentemente os pais e outros que são órfãos há vários anos.

O padre lida com a morte praticamente todos os dias, buscando confortar as famílias, mas, quando perde seus próprios familiares, nem sempre ele encontra quem o console. Há quem imagine que o padre conforte a si mesmo, por ter muitas vezes palavras confortadoras para os outros. No entanto, confortar sem se envolver com a dor do outro é mais fácil do que quando a dor é também sua – ou exclusivamente sua.

Nas entrevistas e conversas com padres órfãos, confirmei aquilo que já sabia: viver o luto é fundamental para colocar a vida de volta nos eixos. O tempo é fator preponderante para a superação, mesmo assim esse espaço de tempo varia conforme o tipo de morte e as suas circunstâncias. O tempo entre a morte de um dos pais e do outro também influencia na superação. Quem perde os pais num espaço de tempo muito curto precisa passar por um duplo luto e pelo desafio duplo de superá-lo, e esse desafio duplicado costuma se estender por mais tempo. Ao contrário, se o espaço de tempo entre a morte de um e do outro progenitor for mais longo, certamente a pessoa estará mais fortalecida para lidar com a situação.

Vimos que 24% dos padres tinham apenas a mãe viva e 6,4% somente o pai, enquanto 31,1% eram órfãos de pai e mãe. Ou seja, desse número de padres órfãos, 55,1% eram órfãos de pai. Catorze dos padres entrevistados haviam perdido o pai antes do sacerdócio, quando cursavam o seminário ou antes. Oitenta e dois deles já eram órfãos de pai antes mesmo de entrar para o seminário. Alguns haviam perdido o pai na infância e foram criados pela mãe; outros perderam o pai na adolescência, e, em ambos os casos, alguns disseram sentir falta da figura paterna na construção de sua identidade como homem, fato que se mostrou patente quando lhes foi perguntado se tinham dúvidas quanto à identidade afetivo-sexual.

7. Relação econômica com a família

Padres geralmente têm certa independência financeira, sobretudo se forem seculares, como já foi dito. Aquilo de que materialmente os regulares dispõem é para seu *usufruto*, mas não é de sua propriedade. Os bens pertencem à instituição da qual são membros, embora haja padres regulares que têm conta bancária e outros bens materiais – algo que discorda das regras dos institutos de vida consagrada. Em todos eles há o voto de pobreza, e esse é, como vimos, um dos principais diferenciais entre o padre regular e o secular. É claro que há outras diferenças, mas aqui reforço a diferença econômica, porque está em análise a relação financeira do padre com sua família. Portanto, acentuar essa dessemelhança é relevante para entendermos por que há clérigos com maior possibilidade de auxiliar materialmente a família.

Ao tratar da relação entre o padre e seus recursos financeiros ou materiais, o tema pode se apresentar estranho, em princípio, sobretudo em termos gerais, porque nesse nível há parca compreensão sobre tal conexão. A maioria das pessoas supõe que o padre não precisa de dinheiro ou de bens materiais, porque a Igreja lhe fornece tudo. Porém, a realidade não é bem assim. A Igreja (a paróquia, a congregação ou a ordem a que o padre pertence) tem obrigação de mantê-lo, mas o padre necessita de outros recursos para gastos variados, que não estão contemplados nessa ajuda. Por essa razão, antes de falar da relação de manutenção e sustento que alguns padres mantêm com sua família, é importante elucidar essas questões.

Não é comum alguém procurar a vida sacerdotal por razões financeiras, em busca de estabilidade e suposto conforto. Não é impossível que isso ocorra em algumas circunstâncias, sobretudo quando não há outras perspectivas de ascensão social. Mas, se for essa a única motivação e não houver uma verdadeira vocação, dificilmente haverá perseverança.

A remuneração principal do padre são as côngruas – nome oficial da pensão que os clérigos recebem para seu sustento –, cujo valor varia, no Brasil, de diocese para diocese. Geralmente as côngruas nunca são inferiores ao salário mínimo vigente, referencial para calcular o valor dessa espécie de pensão, que formalmente não é considerada salário porque, segundo a lei, ministro de culto religioso não pode ser assalariado. Tecnicamente, portanto, todo sacerdote católico é um pensionista da Igreja. Desse modo, a nomenclatura "côngrua" vem como uma forma de contribuição dada ao líder religioso. Além das côngruas, há padres que têm outras fontes de renda, que podem ser ordinárias ou extraordinárias. Nas ordinárias estão, por exemplo, remunerações referentes a aulas, e nas extraordinárias estão as doações, as contribuições por assessorias, pregações de retiro, entre outras atividades que podem gerar algum recurso financeiro. Há também os padres "midiáticos", famosos, alguns tidos como *popstars*, que lidam não apenas com a fama e com uma legião de seguidores, mas também com quantias vultosas. São poucos, entretanto, se comparados ao número de padres no Brasil que têm tal ascensão e visibilidade social.

Quando o padre é regular, os recursos financeiros que ele recebe devem ser colocados em comum na comunidade religiosa onde vive, ou repassados à instituição à qual ele está vinculado. Até mesmo os recursos oriundos de aposentadoria devem ser socializados ou entregues ao caixa comum da instituição. Em troca, a instituição supre todas as suas necessidades. Já os padres seculares não têm essa prática. O que eles recebem é deles, sem a obrigação de compartilhar. Desse modo, por ter as despesas pagas (água, luz, telefone, moradia, alimentação, plano de saúde, funcionários, entre outras) pela paróquia, sobra-lhe o valor das côngruas e outros recursos que porventura possa receber. Nesse sentido, o padre secular, se souber gerir bem seus rendimentos, poderá acumular capital financeiro e patrimonial, o que possibilita ajudar a família. Aquele cuja família é abastada acaba por investir em patrimônio. Assim, é mais comum um padre secular ter bens móveis e imóveis do que um regular.

Nesse sentido, é usual os seculares ajudarem financeiramente a família. Desse modo, há padres que, não tendo mais os pais, seguem amparando familiares, pois constatamos que 62,5% dos padres brasileiros são originários da baixa classe média e outros 3,6% vêm de famílias que vivem abaixo da linha de pobreza. A soma desse contingente totaliza 66,1%, o que é suficiente para indicar quanto a carreira eclesiástica pode significar em termos de ascensão social. São os que vêm de renda familiar abaixo da linha de pobreza, entretanto, que comumente seguem ajudando material e financeiramente a família. Ao serem perguntados se são arrimo ou se sustentam alguém da família, 9,4% dos entrevistados disseram que sim, enquanto 17,4% disseram que "às vezes" ajudam. Cruzando os dados da classe social e a condição de arrimo de família, as informações são coerentes. Boa parte dos padres das classes média baixa, baixa e abaixo da linha de pobreza ajuda suas famílias de alguma forma, esporádica ou regularmente. Esse contingente constitui, aproximadamente, 26,8% dos padres.

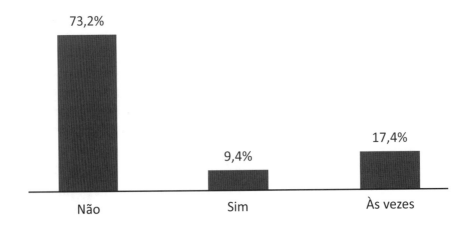

Essa relação de dependência econômica da família confirma o dado de que a maioria dos padres vem de família pobre – ou no limiar da pobreza – e que a Igreja lhes possibilitou não apenas certa ascensão social, mas também ascensão econômica. Esse dado reflete no índice de ingresso nos seminários. Quanto maior o período de crise econômica do país ou da região, maior é a procura por ingresso nos seminários. Essa tese é confirmada pelos institutos religiosos que têm missões em alguns países mais pobres da África. O número de candidatos à vida religiosa nesses países costuma ser elevado – é perceptível que boa parte se candidata não por vocação, mas por sobrevivência. Sacerdócio é, portanto, também profissão, embora seja tido apenas como vocação. Outro fator comprobatório dessa tese está no índice de desistência após a conclusão do curso de Filosofia. Percebi, tanto nas dioceses quanto nos institutos religiosos, que a "crise vocacional" tende a se acentuar à medida que o padre adquire formação acadêmica e independência econômica.

É fato que boa parte dos que hoje são padres, se permanecessem na família, não estudaria nem conquistaria estabilidade material e financeira. Para eles, o seminário foi a porta de acesso para a ascensão econômica e social. Além da modesta situação econômica de 62,5% dos padres, há outros fatores que dificultariam ainda mais sua inclusão social, como, por exemplo, a cor da pele e a orientação sexual. Número significativo de padres é negro ou pardo (28,9%) e parcela talvez bem maior, que nunca foi computada estatisticamente, mas que é evidente entre o clero, é de orientação homossexual. Somando esses três fatores dificultadores (pobreza, cor da pele e orientação sexual), em uma sociedade economicamente excludente, racista e machista (quando não homofóbica) como a brasileira, dificilmente um jovem formado no catolicismo ascenderia socialmente se não fosse padre. Em outros termos, um jovem católico ao mesmo tempo negro (ou pardo), pobre e homossexual tem na carreira eclesiástica uma possibilidade de melhoria em suas condições de vida e na de seus familiares. Mas que fique claro: a maioria (73,2%) dos padres não ajuda financeiramente a família. Apenas 26,6% o fazem (0,2% não respondeu).

Cabe aqui, entretanto, uma observação que não é de somenos importância: se a imensa maioria dos padres procede de famílias de baixa renda e se há número expressivo – ainda que não formalmente investigado – de homossexuais entre eles, contra apenas 28,9% de sacerdotes negros ou pardos, fica evidente então que, no Brasil, o racismo é o maior obstáculo ao ingresso na carreira eclesiástica. A pobreza pode ser maquiada ou até ser objeto de comiseração e solidariedade. A homossexualidade se oculta ou se reprime. A cor da pele – por mais que ela seja relativizada no vocabulário racial brasileiro – não se esconde.

Não há, porém, nenhuma normativa da Igreja que impeça o padre de ajudar economicamente a família, sobretudo sendo ele um secular. O que não é permitido, por configurar crime, é o desvio de recursos que sejam exclusivos da Igreja. Ou seja, o padre pode ajudar familiares ou terceiros apenas com os recursos da côngrua ou de outros ganhos pessoais – jamais com o dinheiro que a Igreja arrecada ou com o eventual lucro dos investimentos e serviços de suas instituições (escolas, por exemplo). Esses dados e informações vêm se somar a outro que ajuda a comprovar que a grande maioria dos padres brasileiros é oriunda de famílias financeiramente modestas. Portanto, o fato de uma parcela do clero ajudar financeiramente a família mostra que o padre tem uma condição melhor que a dela. Esse dado também é coerente com o fato de a maioria optar pela condição de secular.

8. Escolaridade dos pais

Uma vez que a maioria dos clérigos tem origem pobre e camponesa, é de esperar que o grau de escolaridade de seus pais seja baixo. No entanto, busquei precisar essa informação, porque ela ajuda não apenas a delinear o perfil do sacerdote, mas a entender certos comportamentos dele. A pesquisa mostrou que o índice de analfabetos e semialfabetizados entre os pais dos padres soma 59,3%. Esse dado lembra a situação precária da educação no Brasil e o papel da Igreja Católica nessa área ao longo de sua história.

Para alguns pais sem escolaridade e condições financeiras, os seminários ainda representam um meio de investir na formação intelectual de seus filhos. Assim, vários filhos de pais analfabetos ou semianalfabetos se formaram mediante o ingresso em institutos e universidades católicas.

Outra questão relacionada à escolaridade dos pais dos padres é o analfabetismo no Brasil, cujo índice é alto em um país que aspira ao desenvolvimento: segundo dados da Pesquisa Nacional por Amostra de Domicílios (PNAD) divulgados em 2020, o percentual de pessoas que não sabem ler e escrever caiu de 6,8%, em 2018, para 6,6%, em 2019. Quanto mais pobre a família, menor é a sua escolaridade. Como a maioria dos pais dos padres brasileiros é pobre, não há surpresas nesse quesito: segundo nosso levantamento, 47,9% dos progenitores dos clérigos têm o ensino fundamental incompleto, enquanto apenas 13,7% o concluíram. Com esses dois dados temos uma porcentagem de 61,6% de pais de padres que têm até o ensino fundamental. Somados esses 61,6% com os pais analfabetos (11,4%), o índice sobe para 73% com baixa ou nenhuma escolaridade. Note-se, no recorte dessa pesquisa, que a taxa de analfabetismo entre os pais de clérigos é quase o dobro daquela verificada para o conjunto da sociedade brasileira.

Grau de escolaridade dos pais

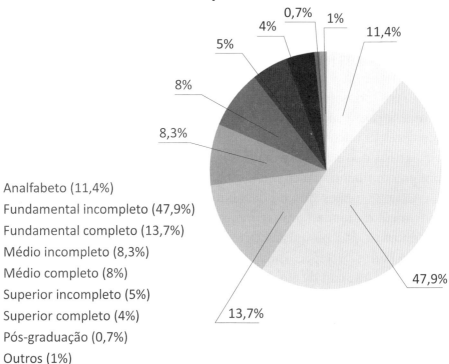

Analfabeto (11,4%)
Fundamental incompleto (47,9%)
Fundamental completo (13,7%)
Médio incompleto (8,3%)
Médio completo (8%)
Superior incompleto (5%)
Superior completo (4%)
Pós-graduação (0,7%)
Outros (1%)

Entre os problemas sociais crônicos enfrentados pelo Brasil estão a evasão escolar e a má qualidade do ensino. As causas variam, mas os problemas são praticamente os mesmos. Na época em que os pais dos padres se viram impossibilitados de iniciar ou continuar os estudos, o problema era, na maioria dos casos, a necessidade de ajudar a família, somada às dificuldades de acesso à escola, uma vez que a maior parte vivia na zona rural. Nos dias atuais, em muitas regiões, o acesso à escola está mais facilitado. No entanto, permaneceram outros problemas, como, por exemplo, a baixa renda média das famílias, o subemprego, a má qualidade do ensino e a má remuneração e formação dos professores.

Esses e outros fatores contribuem para que as famílias de baixa renda vejam os seminários como instituições de ensino de melhor qualidade. Esse referencial contribui para que muitos pais se sintam orgulhosos de ter filhos formados em seminários, mesmo que eles não tenham sido ordenados padres. Para uma parcela dos pais de candidatos ao sacerdócio, os seminários acabam se tornando uma "faculdade privada gratuita". Dizia-me um deles: "Eu não pude estudar, mas me orgulho de meu filho ter se formado numa boa faculdade católica".

9. Homem do povo

Ao tratar dos indicadores sociais da origem dos padres, não poderia ignorar a *classe social* da qual eles vêm. A pesquisa mostra que os sacerdotes católicos do Brasil não vêm de apenas uma ou duas classes sociais, mas que estão distribuídos nas diversas camadas da sociedade, com predominância da chamada "baixa classe média" (62,5%).

A maneira mais simples de definir os padrões de cada classe social é por meio da renda familiar mensal em salários mínimos, e é a que foi adotada nesta pesquisa. Além de perguntar sobre a classe social a que o padre pertence, indaguei sobre a renda de sua família, com alternativas que iam de até dois a mais de cinquenta salários mínimos. As que viviam com até dois salários mínimos foram classificadas como "classe baixa", e as que viviam com cinquenta ou mais salários mínimos seriam da "classe alta". O cruzamento desses dois dados (o de classe e o de salários) resulta no real perfil da origem social do padre.

A predominância, como foi dito, é de padres pertencentes à baixa classe média (62,55%), seguida pela classe média (26,3%). Se somados os padres pertencentes à baixa classe média, classe baixa e outras inferiores, temos um total de 68,9% de padres oriundos dos estratos de menor poder aquisitivo. Esse dado é confirmado por outras pesquisas[16], em épocas anteriores. O sociólogo Antônio Flávio Pierucci recordava, há mais de duas décadas, num resgate histórico, que o clero brasileiro nunca pertenceu à elite do país, como alguns afirmam. Pelo contrário, desde os primórdios da Igreja no Brasil os padres vieram das classes mais baixas, com raras exceções, como mostrou essa pesquisa. Pierucci resume: "Clero escasso, pouco ilustrado e de origem pobre"[17]. Embora ele esteja se referindo a tempos idos, do Brasil Colônia e Império, ainda encontramos tais reflexos nos tempos atuais. Ter quase 70% de padres que se identificam como sendo da baixa classe média e da classe baixa representa um retrato fiel dessa realidade.

Classe social

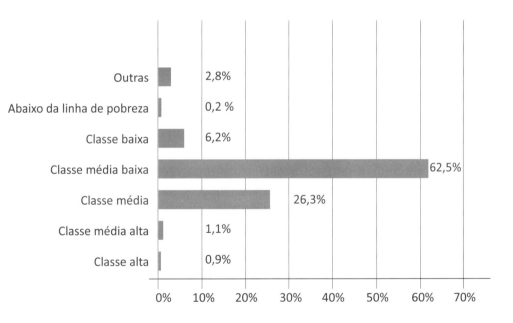

---

16 A. F. Pierucci. *Não é ele o filho do carpinteiro?*, p. 109-142.
17 Ibidem, p. 116.

Diz Pierucci: "Diante desses testemunhos, fica difícil aceitar para os primeiros séculos do Brasil a predominância nas fileiras eclesiásticas, pelo menos no clero secular, dos elementos provenientes de famílias de sangue ilustre, mui letrados e influentes, como querem Gilberto Freyre e outros"[18]. Basta constatar o índice de escolaridade dos pais dos padres na presente pesquisa e veremos que eles não são "mui letrados", como queria Freyre em algumas de suas pesquisas e obras.

Em 1982, Antônio Flávio Pierucci fez uma pesquisa por amostragem entre o clero da Arquidiocese de São Paulo e constatou um quadro que a pesquisa deste livro veio confirmar quatro décadas depois: "Majoritariamente, portanto, o clero paroquial da Arquidiocese foi recrutado no âmbito 'piedoso' das heterogêneas camadas de trabalhadores autônomos e produtores familiares, urbanos e rurais: 54,4% dos padres saíram de famílias cujos chefes são (ou eram) *trabalhadores não assalariados*, 15,2% dos quais pequenos empregadores e 39,2% de trabalhadores por conta própria ou cabeças de unidades de produção familiar, estes últimos formando notável fatia"[19].

Tais dados, quando comparados com os atuais, mostram que os padres brasileiros continuam vindo, em sua maioria, das camadas mais simples da sociedade. Afirma Pierucci: "O melhor termo para englobar todos os estratos de origem deste clero paroquial talvez seja o de 'classes populares'. Posso assim começar dizendo que, sejam filhos de pais assalariados ou autônomos, a raiz comum de 95,8% dos casos está nas classes chamadas populares. Há um predomínio quase total do elemento popular na composição do clero paroquial"[20]. Na presente pesquisa, temos um total aproximado de 70% de padres oriundos das classes populares. Como é possível verificar, o quadro não mudou muito desde aquela outra pesquisa, levando em consideração que a de Pierucci foi por amostragem e alcançou apenas a Arquidiocese de São Paulo, enquanto a deste livro teve abrangência nacional.

---

18 Ibidem, p. 117.

19 Ibidem, p. 123.

20 Ibidem, p. 124.

10. Raízes agrárias

Além de oriundos das camadas populares ou relativamente pobres, os padres brasileiros, ainda em sua maioria, têm origem rural. Quando perguntados a respeito, apresentando-lhes três alternativas (rural, urbana e outra), 53% responderam "rural"; 40,2% "urbana"; e 6,8% "outra", sem especificar.

Mesmo com o crescimento das cidades e os grandes desafios do mundo globalizado, com uma sociedade de cultura urbana, os padres brasileiros ainda são majoritariamente de origem rural. Esse dado aponta para um grande desafio para a Igreja, que é atuar no mundo urbano com sacerdotes oriundos do campo. Talvez por essa razão a Igreja no Brasil ainda tenha, de certa forma, práticas ou hábitos rurais, mesmo atuando nos grandes centros urbanos. Vemos assim que o clérigo, apesar da origem agrária, está, como qualquer outra pessoa, influenciado pela cultura urbana. Isso não significa que, mesmo vindo da zona rural, ou tendo nascido nesse meio, ele terá posturas típicas dos camponeses. Por ter passado parte da vida no seminário, seu comportamento será no sentido da urbanidade. No entanto, é importante saber que, apesar de todo o avanço das cidades e da cultura urbana, o campo continua sendo um "celeiro" de vocações sacerdotais.

Por outro lado, tudo indica que os padres provenientes da zona urbana (40,2%) são, em boa parte, oriundos das periferias. Essa inferência decorre do cruzamento de dados, como classe social, renda familiar e escolaridade dos pais. Ou seja, alguém com esse perfil familiar tem grande probabilidade de ter nascido e crescido em bairros populares ou nas periferias urbanas.

Apesar de a esmagadora maioria da população brasileira viver em cidades – conforme o PNAD 2015, a maior parte, 84,72%, vive em áreas urbanas –, algumas famílias de padres vivem ou viveram no campo até um passado bastante recente. Como vimos, 53% disseram ser de origem rural. Não sei precisar se essa "origem rural" se refere a ter nascido no campo ou aos pais terem vivido nele. Todavia, em se tratando de clérigos, em sua maioria jovens ou de meia-idade, esse dado é forte indicativo de que pelo menos seus pais vivem ou viveram na zona rural, fator que contribui para delinear as raízes agrárias do padre brasileiro. Assim, se a maioria dos sacerdotes vem, de alguma forma, da zona rural, a Igreja no Brasil tende a ter um perfil rural, apesar da chamada "cultura urbana".

Nesse contexto, a Igreja no Brasil enfrenta desafios. Padres com perfil ainda predominantemente rural ou ruralizado, num mundo cada vez mais urbano, podem caracterizar uma Igreja cujas ações, igualmente de perfil agrário, não respondam aos desafios desse mundo globalizado e urbanizado. No entanto, a problemática não está apenas na origem do padre, mas na estrutura da Igreja, que ainda preserva o perfil rural. O padre, como parte dessa sociedade urbanizada, se adapta rapidamente a ela, porém, como esse perfil da Igreja é estrutural, torna-se difícil para o sacerdote, sobretudo o pároco, dar respostas aos desafios que o momento apresenta. Para não ser absorvido por essa dinâmica de uma sociedade líquida, a tendência é se agarrar a valores tradicionais, isto é, à tradição e às estruturas que, aparentemente, parecem sólidas, embora não sejam capazes de responder aos desafios. O impasse está no fato de que muitas práticas da Igreja no Brasil ainda estão pautadas por uma cultura camponesa, rural. Espera-se que os católicos da cidade tenham comportamentos similares aos dos que vivem na roça. Entretanto, embora uma parcela significativa da população das cidades tenha vindo do campo, a cultura urbana já é parte de suas vidas.

Mesmo assim, a Igreja mantém certas práticas que remetem ao mundo rural ou pré-industrial, como, por exemplo, o sino chamando os fiéis para as missas e os festejos típicos do universo camponês ou do vilarejo, como as festas juninas, as quermesses e as festas do padroeiro.

Enfim, se os padres brasileiros vêm, em sua maioria, da zona rural, ou se são filhos de camponeses ou pequenos agricultores, frequentemente preservam esse estilo de vida ou esses traços culturais em suas paróquias, mesmo que elas sejam urbanas.

11. Renda familiar

Ao tratarmos da renda familiar, não podemos deixar de lançar um olhar sobre o poder aquisitivo ou poder de compra da família brasileira nas últimas décadas. Nesse sentido, convém observar o que significa *poder aquisitivo* ou *poder de compra*, pois isso ajuda a conhecer não apenas a renda da família do clérigo brasileiro, mas também confirmar sua classe social de origem, entendendo suas relações sociais e a atual conjuntura da Igreja na sociedade – ou a relação entre ambas.

Um dos referenciais para entender a conjuntura econômica de um país é o poder de compra da população em geral, sobretudo das classes mais baixas. Mas, afinal, o que é poder de compra? De acordo com André Bona[21], "poder de compra é um conceito da economia que diz respeito à capacidade de adquirir um bem ou serviço com uma determinada quantia em dinheiro". Essa definição simples ajuda a elucidar a questão e a entender uma complexa dinâmica da sociedade, tratada de maneira muitas vezes prolixa por economistas. Bona diz: "Esse referencial, na prática, pode ser utilizado para comparar a quantidade de um determinado produto que se comprava no passado, com uma soma em dinheiro específica, em relação à quantidade que pode ser comprada no presente, sempre levando em consideração o mesmo valor". Assim, se tomarmos o poder de compra dos pais dos padres no tempo em que seus filhos, hoje padres, estavam em casa, e depois comparar com a atualidade, teremos um parâmetro desse quadro de poder aquisitivo e veremos se nessas décadas houve melhora, piora ou estabilidade no consumo dessas famílias. Desse modo, ao analisar o poder aquisitivo da família do padre brasileiro, é preciso ter em conta também a região do Brasil em que ela vive. No entanto, não mapeei esse dado na pesquisa, apenas perguntei sobre a renda familiar de um modo geral, sem identificar a região do sacerdote. Para sondar essa realidade foi apresentada uma lista com sete alternativas, referente à renda familiar mensal, que ia de até dois salários mínimos a mais de cinquenta.

---

21 Cf. André Bona – https://andrebona.com.br/o-que-e-poder-de-compra-saiba-mais-sobre-ele. Consulta em 20/6/2021.

Por renda familiar entende-se a soma financeira bruta de cada membro da família, moradora do mesmo domicílio. Entram no cálculo da renda, por exemplo, pensões, pensões alimentícias, salários, proventos, benefícios de previdência privada ou pública, comissões ordinárias, rendimentos de trabalho não assalariado e dinheiro proveniente de atividades autônomas em geral. Somando todas essas entradas, é computada a renda mensal da família, conforme o parâmetro adotado pelas gestões públicas. No entanto, no caso desta pesquisa, para facilitar a computação, usei apenas o parâmetro da renda familiar ao mês em salários mínimos.

O primeiro aspecto a ser destacado é que ninguém assinalou as alternativas "mais que 20 até 50" e "mais que 50 salários mínimos" como renda familiar. A maioria assinalou as alternativas "até dois salários mínimos" (35,9%) e "até três salários mínimos" (29,9%), somando 65,8% das respostas. Ou seja, mais da metade dos padres brasileiros confirmou esse dado – que são oriundos de famílias relativamente pobres, situando-se entre a classe baixa e a baixa classe média.

Renda familiar ao mês em salários mínimos

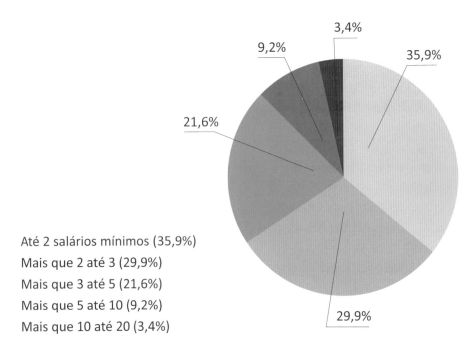

Até 2 salários mínimos (35,9%)
Mais que 2 até 3 (29,9%)
Mais que 3 até 5 (21,6%)
Mais que 5 até 10 (9,2%)
Mais que 10 até 20 (3,4%)

No entanto, quando comparada a qualidade de vida econômica do padre com a de seus familiares, percebe-se uma desigualdade significativa. A renda mensal do padre, em salários mínimos, vai bem além da de sua família. As côngruas recebidas estão acima da média do salário mínimo. Outro dado a ser considerado é que as côngruas são rendimentos líquidos, diferentemente da renda de suas famílias, que são rendimentos brutos. O padre não precisa retirar de suas côngruas os valores de alimentação, moradia, funcionários, entre outras despesas que uma família tem. Além das côngruas, o padre comumente recebe proventos extraordinários, que vão desde "espórtulas" (espécie de esmola) a pagamento por serviços prestados. Embora os rendimentos do padre nem sempre sejam computados, a sua qualidade de vida e o seu *status* social melhoram muito em comparação com os de sua família. Nesse sentido, o padre pertence a uma categoria financeiramente privilegiada – ou ao menos confortável – da sociedade.

Desse modo, esses jovens que se tornam padres, brancos em sua maioria e majoritariamente oriundos da zona rural ou das periferias urbanas, com pais com baixa escolaridade, baixa renda e baixo poder de compra, mudam radicalmente seu *status* social ao ingressar na carreira eclesiástica. Diante desse quadro, em termos estritamente financeiros, materiais ou de renda, tornar-se padre significa subir na vida.

III.

Formação e produção intelectual do padre brasileiro

A Igreja no Brasil tem buscado dar atenção à formação dos padres, mas essa tarefa cabe aos seminários das dioceses, congregações e ordens religiosas, e, por essa razão, ainda há muita variação na qualidade e no conteúdo desse ensino.

A formação dos padres está centrada em quatro dimensões: humana, espiritual, intelectual e pastoral, e essas dimensões também foram contempladas na pesquisa, mas da perspectiva do padre, ou seja, como ele vê, sente e vive essas dimensões. Foi desse modo que obtive os resultados que veremos a seguir. A abordagem contempla o grau de instrução, nível de formação e de informação, como, por exemplo, reconhecimento dos cursos de Filosofia e Teologia; pós-graduação; formação em gestão eclesial; domínio de língua estrangeira; atualização da formação; hábitos de leitura e tempo dedicado aos estudos; satisfação com a formação recebida; acompanhamento dos últimos documentos da Igreja; e produção intelectual (escrita).

Perguntei também se o padre lê jornais e revistas; se assiste à TV e que programa; quanto tempo ele dedica à televisão; se acessa a internet; se possui redes sociais e, em caso afirmativo, quais são elas.

1. Nível de instrução

A primeira pergunta desse bloco tratou do grau de instrução do clérigo brasileiro. Entenda-se, por grau de instrução, as pós-graduações *lato sensu* (especialização) e *stricto sensu* (mestrado e doutorado) e outros cursos além dos básicos, Filosofia e Teologia, exigidos para todos os candidatos ao sacerdócio católico. No item "grau de instrução" havia quatro alternativas: especialização, mestrado, doutorado e outras graduações além da Filosofia e da Teologia.

A maioria dos padres que responderam a essa questão tem alguma especialização (52,9%), seguida dos que têm outras graduações (25%). Com mestrado são 18,2% e com doutorado, apenas 3,9%. Se boa parte dos padres brasileiros não tem diploma de Filosofia (46,5%) e Teologia (55,7%) reconhecido pelo Ministério da Educação, isso é indício de que eles não cursaram pós-graduação, pois o reconhecimento da graduação pelo MEC é exigência para a continuidade dos estudos acadêmicos. No entanto, essa regra não é geral, pois há padres graduados em outros cursos reconhecidos pelo MEC (Pedagogia ou Psicologia, por exemplo) e que podem ter se especializado nessa área. Assim, os dados dessa questão não correspondem à totalidade dos padres, mas apenas a um grupo com instrução mais elevada. Faço esse esclarecimento para que o leitor não incorra em erro de interpretação, imaginando que todos os padres têm o mesmo grau de formação. Se fosse assim, o clero brasileiro seria altamente letrado, o que não corresponde à realidade: basta constatar que apenas 22,1% dos entrevistados são mestres ou doutores.

Em suma, praticamente metade dos padres brasileiros tem apenas a formação básica em Filosofia e Teologia. E quase metade deles não tem o curso de Filosofia reconhecido pelo MEC, ou seja, tiveram apenas formação seminarística, realizada internamente no seminário. Sem entrar no mérito da qualidade do curso, é importante destacar que isso impossibilita o prosseguimento dos estudos, pois, se o diploma de Filosofia não é reconhecido oficialmente, o sacerdote não cursará a pós-graduação. Algo similar ocorre com o curso de Teologia. Este, porém, é mais comum que não seja reconhecido, pois obteve *status* de graduação universitária, com reconhecimento civil, somente em

Grau de instrução

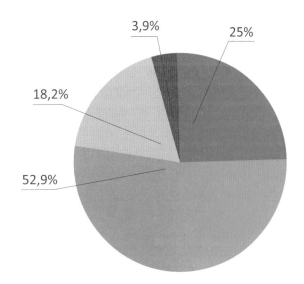

Especialização (52,9%)
Mestrado (18,2%)
Doutorado (3,9%)
Outras graduações (25%)

2004. Até então, todos os cursos de Teologia no Brasil obtinham reconhecimento apenas eclesiástico. Mesmo assim, para prosseguir os estudos, o padre teria que cursar Teologia numa faculdade ou instituto com reconhecimento canônico – isto é, credenciado pelo Vaticano. Até hoje isso não é comum, pois muitas dioceses mantêm em seus seminários a formação teológica sem reconhecimento pontifício, o que também é um obstáculo para o prosseguimento dos estudos nessa área elementar para a formação sacerdotal.

Não havia no questionário a alternativa "em vias de reconhecimento". No entanto, o resultado foi que mais da metade dos padres brasileiros (55,7%) disse não ter seu curso de Teologia reconhecido oficialmente. Entenda-se por "oficialmente" os cursos com reconhecimento pelo Ministério da Educação ou por Roma, ou por ambos. Esse fato influencia diretamente no baixo grau de formação dos padres brasileiros. Não é incomum ver clérigos com postura pouco crítica em relação a temas sociais, políticos e até mesmo eclesiais. O baixo grau ou má qualidade da instrução dos padres brasileiros tem consequência tanto para a Igreja quanto para a sociedade. A ausência de candidatos ao sacerdócio com vida acadêmica num *campus universitário* restringe o desenvolvimento de um pensamento crítico que vá além do *mundo* estritamente eclesiástico. Essa situação faz com que boa parte dos padres se volte mais para questões internas da Igreja, com uma espiritualidade ensimesmada e desconectada de uma realidade mais ampla.

No que se refere aos cursos internos de Filosofia e Teologia, são diversas as razões que levam os bispos a mantê-los nessa forma. Uma delas é a econômica – isto é, o custo de manutenção de curso reconhecido, com exigências de infraestrutura e titulação do professorado – e outra é a evasão de seminaristas após obterem o diploma. Um candidato ao sacerdócio tem custo relativamente elevado para a Igreja. É real a insegurança da instituição quanto à perseverança do candidato na carreira eclesiástica. Desse modo, um curso interno, sem reconhecimento oficial pelo MEC (e, portanto, sem valor legal para, por exemplo, dar aulas tanto em escolas públicas quanto em particulares), pode ser um fator dissuasório para aqueles que buscam apenas uma profissão.

O índice de evasão dos cursos seminarísticos de Filosofia continua alto. Mas isso nem sempre está relacionado à intencionalidade do candidato, já que a Filosofia, seja ela uma graduação "caseira" ou externa, tem a função de ensinar a pensar, a ver o mundo – inclusive a Igreja – com um olhar crítico. Como muitos candidatos ingressam no seminário com uma visão simplista da instituição e da sociedade, quando começam a enxergar a realidade com o olhar intelectivo produzido pela reflexão filosófica, tendem a desistir da carreira eclesiástica. Dito de outra forma, ao cursar Filosofia, o seminarista católico pode abandonar a vocação ao rever sua percepção da realidade e da própria Igreja.

Entre os que fizeram pós-graduação ou outras graduações, destacam-se as áreas de Educação (26%), Teologia (24%), Psicologia (17%), Direito Civil ou Canônico (10%), Filosofia (7%), Ciências Sociais (4%) e outras (12%), que, por sua vez, variam de *design* de interiores a medicina, com uma gama de outras graduações e pós-graduações que se tornaria difícil computar devido à pulverização das respostas.

Outras áreas de graduação e pós-graduação

Educação (26%)
Teologia (24%)
Psicologia (17%)
Direito Civil ou Canônico (10%)
Filosofia (7%)
Ciências Sociais (4%)
Outras (12%)

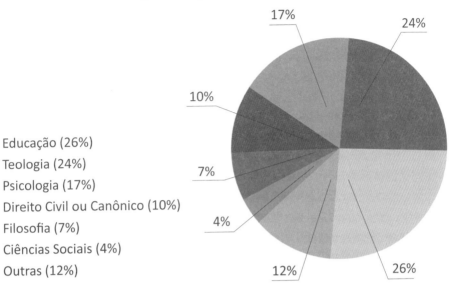

Um fato que chama a atenção é a quantidade de padres com formação em Educação. Dentro dessa área foram reunidos os cursos de Magistério, Pedagogia, Letras, licenciatura em História, Geografia, Matemática, Biologia, Física e Química. Vemos, portanto, que a formação relativa ao ensino se destaca mais que os estudos propriamente eclesiásticos, que englobam as várias vertentes da Teologia – como, por exemplo, teologia dogmática, pastoral, *Bíblia*, liturgia, missiologia, direito canônico e bioética. Embora o número dos que buscam estas duas áreas, Educação e Teologia, seja bastante parecido, é surpreendente o fato de percentual significativo de padres ter ou buscar formação em outra área. Quer dizer, são poucos os clérigos brasileiros que se dedicam a estudar ou a se aprimorar no pensamento que institui a própria Igreja. Ou seja, no Brasil ela dispõe de reduzido contingente de pensadores sobre si mesma, o que pode diminuir a relevância do país no debate internacional sobre o catolicismo, num descompasso com o enorme contingente de brasileiros autodeclarados católicos (o maior do mundo, pelo menos até agora).

Um fator que pode explicar o alto índice de padres com formação em Educação é a situação de muitos que ingressam no seminário com graduação nessa área, pois uma das características da vocação sacerdotal das últimas décadas tem sido sua maturidade, isto é, os candidatos que agora buscam a vida eclesiástica o fazem depois de concluir uma ou mais faculdades, diferentemente de algumas décadas atrás, quando os seminários recebiam crianças e adolescentes para a formação básica ou jovens sem graduação.

No entanto, Psicologia, que aparece com bastante destaque na pesquisa, pode não corresponder a uma formação anterior. Alguns padres procuram cursá-la porque ela contribui para ajudar a si e aos outros, pois é relevante também o número de sacerdotes que precisam lidar com questões relativas à própria vida religiosa, com opções que implicam renúncias materiais, celibato e castidade, problemas ouvidos em confissões, enfim, todos os elementos que influenciam no equilíbrio emocional. Nem sempre é fácil lidar com essas questões, e a Psicologia pode ser uma ferramenta importante. Outras questões que pesam bastante na vida do padre: o fato de ele não constituir família e o fator financeiro. A opção pelo estudo de Psicologia é também uma busca de respostas, de caminhos para essa condição e outras situações vividas pelo padre.

A formação em Psicologia torna-se, assim, uma espécie de busca por segurança, não apenas no sentido de lidar com os problemas com alguma clareza ou discernimento, mas também como garantia de certo *status*. O padre com formação nessa área tem ampliado o seu campo de ação, que vai além do religioso, podendo clinicar. Um padre graduado em Psicologia, quando deixa a batina, tem muito mais chance de se recolocar profissionalmente do que um sacerdote com graduação apenas em Filosofia (nem sempre reconhecida pelo MEC, como vimos) e Teologia.

Outra pergunta feita ao padre na pesquisa foi se ele cursou "gestão eclesial", uma das atividades mais presentes na vida do sacerdote e que nem sempre é levada em conta durante a sua formação no seminário. Há poucos cursos de Teologia que contemplam em sua grade curricular a matéria "gestão" ou "administração eclesial". Porém, depois de ordenado, uma das primeiras atribuições do sacerdote é gerir uma paróquia, que na prática funciona como empresa do terceiro setor. No entanto, se o padre desconhece a área, ele enfrentará dificuldades no cotidiano paroquial. Mesmo hoje sendo assessorado

Operários da fé

pelos chamados "conselhos gestores" (pastoral e econômico), é importante que o clérigo tenha pelo menos noções básicas de gestão. Todavia, ainda é baixo o número de padres com tal formação.

Constatei que a formação em Administração foi praticamente irrelevante quando comparada com outras áreas. Dos padres entrevistados, 74,4% nunca fizeram curso de gestão eclesial. Somados aos que não souberam responder (3,8%) – sugerindo que não tiveram essa formação específica –, esse número sobe para 78,2%. É preocupante, pois um padre que tem pouca ou nenhuma capacitação em gestão eclesial é um iminente problema para a Igreja, do ponto de vista material (patrimônio e finanças). Não é incomum encontrar paróquias com problemas administrativos, e isso se deve muitas vezes não à índole do pároco, mas ao seu pouco conhecimento sobre gestão eclesial.

Por fim, outro aspecto que revela o nível de preparação do padre brasileiro é o conhecimento de outros idiomas. À primeira vista, isso pode parecer algo irrelevante, sobretudo para a maioria dos clérigos, que trabalha com gente simples, que fala a mesma língua. Porém, falar outro idioma ajuda na missão, principalmente na missão *ad gentes*. No entanto, o número de padres que dominam outro idioma é baixo. Apenas 6,2% disseram que sabem outra língua, ou seja, 93,8% dos padres brasileiros são monoglotas. É um prelúdio para o próximo tópico.

2. Interesse em se instruir

Quando perguntados sobre a frequência em cursos de atualização, 60,9% disseram participar, 25,9% afirmaram que às vezes participam e 13,2% indicaram não participar. Este último dado deveria alertar a Igreja. Quando somado à porcentagem dos que se atualizam "de vez em quando", temos 39,1%, ou seja, quase 40% dos padres brasileiros não se atualizam regularmente. Padre desmotivado com sua formação permanente é indício de fenômeno mais sério que simples preguiça de estudar. Esse sinalizador de estagnação ou acomodação intelectual do clero mostra que algo precisa ser revisto nessa frente. Caso contrário, as consequências serão desastrosas para a Igreja, uma vez que os desafios sociais, políticos e culturais do século XXI são extremamente complexos, exigindo respostas que religiosos intelectualmente estagnados não saberão dar.

Outro dado preocupante é que boa parte dos padres não lê além daquilo que o sacerdote católico é obrigado a ler (trechos da Bíblia, por exemplo, são lidos por ele em todas as missas que celebra). O teólogo italiano Arturo Paoli disse certa vez, numa conferência, que "um padre que não lê pelo menos um livro de teologia por ano se torna perigoso"[22]. Posicionamentos dessa natureza são reflexos patentes da carência na formação do padre.

Para a atualização, é de suma importância a prática contumaz da leitura. O padre deveria ser uma pessoa que lê regularmente, mas não é bem isso que mostra a presente pesquisa. Quando perguntei quantos livros o padre lê ao ano, obtive as seguintes respostas: 1,7% disse não ler nenhum livro; 5,8%, apenas um livro; 13,4%, dois livros; 18,7%, três livros; e 60,4%, mais de três livros. Essa porcentagem de 60,4% é relativamente aceitável, mas não é ideal, tendo em vista o fato de os padres pertencerem a uma categoria de pessoas supostamente letradas. Essa situação se agrava quando se trata de padres relativamente jovens, como é o caso no Brasil, pois clérigos com mais idade geralmente leem mais que os jovens, que estão no auge de suas atividades pastorais e conectados à internet. Há, porém, os que alegam "falta de tempo", mas, quando perguntados sobre as horas que passam na internet, boa parte indica relevante número delas acessando as redes sociais. Poderíamos perguntar, então, como Daniel Pennac, em *Como um romance*: "Onde encontrar *o tempo para ler*?". Ele mesmo responde: "A partir do momento que se coloca o problema do tempo para ler, é porque a vontade não está lá. Porque, se pensarmos bem, *ninguém jamais tem tempo para ler*. A vida é um entrave permanente à leitura. [...] O tempo para ler é sempre um tempo roubado. (Tanto como o tempo para escrever, aliás, ou o tempo para amar.) Roubado a quê? Digamos, à obrigação de viver. [...] O tempo para ler, como o tempo para amar, dilata o tempo para viver. [...] A leitura não depende da organização do tempo social, ela é como o amor, uma maneira de ser"[23].

---

22 *Apud* José Carlos Pereira. *Gestão eficaz: sugestões para a renovação paroquial*, p. 83.

23 Daniel Pennac. *Como um romance*, p. 118-119 (destaques no original).

Quantidade de livros lidos ao ano

Nenhum (1,7%)
1 livro (5,8%)
2 livros (13,4%)
3 livros(18,7%)
Mais de 3 livros (60,4%)

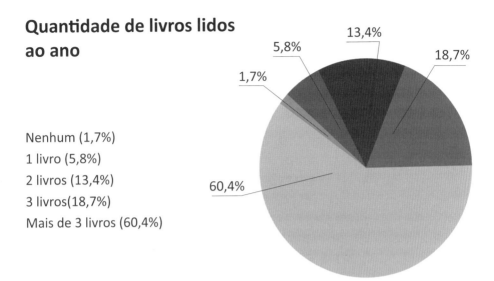

Aqui cabe comparar as práticas de leitura dos padres com as do restante da população brasileira. Diante da média dos homens brasileiros que leem regularmente, os sacerdotes católicos estão acima dela: 60,4% são leitores assíduos. Entretanto, conforme a quinta edição do relatório *Retratos da leitura no Brasil*, lançado em 2021 pelo Instituto Pró-Livro, 54% das mulheres e 44% dos homens brasileiros são leitores, sendo que, em 2019, a média anual de livros lidos, parcial ou integralmente, foi de 4,95. Por "leitor" o relatório entende "aquele que leu, inteiro ou em parte, pelo menos 1 livro nos últimos 3 meses", enquanto "não leitor" é quem "declarou não ter lido nenhum livro nos últimos 3 meses, mesmo que tenha lido nos últimos 12 meses"[24]. Por esse critério, 39,3% dos padres brasileiros não podem ser considerados leitores, pois, para ingressar nessa categoria, deveriam ler, no mínimo, quatro livros por ano. De fato, quase 40% de não leitores formam índice alto numa atividade que requer preparo e apuro intelectual.

Quando perguntados sobre o tipo de leitura, 73% dos padres entrevistados disseram que leem alguma obra que pode (ou não) estar diretamente vinculada ao seu ministério. Porém, chama a atenção o número de sacerdotes leitores de autoajuda (12%), assim como de romances (7%), além de livros de outras categorias não especificadas (8%).

---

24 Zoara Failla (org.). *Retratos da leitura no Brasil*, p. 174.

Para conhecer um pouco mais a qualidade e a profundidade da formação dos padres brasileiros, foi também perguntado quanto tempo por dia, em horas, eles dedicam aos estudos – que, obviamente, incluem a leitura. Foram apresentadas quatro alternativas, sendo a última aberta: menos de uma hora por dia; mais de uma hora por dia; não me dedico aos estudos; outras.

A maioria respondeu dedicar mais de uma hora diária aos estudos (58,6%), que é um bom índice. Porém, 32,3% disseram dedicar a eles menos de uma hora. Somada essa porcentagem com a dos que não se dedicam aos estudos, ou que não dedicam nenhum momento para estudo ou leitura (3%), temos 35,3% de padres pouco ou nada estudiosos. Esse índice é bastante coerente com o percentual de clérigos não leitores (39,3%).

3. Satisfação com a formação recebida

Somados os dados anteriormente citados com os da satisfação com a formação recebida, detecto que a maioria (64,4%) disse estar satisfeita, o que indica acomodação intelectual ou certo desinteresse na busca por aperfeiçoamento: apenas 23,7% declararam que ainda não estão satisfeitos, o que sugere desejo de aperfeiçoamento; 10% responderam que não estão satisfeitos e 1,9% não soube ou não quis responder. Satisfação pessoal, contudo, não significa satisfação coletiva, sugerindo estagnação intelectual da maioria do clero brasileiro.

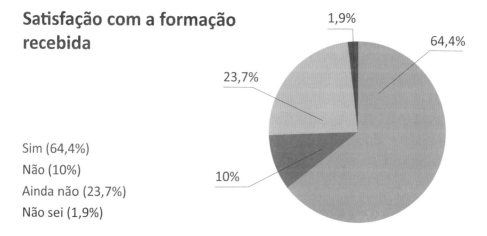

Satisfação com a formação recebida

Sim (64,4%)
Não (10%)
Ainda não (23,7%)
Não sei (1,9%)

Embora a tendência revelada tenha sido de pouca leitura e parco aperfeiçoamento dos padres, o quadro tende a mudar quando se trata de acompanhar os documentos da Igreja. A maioria disse acompanhar os documentos que a instituição edita no Brasil: 73,9% disseram que acompanham; 22% disseram que o fazem às vezes; e 4,1% disseram não acompanhar. Essa alta porcentagem dos que acompanham pode não corresponder necessariamente à leitura do documento, mas apenas à informação de que ele foi publicado. Embora a pergunta trouxesse entre parênteses a palavra "lê", talvez muitos tenham se prendido mais à palavra "acompanhar". Pode-se acompanhar um assunto ou uma publicação de várias maneiras – pela imprensa, por exemplo –, e não necessariamente lê-lo. O abismo se amplia quando se trata de aplicar tais documentos. Assim, mesmo tendo significativa porcentagem de padres que "acompanham" os documentos da Igreja – essenciais para se inteirar das decisões, normativas, orientações e proposições dessa instituição rigidamente normatizada e hierarquizada –, ela pode corresponder à realidade de um acompanhamento superficial, distante, pouco ou nada engajado. Corroboram essa probabilidade os 22% que disseram que às vezes acompanham e os 4,1% que foram categóricos em dizer que não o fazem, o que perfaz 26,1%. Isso vale para os documentos pontifícios – aqueles emitidos diretamente pelo papa. A esmagadora maioria, 83%, disse acompanhar aquilo que o sumo pontífice publica oficialmente. Em relação àquilo que o papa posta nas redes sociais, 83% disse acompanhar e 15%, às vezes. Apenas 2% afirmaram não acompanhar.

4. Produção intelectual

Ainda analisando o grau de formação do padre brasileiro e seus esforços no aperfeiçoamento intelectual, perguntei sobre produção escrita. Sabia de antemão que não são muitos os padres que publicam. Assim, ao tabular as respostas, obtive os seguintes resultados: 31,5% produzem algo escrito e 68,5%, não. Desses 31,5% que publicam, a maioria escreve artigos para periódicos internos (52,4%); outra parcela (27,7%), resenhas e outros textos; 12,3% escrevem livros e 7,6%, livros e artigos para seus iguais. De novo, temos aqui um indicativo da estagnação intelectual da maior parte do clero brasileiro: quase 70% dele não se dedica à escrita.

Em suma, a maioria dos que escrevem publica para seu próprio grupo. A minoria que escreve livros e artigos é a que produz para a formação dos demais. É inexpressivo, ou quase nulo, o número de padres que escrevem para a sociedade em geral ou para a academia. Estes se concentram nas áreas de Teologia, Filosofia e demais Ciências Humanas.

5. Interesse em obter informação

Perguntei também se liam jornais e revistas, se viam televisão e se se conectavam com a internet. Para jornais e revistas, 77% disseram que sim; 20,1%, às vezes; e 2,9%, não. É significativa, porém, a parcela dos que só leem de vez em quando ou simplesmente não se informam por esse meio: 23%.

Perguntei se assistiam à televisão e qual tipo de programa costumavam ver. Perguntei também por quanto tempo, em média diária. Nessa pergunta sobre TV, ofereci três alternativas: pouco, muito e às vezes. Obtive as seguintes respostas sobre assistir à televisão: 61,8% disseram assistir pouco; 28% disseram que assistiam às vezes; e 10,2% disseram assistir muito. Quando perguntei qual tipo de programa costumavam ver, sobressaíram os noticiários. Nessa pergunta foram apresentadas nove alternativas, sendo a última aberta (outras: quais?), podendo, portanto, discriminar. Como apontado, a maioria disse assistir aos noticiários (38%), seguidos dos documentários (23%); dos filmes (14%); dos programas de humor (9%); de concertos (5%); de outros tipos de programa (4%); de programas de auditório e de novelas (6%); 1% disse assistir a *reality shows*. A relativa baixa audiência da televisão entre os padres brasileiros reflete uma tendência geral da indústria cultural, pois esse veículo está perdendo a disputa com a internet – para onde os espectadores estão migrando. Como veremos a seguir, o tempo diário reservado à televisão é cada vez menor.

Nessa pesquisa indicamos faixas de tempo que iam de meia hora a mais de três horas diárias, tendo também mais duas alternativas: "não assisto à TV" ou "assisto esporadicamente". Quase metade, 49,8%, respondeu que assiste à televisão de 30 minutos a uma hora por dia. Logo após vêm os que assistem de uma a duas horas, somando 22,4%. Os que esporadicamente assistem à TV são 21,8%. Os que passam de duas a três horas na frente da tela formam 3% dos entrevistados. E os que ficam mais de três horas diárias diante da TV correspondem a apenas 1%. Outros 2% disseram não ver TV.

6. Conexão com o mundo virtual

Sobre o acesso à internet, apresentei quatro alternativas: acessa muito; acessa pouco; acessa às vezes e não acessa. Aqui encontramos a migração referida anteriormente: 83,2% disseram acessar muito a internet. A outra pergunta foi sobre o uso de redes sociais: nas duas perguntas diretas (sim ou não), obtive 5,5% que disseram não acessar as redes sociais, contra 94,5% que o fazem. Portanto, a quase totalidade dos padres brasileiros está nas redes sociais — o que evidencia o alcance e a potência dessa ferramenta de comunicação, com consequências que merecem demorada reflexão.

* * *

Em suma, vemos que os padres brasileiros, em sua maioria, limitam-se à sua instrução básica, com grau de interesse médio ou baixo em se aprimorar, demonstrando certa satisfação com a formação recebida e pouca produção intelectual, embora leiam com frequência, informando-se pelos meios de comunicação – sobretudo a internet – e interagindo de alguma forma nas redes sociais.

IV.

Pastorais e ministérios dos padres do Brasil

Quando analisamos as posturas e identificações dos padres brasileiros no âmbito pastoral e ministerial, conhecemos melhor sua identidade como presbíteros e, concomitantemente, a pastoral da Igreja no Brasil, que se revela nas ações e identificações de seus sacerdotes. Foram analisadas 31 questões, que versam direta e indiretamente sobre a vida pastoral e ministerial dos clérigos. Questões que vão desde a identificação com o pontificado do papa Francisco até as de cunho pessoal, vocacional e de apoio aos candidatos vocacionados que ainda estão na família e seminaristas.

1. Satisfação com o papa Francisco

A primeira questão buscou conhecer o grau de aceitação do papa Francisco, mais especificamente a satisfação dos padres com o seu pontificado, iniciado em 19 de março de 2013. A pesquisa mostrou que 94,5% aprovam a gestão do pontífice argentino. Seu jeito simples e direto de se comunicar, tocando em assuntos do cotidiano das pessoas e mostrando a face de uma Igreja mais simples, alegre, acolhedora e humana, pareceu agradar. Essa pesquisa e as notícias da mídia apresentam boa aceitação do papa pelos padres, salvo algumas poucas exceções.

A pergunta feita, no entanto, foi direta: "Está satisfeito com o pontificado do papa Francisco?". Essa pergunta trazia quatro alternativas: sim, não, mais ou menos e indiferente. Quando as respostas foram tabuladas, obtive o seguinte resultado: do total de entrevistados, a esmagadora maioria (94,5%) disse estar satisfeita; 3,3% assinalaram estar mais ou menos satisfeitos; 1,2% disse não estar satisfeito e apenas 1% se manifestou indiferente. Pelo que revelou a pesquisa, Francisco é um papa benquisto pelo clero brasileiro. Sinal de que seu pontificado progressista e estilo despojado contam com a aprovação quase unânime dos sacerdotes católicos do Brasil. Aprovar, entretanto, não significa necessariamente imitar.

2. Excesso de missas dominicais

Há quem imagine que a única atividade do padre seja celebrar missas e que, quando ele não está oficiando o rito, não faz absolutamente nada. No entanto, embora essa ideia simplista esteja ainda presente no imaginário popular, ela existe porque nasce daquilo que é mais visível nos afazeres sacerdotais católicos. Há quem veja o sacerdote apenas durante a missa ou em casamentos e batizados, e por isso imagina que ele só tem essas poucas funções.

A missa – também chamada "celebração eucarística" – é evento central na vida da Igreja e do padre, mas a vida dele não consiste apenas em tal celebração. A vida e a ação do padre não poderiam se restringir apenas a isso, sem outros trabalhos apostólicos, pastorais, missionários, enfim, sem ter compromisso com o cotidiano da comunidade paroquial que lhe foi confiada. A celebração eucarística é uma maneira de antecipar o Céu, sem, portanto, negligenciar a Terra. Querer apenas vislumbrar o Céu, mas se omitir dos compromissos terrenos, é no mínimo ilusão, uma exposição da *miséria da religião* que contribui para a *alienação*.

Quando isso ocorre, a culpa não é apenas do padre que vive apenas em função de celebrar missas. Essa alienação é resultado de um sistema eclesial voltado apenas para práticas sacramentais, sem compromisso social, pastoral e missionário. Ao ser cooptado por essa dinâmica sistêmica, o padre reproduzirá tal comportamento como se fosse um axioma e, como líder religioso, carismático, no sentido weberiano do termo, ele influenciará os outros. Não é por acaso que vemos crescer o número de pessoas voltadas para um catolicismo individualista, de relação com Deus mediada por um padre midiático, espécie de guru carismático ou *popstar* da fé, que propala uma prática espiritual rasteira, superficial, sem compromisso com o próximo, voltada apenas para a pessoa e suas necessidades pessoais, sejam elas de saúde, de bens materiais ou espirituais. É aquilo que em sociologia é chamado de *dominação carismática*[25].

Celebrar todos os dias é necessário na vida do padre, mas presidir várias celebrações eucarísticas por dia pode banalizar a missa como rito técnico. Além disso, o padre que diariamente celebra várias missas dispõe de pouco tempo para outros serviços pastorais – a *diaconia* (serviços espirituais e sociais prestados pelo padre), por exemplo. A diaconia tem primazia e culmina na eucaristia. Na doutrina católica, quando se desvincula a diaconia da eucaristia, corre-se o risco de reduzir esta última a um ritual mágico e vazio. Portanto, não é a quantidade de missas que o padre celebra no dia que qualifica sua diaconia, mas a quantidade de corpos e almas que ele ajudou a salvar.

Além disso, celebrar muitas missas sequencialmente incide na rotinização ou banalização do sagrado, como ocorre com boa parte dos clérigos brasileiros que celebram, por razões pastorais, mais de três missas aos domingos.

A pesquisa revelou que os padres brasileiros, majoritariamente jovens e satisfeitos com o sacerdócio, são também sacerdotes que em sua maioria celebram todos os dias, seja por razões pastorais, seja por razões pessoais, de fidelidade ao ministério ordenado. Quando foi perguntado se o padre celebrava a eucaristia todos os dias, 55,4% disseram que sim; 44,4% afirmaram que não; e apenas 0,2% não respondeu. É compreensível a parcela de 44,4% de padres que não celebram todos os dias. Basta olhar para a quantidade de missas dominicais. Quase metade oficia dominicalmente três ou

---

25 Cf. Max Weber. *Economia e sociedade*, p. 158-159.

mais celebrações eucarísticas, quando pelas orientações da Igreja deveriam celebrar uma, independentemente do dia da semana – salvo exceções previstas no Código de Direito Canônico. A concentração dessa cerimônia aos domingos decorre do preceito que consagra esse dia a Deus (*dies Dominica*), exigindo que todo católico compareça ao menos à celebração dominical. Então, no domingo, a demanda é maior.

Assim, 43,9% dos padres celebram três missas aos domingos. Na sequência vêm os que oficiam duas (22,2%) e quatro celebrações eucarísticas (21,9%). Dos padres entrevistados, 5% disseram celebrar apenas uma missa aos domingos; 4% disseram que celebram cinco missas e 3%, mais de cinco. Esse quadro é resultado da demanda pastoral no Brasil. Independentemente da região, é comum um padre celebrar aos domingos pelo menos três missas, conforme vemos no resultado desta pesquisa. Missas dominicais são também as celebradas aos sábados, a partir do período vespertino. Não é possível precisar se o padre que respondeu sobre a quantidade de missas celebradas aos domingos computou as do sábado à tarde. No entanto, é muito comum, na maioria das paróquias do país, haver três ou mais missas dominicais. Por essa razão, é perfeitamente compreensível que quase metade dos padres celebre três missas aos domingos. Os que responderam duas ou quatro missas aos domingos, totalizando 44,1% dos entrevistados, buscam suprir a carência de padres em muitas regiões do país. Porém, foge à normalidade os que responderam mais de quatro ou acima de cinco missas, que correspondem a 7%. Entretanto, é importante lembrar que o Código de Direito Canônico afirma o seguinte: "Não é lícito ao sacerdote celebrar mais de uma vez ao dia, exceto nos casos em que, de acordo com o direito, é lícito celebrar ou concelebrar a Eucaristia mais vezes no mesmo dia" (Cân. 905 §1). Como podemos observar, apenas 5% dos padres brasileiros seguem essa norma. No parágrafo 2 desse mesmo cânone, o documento complementa: "Se houver falta de sacerdotes, o Ordinário local pode permitir que, por justa causa, os sacerdotes celebrem duas vezes ao dia e até mesmo três vezes nos domingos e festas de preceito, se as necessidades pastorais o exigirem". Como vemos, a maioria dos padres brasileiros (66,1%) se enquadra nessa exceção, não por querer burlar as normas, mas por necessidades pastorais. O número de padres que disseram celebrar mais de quatro missas aos domingos chega a 28,9%, um número bastante elevado, que revela não apenas a falta de padres, mas sobretudo a má distribuição deles pelo imenso território brasileiro. A maior parte dos padres está concentrada nas regiões Sul (25%) e Sudeste (45%), enquanto no Norte há poucos (3%), apesar do vasto território. Os outros 27% estão no Nordeste e no Centro-Oeste.

3. Nem todos se consideram missionários

A missão da Igreja é um tema medular em Teologia e deveria ser, sobretudo na formação eclesiológica do padre, mas nem sempre isso acontece, pois até bem pouco tempo os cursos de Teologia não tinham em sua grade curricular a matéria "missiologia". Atualmente essa matéria está presente na maioria dos cursos de Teologia, mas nem sempre ela é abordada como deveria, tendo em conta a sua importância e o que ela representa na vida da Igreja e da prática pastoral do sacerdote católico.

Diante disso, todo jovem, quando busca o seminário aspirando à vida sacerdotal, deveria estar consciente da importância da missão que assumirá se for ordenado. Como a maioria será gestora de paróquia, essa importância redobra, porque é na pastoral paroquial que o padre deveria exercer primordialmente o seu ser missionário. É um dever de casa que precisa ser feito todos os dias, de modo permanente, mas não são todos que têm essa consciência. Há quem faça da prática pastoral na paróquia apenas um rito de cumprimento de funções que pouco ou nada contribuem para a missão. É a chamada "pastoral sacramental", de manutenção, ainda predominante nas paróquias do Brasil. Nelas o pároco emprega a maior parte de seu tempo na administração de sacramentos, os quais, muitas vezes, ministrados de forma tradicional, meramente ritual, sem iniciar as pessoas na vida cristã e sem que os sacramentos tenham força transformadora, de conversão pastoral, configurando, para os fiéis, somente um evento social. Nesses casos, apenas computa-se o número de batizados, primeiras eucaristias, crismas, casamentos e confissões. Essa prática de registro numérico de sacramentos como medida quantitativa da missão já deu provas de que é ineficaz – basta conferir o decréscimo no número de católicos nominais e praticantes. Não é o número de batizados que deveria contar, mas o número de evangelizados. No entanto, isso não é tão fácil, exige novas práticas pastorais, que passam pela missão de evangelizar e não apenas pelo cumprimento burocrático ou mesmo convicto, mas inócuo, de rituais sacramentais.

Por essa razão, não é tão óbvio perguntar ao padre sobre sua identidade missionária. No entanto, a resposta a essa pergunta básica parece revelar que a Igreja ainda está longe de ser missionária. Embora o número dos que disseram se considerar missionários tenha sido elevado (75,9%), a outra porcentagem (24,1%) também é alta, quando se espera que a totalidade do presbitério seja ontologicamente missionária. São múltiplos os fatores que explicam a expansão de outras denominações cristãs no Brasil que não a católica, mas constatar que o conjunto do clero brasileiro não se percebe engajada numa missão, com certeza não é o menor deles. Sem a militância diária do padre, dificilmente o catolicismo reverterá sua tendência de encolhimento no Brasil. Resta compreender a razão que leva quase um quarto dos sacerdotes católicos do país a não se entender como missionários.

Um dado curioso e que torna a constatação anterior mais dramática para a Igreja é o fato de que 18,3% dos padres se consideram missionários apenas "às vezes", sendo que a missão deveria ser algo permanente. E, para complicar, 4,7% disseram não se considerar missionários e 1,1% disse ser indiferente em relação à missão. É como estar na Igreja, mas não ser da Igreja. Se o padre não é missionário, não possui identidade missionária, algo está errado. É como ser padre e não ter vocação sacerdotal, sendo mais um profissional do sagrado que um pastor. Isso é contraditório, mas na prática é possível. Fato é que boa parte dos sacerdotes se acomodou nas paróquias, exercendo apenas aquela "pastoral de manutenção" ou mantendo estruturas obsoletas, que já comprovaram a ineficácia na evangelização.

Um dos documentos do Concílio Vaticano II, o decreto *Ad Gentes*[26], sobre a atividade missionária da Igreja, enfatiza a necessidade de o padre ser missionário. Nele está claro que a missão

---

26 Cf. Papa Paulo VI. Decreto *Ad Gentes* sobre a atividade missionária da Igreja, 2007, p. 400-401.

e o ser missionário dos padres são dimensões fundamentais da Igreja. Sem elas a instituição perde sua identidade, sua catolicidade, suas bases nas propostas do Evangelho.

Em vista disso, o papa Francisco vem insistindo numa Igreja "em saída", uma Igreja preocupada não apenas com o que acontece na sacristia, mas que vá ao encontro das carestias humanas, para fazer eucaristia com os que sofrem os mais diferentes tipos de carências. Esse deslocar de olhar e de atitude faz do padre uma pessoa missionária e, da paróquia dirigida por ele, uma frente missionária. Para isso, é preciso deixar de se ocupar tanto com paramentos e se ocupar mais com os suplementos da evangelização, que não envolve apenas a salvação da alma – como muitos insistem, o que reduz a ação missionária –, mas também a do corpo, que sofre as mais cruentas agruras de um mundo desigual. Embora a salvação da alma seja tema essencial da missão da Igreja, é importante saber que antes vem o corpo, que porta a alma e, portanto, não suporta as dores que tiram a calma. Se o corpo padece pelas carências de uma orientação teológica correta, ou mesmo daquilo que é essencial para viver neste mundo, a alma é atingida. Desse modo, preocupar-se apenas com a salvação da alma, permitindo as misérias humanas, é, no mínimo, incoerência, pois não evangelizamos seres de outro mundo, mas vidas que estão encarnadas em realidades desafiadoras, e é nesses desafios que entra a missão da Igreja e de padres ontologicamente missionários. Essas questões estão explícitas na doutrina social da Igreja, que é tema de reflexão em outro momento.

Outro ponto a ser pensado é o seguinte: se boa parte dos padres passa o fim de semana celebrando missas, sobra-lhes pouco tempo para outras atividades pastorais e missionárias nesses dias, que são mais propícios para encontrar as pessoas e promover tais ações. Durante a semana, as atividades do padre se concentram mais na administração burocrática da paróquia. Não quero dizer que a missa não integre a missão, até porque etimologicamente as duas palavras têm a mesma origem, mas ela não pode ser reduzida à missa. Um padre que reduz a sua vida pastoral à celebração eucarística não entendeu – ou não leu – o que a Igreja vem pedindo com tanta veemência em seus documentos apostólicos.

Daí podemos entender por que nem todos os padres pesquisados se consideram missionários. Quando foi perguntado se o padre se considerava missionário, 75,9% disseram que sim; 18,3% responderam que às vezes e 5,8% assinalaram que não ou que são indiferentes. Para uma Igreja que se pretende estar em estado permanente de missão, saber que há padres que não se sentem missionários ou que são indiferentes à ação missionária é algo a se pensar. Ao tabular e analisar as respostas a essa pergunta, cheguei à seguinte conclusão: a maioria dos padres brasileiros se considera missionária, mas boa parte, não. Essa porcentagem talvez seja o resultado de mais de uma década de insistência da Igreja nessa dimensão. O rumo que a Igreja vem tomando nos últimos anos é um fator que influenciou esse contingente expressivo, mas não satisfatório, de 75,9% de autodeclarados missionários.

4. Satisfação com as côngruas

Como vemos, essa pesquisa mapeou diversos aspectos da vida do padre, entre os quais está o grau de satisfação com as côngruas recebidas. A côngrua faz parte de uma série de elementos motivadores, mas ela não deve ou não deveria ser a principal motivação.

Como foi dito anteriormente, côngrua é a remuneração financeira dos ministros religiosos de qualquer denominação, uma vez que eles não podem, por lei, receber salários das instituições às quais estão vinculados, desempenhando seus ministérios pastorais. Sobre as côngruas, diz o Código de Direito Canônico: "Os clérigos, na medida em que se dedicam ao ministério eclesiástico, merecem uma remuneração condizente com sua condição, levando-se em conta, seja a natureza do próprio ofício, sejam as condições do lugar e tempo, de modo que com ela possam prover às necessidades de sua vida e também à justa retribuição daqueles de cujo serviço necessitam" (Cân. 281). É uma ajuda ao padre, para que possa se sustentar e ainda ajudar os que necessitam. Não é, portanto, uma renda para acumular riquezas.

Essa remuneração que o padre recebe também é chamada de "prebenda", "proventos ministeriais", "sustento pastoral", "múnus eclesiástico" e, equivocadamente, "espórtula", que é sinônimo de "esmola". Parece significativo que haja tantos termos para nomear a remuneração clerical, que, na prática, equivale ao que chamamos de "salário". Como se o padre, como qualquer ser humano, também não necessitasse de um salário. Seja como for, a côngrua é um direito que ajuda a conferir dignidade à função e à missão sacerdotal. Todo padre merece uma remuneração financeira, para que não fique totalmente dependente da caridade alheia.

Assim, a côngrua, que é um montante em espécie repassado mensalmente aos padres que prestam serviços em tempo integral à Igreja, é algo conveniente para o seu sustento. Desse modo, "a remuneração de que trata o cânon supracitado, conhecida como côngrua, é o pagamento aos párocos, vigários paroquiais e outros, obtido por meio de contribuição ou derrama paroquial, extensivo também aos demais religiosos que se dedicam ao trabalho pastoral em tempo integral, conforme nota explicativa do mesmo cânon. Não é uma contraprestação de serviços"[27]. Diante desses esclarecimentos, vimos que os padres do Brasil, em sua ampla maioria (75,8%), sentem-se dignificados com as côngruas que recebem. Na maioria das dioceses, as côngruas variam de dois a cinco salários mínimos, livres – isto é, sem descontos. No entanto, 14,3% se declararam insatisfeitos e 9,9% se mostraram indiferentes à remuneração que recebem.

Outra pergunta desta pesquisa foi se os padres desenvolviam atividades remuneradas além dos ministérios sacerdotais. Como vimos, as funções ministeriais são remuneradas por côngruas. Mas o padre recebe, às vezes, também espórtulas, que são doações extraordinárias. O padre pode receber uma espórtula ao ministrar sacramentos em outras paróquias ou instituições religiosas. A espórtula está no campo da gratificação ou bonificação, da gorjeta ou mesmo das "esmolas", que é um termo ainda muito usado na Igreja. Ela surgiu numa época em que não existiam as côngruas.

Além das côngruas e espórtulas, o padre pode receber outras remunerações ao exercer atividades profissionais. No entanto, essas atividades remuneradas, quando existem, variam muito. São aulas, atendimento psicológico (quando o padre tem formação de psicólogo), assessorias diversas, orientação espiritual, entre outras,

---

27 Cf. CNBB. *Manual de procedimentos administrativos*, p. 54. Ref. Cânon 281 do Código de Direito Canônico.

com ou sem vínculo empregatício. Entre os padres brasileiros, a imensa maioria (82,5%) não exerce atividades remuneradas além dos ministérios sacerdotais, o que, apesar da pequena variação na porcentagem (6,8%), confirma a satisfação manifestada na questão anterior. Essas respostas são também coerentes com a maneira como os padres acompanham a caminhada pastoral da diocese.

Apesar de haver significativo número de padres satisfeitos com a remuneração e, portanto, que não desempenham outra função remunerada, é extremamente baixo o engajamento nos estudos. O que esses dados nos indicam? Pelo menos duas situações: o excesso de envolvimento nas atividades pastorais, não lhes sobrando tempo para se dedicar aos estudos; ou certa acomodação, sendo que, uma vez padres, não lhes é mais cobrado, pelos superiores, um estudo além do que foi exigido no período da formação no seminário. Essas duas situações fazem com que o padre, de certa forma, se acomode no tocante aos estudos e ao aperfeiçoamento intelectual, afinal, ele não precisa estudar para aumentar sua fonte de renda, uma vez que esta já lhe é suficiente.

5. Nível de entusiasmo

Entusiasmo no labor pastoral é um dos balizadores da vocação sacerdotal, da satisfação na condição de padre e das compensações recebidas no exercício do ministério sacerdotal – e é, portanto, elemento que ajuda a delinear como anda a vida do clérigo. A palavra "entusiasmo" tem origem religiosa e, por essa razão, achei melhor empregar esse termo para calcular ou mapear como andam os ânimos dos padres no Brasil. "Entusiasmo" vem do grego (*en + theos*) e significava ser tomado, inspirado ou possuído pelos deuses. Depois ganhou a conotação cristã de estar com "Deus dentro de si". O padre entusiasmado com os trabalhos que desenvolve mostra, portanto, estreita sintonia com Deus. Quando não há esse sentimento, o sacerdote acaba por não "comungar" com a Igreja. Não é incomum encontrar padres que não participam de nada, ou quase nada, sendo apenas números na instituição.

Um padre verdadeiramente entusiasmado com a missão contagia os outros. Esse sentimento, que desencadeia bons procedimentos, é fundamental na vida do clérigo, porque sua missão primordial é animar – ou seja, dar alma – a comunidade. Seu exemplo, sua dedicação, seu ardor missionário e o amor com que desenvolve seus trabalhos fazem toda a diferença na vida da Igreja.

Há padres que perdem o entusiasmo porque perderam ou nunca tiveram objetivos, ou porque seus objetivos foram desviados, ou ainda porque se desencantaram (ou se decepcionaram) com a vida sacerdotal. Isso é perigoso porque pode desencadear patologias, como depressão e outras doenças psicossomáticas que podem levar ao suicídio.

De acordo com Abraham Maslow[28], os fatores internos do entusiasmo surgem dos níveis mais altos da hierarquia de necessidades humanas: fisiológicas, segurança, afeto, estima e autorrealização. Para ele, os fatores internos que desencadeiam o entusiasmo encontram-se no topo dessa pirâmide, depois que a pessoa satisfez todas ou a maioria das necessidades que vêm anteriormente. No topo estão classificados os aspectos relacionados à moralidade, à criatividade, à espontaneidade, à solução de problemas, à ausência de preconceito, à aceitação dos fatos, entre outros elementos que ajudam a desencadear o entusiasmo interno. São as necessidades do ser humano relacionadas ao crescimento pessoal. Isso inclui o desenvolvimento das próprias necessidades: realização pessoal; aproveitamento de todo o potencial próprio; ser aquilo que se pode ser; fazer o que se gosta, entre outros. Porém, nem sempre isso é possível, porque o padre não é totalmente livre. Muitas vezes lhe são cobradas ações e atuações com as quais ele não se identifica, como, por exemplo, trabalhos que ele aceitou por obediência e não por convicção. Isso afeta diretamente o entusiasmo e pode prejudicar suas ações pastorais, causando desmotivação.

Embora os fatores *endógenos* partam do interior da pessoa, eles têm estreita relação com os fatores *exógenos*, isto é, aqueles que dependem de estímulos externos, chamados comumente de elementos motivacionais ou simplesmente de motivação. De acordo com Maslow, dependendo do nível intelectual de cada padre, e até mesmo de motivos sociais e eclesiais que estão envolvidos, o coeficiente motivacional estará em determinado nível da escala das

---

28 Abraham H. Maslow. *Introdução à psicologia do ser*, p. 47-70.

necessidades. Para que o entusiasmo seja constante, é preciso que haja ao mesmo tempo motivações internas e externas.

Há padres que perderam o entusiasmo porque lhes foram designadas atividades com as quais não tinham afinidade ou identificação. É preciso colocar o clérigo certo no lugar e na função certos. Quando isso acontece, o entusiasmo floresce. Nesse aspecto, foi perguntado se o padre acompanhava com alegria e entusiasmo a caminhada pastoral da diocese. A grande maioria (88,5%) respondeu positivamente. Esse dado é alentador para a Igreja, pois a pesquisa mostrou padres relativamente jovens e bastante entusiasmados com a missão. Apenas 7% se revelaram desanimados e 4,5% se disseram indiferentes.

6. Relacionamento fraterno com outros padres

Quando foi perguntado aos padres se eles se relacionavam entre si de maneira fraterna (lembrando que essa palavra deriva do latim *frater*, "irmão"), a maioria disse ter bom (59,5%) ou ótimo relacionamento (24,7%), o que totaliza 84,2% e, a princípio, leva a deduzir que há amizade entre os padres. Apenas 14,4% responderam ter um relacionamento regular; entre os que disseram ter um relacionamento ruim ou indiferente, encontramos somente 1,4%.

No entanto, qualquer padre sabe que dentro do clero existem ciúme, rivalidades, inveja, contendas, intrigas e outros afetos ou comportamentos que desdizem essa porcentagem de "bom relacionamento" que a pesquisa mostrou. Talvez tenha havido certo equívoco por parte dos entrevistados, confundindo "relacionamento fraterno" com "diplomacia", no sentido figurado do termo, que se aplica às atitudes delicadas ou a certa astúcia ao tratar situações e relações, visando evitar problemas.

Como toda categoria profissional, o clero não difere em sentimentos humanos e na forma de relacionamentos sociais. O que mais se vê entre os padres são agrupamentos por afinidades. Se o sacerdote for comparar o seu grau de fraternidade com os demais, tendo como referência seu grupo de afinidade, o resultado será bom ou ótimo. Talvez aqui esteja uma das explicações para o resultado obtido. Dentro desses grupos com afinidades certamente há bom relacionamento, talvez no tipo que as respostas apontam. Porém os padres não formam um grupo homogêneo, mas diverso, com afinidades e dissensos em termos de linha teológica ou intelectual, e até mesmo de orientação sexual. Essas diversidades favorecem a formação de agrupamentos por afinidades, que começam desde os tempos de seminário. Esses grupos podem "diplomaticamente" rivalizar entre si. A rivalidade dentro do clero, contudo, nem sempre é explícita, mas ela existe e muitas vezes é dissimulada por aparente relação "de irmãos". Seja como for, o índice apurado conflui com os dados sobre a satisfação do sacerdote com a vocação e seu ministério pastoral.

7. Panorama da organização das paróquias

A vida do padre está comumente amalgamada à vida da paróquia, sobretudo se o padre for secular, que é o caso da maioria, como vimos. Ao olharmos para o perfil do padre secular, temos que adotar seu lugar de fala, que é a paróquia, e de suas narrativas como gestor dessa unidade, que é a "linha de frente" da Igreja Católica, seja ele pároco, administrador ou vigário paroquial. O secular está em maior número no comando de paróquias – regulares também, mas eles são minoria. O tipo de organização da paróquia revela muito sobre a pessoa do padre e ajuda a traçar o seu perfil, sobretudo no quesito organização, principalmente se ele está ali há alguns anos. É também nesse aspecto que as transferências de padres, quando ocorrem, se tornam algo penoso tanto para o padre quanto para a comunidade que se adaptou ao seu perfil. A impressão da imagem pessoal é um procedimento quase natural de adaptação. No entanto, apesar da previsibilidade de mudança, o padre costuma arrumar ao seu estilo os espaços que habita, já que essa é uma forma de adaptação. Assim, para conhecer melhor um padre, é preciso conhecer também sua paróquia, a casa paroquial e os espaços que ele ocupa, sobretudo sua organização e como ele planeja as ações que executa, principalmente o planejamento pastoral. Dessa maneira, as paróquias contribuem para revelar o perfil do pároco, mas ele também contribui para revelar o perfil de sua paróquia. Se uma paróquia é bem-organizada, administrativa e pastoralmente, isso se deve à organização pessoal do seu gestor. A lógica da organização é centrada na figura do padre, por isso o questionário da pesquisa perguntou a respeito.

Para organizar uma paróquia, um dos procedimentos elementares é aplicar as diretrizes gerais da ação evangelizadora da Igreja no Brasil. Cabe, portanto, perguntar: será que os padres estão introduzindo em suas ações pastorais e administrativas tais diretrizes? Se estão, como o fazem? Qual a porcentagem de padres que organizam o planejamento pastoral em sua paróquia com base nas diretrizes da Igreja? A pesquisa mostrou que a grande maioria segue tais orientações: 77,8% disseram organizar o planejamento pastoral na paróquia. Essa porcentagem, apesar de relativamente alta, não é satisfatória, pois ainda há significativa parcela de clérigos assumidamente pouco ou nada cuidadosos quanto à gestão paroquial. Em suma, se os padres estão satisfeitos, se se consideram missionários e se mantêm relacionamento fraterno com os irmãos de presbitério e com seu bispo, temos que 10% "às vezes" fazem planejamento pastoral e apenas 4,2% não planejam. Estes talvez representem aquela parcela de clérigos que se acomodou na paróquia. Entre os entrevistados, 7% disseram não trabalhar em paróquias.

8. Padres de origem rural em paróquias urbanas

A maioria dos padres brasileiros (53%), como vimos, tem origem rural, mas atuam em paróquias urbanas. Isso porque vivemos em um Brasil cada vez mais urbano, e a realidade não poderia ser diferente quando se trata da Igreja e do clero. Já refletimos acerca dessa origem. No entanto, essa condição pode trazer dificuldades para a atuação da Igreja, quando se trata da realidade urbana.

Apesar das adaptações, a pastoral urbana continua sendo um dos maiores desafios da Igreja. Ainda predominam práticas agrárias, sobretudo no tocante à pastoral, como o próprio nome sugere.

Desafios humanos e religiosos, sociais e políticos, culturais e ambientais atingem a todos, em todas as partes, indistintamente. A cultura urbana, em especial, que está ligada a hábitos natos ou adquiridos nas cidades ou das cidades, mesmo que não viva nelas, impõe complexas questões próprias. O atual modelo de Igreja e de seus sacerdotes responde a esses desafios? Certamente não se pode esperar que padres culturalmente rurais tenham práticas muito diferentes das de sua origem.

No entanto, como foi dito, mesmo os que exercem seu ministério em paróquias rurais (27,2%) não estão fora da *cultura urbana*, porque ela, sobretudo com a capilaridade dos cada vez mais onipresentes meios de comunicação, difunde-se por toda parte. A cultura urbana, tema amplamente enfatizado nas *Diretrizes gerais da ação evangelizadora da Igreja no Brasil (2019-2023)*[29], se expressa de diversas maneiras. Sobretudo na presença de grande número de pessoas muito diferentes em um espaço muito limitado, o espaço urbano, sendo a maioria delas estranhas umas às outras, o que dificulta a formação de comunidade no sentido eclesial do termo. Isso possibilita a construção de vasta gama de subculturas, próximas umas das outras, expostas a influências recíprocas, mas sem necessariamente se intrometerem na vida privada. Em outras palavras, é o modo de vida das cidades, sobretudo dos grandes centros urbanos, em que imperam padrões de comportamentos marcados pelo individualismo e pelo indiferentismo, por valores e relações efêmeras, além de outros aspectos que desafiam a Igreja em sua missão de evangelizar.

Quando perguntados onde exerciam seu ministério, e dando a eles cinco opções, sendo a última aberta, vimos que os padres atuam majoritariamente em paróquias urbanas (52,1%). Somada essa porcentagem com os 11,9% dos padres que atuam nas áreas mais pobres das cidades, temos 64% dos sacerdotes católicos brasileiros exercendo seu ministério em paróquias urbanas. Ainda assim, pouco mais de um quarto deles disse desenvolver seu ministério em paróquias de cultura rural, localizadas em pequenos municípios do interior do país ou em áreas de difícil acesso, como as que encontramos no sertão nordestino, na região amazônica, entre outras. Paróquias pequenas, com predominância do perfil agrário, mas que, paradoxalmente, estão de alguma forma impregnadas pela cultura urbana. A pergunta, direcionada apenas para a localização geográfica, a região ou área onde o padre desenvolve seu ministério, mostra essa contradição.

---

29 Cf. CNBB. *Diretrizes gerais da ação evangelizadora da Igreja no Brasil: 2019-2023*, p. 26-29.

Enfim, por mais contraditório que isso possa parecer, boa parte dos padres ainda desenvolve seu ministério em paróquias de aspectos rurais ou com esse perfil. Restam 8,8%, que atuam em outras áreas que não as contempladas anteriormente – entre elas, áreas específicas, que podem ser rurais ou urbanas.

9. Gestão das paróquias

Elaboramos uma questão sobre a administração paroquial, perguntando se o clérigo atuava com conselhos paroquiais. Colocamos como alternativa o Conselho de Pastoral Paroquial e o Conselho de Assuntos Econômicos, que são os mais importantes, e uma terceira opção, em aberto: "outros". Nessa terceira alternativa pedimos que o padre citasse que outros conselhos ele integrava na paróquia.

Destaco, de antemão, que existe certa "obrigatoriedade", como pessoa jurídica, de que as paróquias sejam geridas por conselhos. Porém, apesar de existir essa recomendação, orientação ou mesmo obrigação, ainda há padres que administram suas paróquias à revelia, burlando normas e orientações do Direito Canônico e Civil. Não é, entretanto, o caso da maioria dos padres brasileiros. Mas e quanto aos que não gerem a paróquia assim, como a administram? Esses órgãos podem até existir formalmente, mas na prática não funcionam como deveriam. No final, quem decide mesmo é o pároco, sem passar deliberações coletivas.

Acontece, porém, que o desvio da função dos conselhos acaba ocorrendo com base nos próprios estatutos. Estes, muitas vezes, dão margem para que ocorram outros direcionamentos na gestão. Por exemplo, eles afirmam que tais conselhos são apenas consultivos, ou seja, o padre somente consulta seus membros, decidindo da forma que desejarem. Com base nessa brecha, há padres que simplesmente desconsideram os conselhos como organismos de transparência na gestão. Alguns nem sequer consultam o conselho. Um gestor paroquial que administra com responsabilidade e transparência não toma nenhuma decisão sem antes submetê-la ao Conselho Paroquial. Agindo dessa maneira, e com responsabilidade financeira, dificilmente uma paróquia terá problemas administrativos.

Enfim, por mais que a Igreja esteja amparada por leis e regimentos administrativos, quando o gestor é de má índole, todo esse aparato não cerceia práticas ilícitas. Isso acontece no poder civil e no poder canônico, pois pessoas desonestas existem em todas as instâncias da sociedade, inclusive por trás da batina. No entanto, mais da metade dos padres disse trabalhar com o Conselho de Pastoral Paroquial, e menos da metade com o Conselho de Assuntos Econômicos.

Penso que não incorreria em erro se computar que 90,2% (52,5% + 37,7%) dos padres brasileiros trabalham com os dois conselhos (de Pastoral e de Assuntos Econômicos). Porém, creio que houve má interpretação da pergunta, o que gerou certa confusão ao assinalarem as alternativas, resultando que apenas 37,7% dos padres dissessem que trabalham com Conselhos de Assuntos Econômicos e 52,5% com o Conselho de Pastoral. Se fosse colocada uma alternativa com esses dois conselhos juntos, teríamos, sem dúvida, 90,2% dos padres assinalando essa opção.

10. Desafios pastorais

Quando foi pedido que o padre classificasse os desafios de sua atuação, a partir de quatro alternativas (desafiadora, sem grandes desafios, sem nenhum desafio e indiferente), constatamos que a grande maioria (81%) considerou como desafiador o local onde trabalha. O Brasil tem, de fato, lugares desafiadores de missão, seja nos grandes centros urbanos, nas periferias, seja nas regiões da Amazônia, entre outros. Apesar de 17,3% terem dito atuar em lugares sem grandes desafios, 1% ser indiferente e apenas 0,7% dizer que não enfrenta desafio algum, a pesquisa mostrou que os padres se sentem desafiados pastoralmente. Com esse quadro, podemos concluir que, do ponto de vista da maioria absoluta do clero católico brasileiro, o exercício de seu ministério sacerdotal é desafiador.

Não foi explicitado, porém, quais seriam esses desafios pastorais. Vale ressaltar que eles variam segundo vários fatores, como, por exemplo, idade e tempo de ministério do padre; tipo de formação recebida; excesso de trabalho; realidade social e eclesial, entre outros.

O que leva a maioria dos padres a classificar como "desafiador" o exercício de seu ministério? Com um olhar mais acurado e retroativo do perfil dos padres, podemos inferir que a causa não é única, e alguns desses múltiplos fatores estão implícitos ou explícitos nas respostas dadas a outras perguntas.

A primeira delas aparece logo no início da pesquisa: a idade do sacerdote e seu tempo de ministério. Vimos que praticamente a metade dos padres tem menos de 45 anos, e a mesma porcentagem deles tem menos de quinze anos de sacerdócio. Assim, deduzimos a pouca experiência, o que torna as coisas mais difíceis e, portanto, desafiadoras.

Além da pouca experiência, há outros fatores que ajudam a tornar a realidade mais desafiadora, como, por exemplo, o tipo ou a qualidade da formação acadêmica que o padre recebeu e sua formação posterior, pois a qualidade e a assiduidade das atualizações dos sacerdotes contribuem para sua resiliência no enfrentamento de obstáculos.

Além disso, há o déficit em boa parte dos cursos de Teologia, que não dão a devida importância à gestão paroquial. Essa matéria deveria ser obrigatória e uma das mais estudadas, tanto na teoria como na prática. É essa matéria de que o padre mais precisa quando está à frente de uma paróquia.

Quando o padre está bem-preparado e faz uma gestão participativa na paróquia, os desafios são enfrentados com mais eficácia. Por essa razão, o trabalho em equipe e com conselhos paroquiais é fundamental. O padre precisa ser, acima de tudo, um pastor líder, ou a principal liderança pastoral de sua paróquia, mas isso não significa que ele precisa fazer tudo sozinho e centralizar todas as decisões. Ele precisa da ajuda de outros para gerir melhor a missão.

Nesse sentido, fizemos perguntas aparentemente pouco relevantes. Elas ajudaram a fornecer o quadro real do perfil do padre no Brasil. Uma delas é se o padre teria facilidade de trabalhar em equipe, seja com outros padres, com leigos ou com os demais consagrados. A maioria (74,2%) respondeu que sim, e que isso ajuda muito no enfrentamento de desafios, se na prática for algo real.

Entretanto, não obstante essas situações e questionamentos, talvez as causas mais evidentes, as que levaram a maioria dos padres a classificar sua missão como desafiadora, sejam as realidades social e eclesial em que atuam. Essas duas situações são as que tornam mais desafiador o ministério do padre, seja ele de qualquer idade e com qualquer tempo de ministério sacerdotal. "Social" porque ligadas a fatores da sociedade que não dependem do padre, e "eclesial" porque dependem do modelo de Igreja que se tem na localidade onde o padre atua.

Como vimos, a maioria, embora de origem rural, atua em realidades e periferias urbanas, e aqui está outro ponto que elucida e justifica por que a maioria dos padres se disse desafiada no seu local de trabalho. Uma pessoa que passou parte de sua vida na roça, ou em realidade agrária, mais distante dos desafios da cidade, é colocada para gerir uma paróquia na cidade e, muitas vezes, num grande centro urbano ou na periferia urbana de uma metrópole, com práticas e costumes bem distintos daqueles de sua família e da sua formação básica. Isso é, sem dúvida, um elemento desafiador. Além disso, por mais que o padre tenha passado por diversas realidades durante seu tempo de formação, a pastoral urbana continua sendo um dos grandes desafios da Igreja.

Boa parte dos padres no Brasil leva uma vida ministerial com trabalhos excessivos, relacionados sobretudo aos sacramentos (principalmente batismo, matrimônio, eucaristia, confissão e unção dos enfermos). Há padres que celebram muitas missas no fim de semana, sobrando-lhes pouco tempo para outras atividades pastorais e pessoais. Grande parcela dos padres celebra mais de três missas por domingo, como vimos (72,8%). Essa prática pode levar à rotinização dos sacramentos e à exaustão da vida ministerial, embora para alguns tal ação pastoral não represente desafios. Porém é desgastante celebrar tantas missas num único dia. Não é apenas o fato de o padre celebrar várias delas ao dia que torna a realidade desafiadora, mas o fato de que, se ele precisa fazer tantas dessas celebrações, é sinal de que há muito trabalho, e que ele atua sozinho no exercício de seu ministério. Um padre com uma rotina assim não tem muito tempo para outras ações pastorais, nem para cuidar da própria saúde.

Outro grande desafio enfrentado por muitos padres está relacionado a questões como o desemprego. Uma comunidade de desempregados é carente materialmente e com pessoas que têm mais problemas pessoais. Não consegue suprir as suas necessidades básicas de manutenção estrutural e pastoral, o que afeta diretamente a vida da comunidade como um todo e, por consequência, do padre que a acompanha. Além disso, quando há desemprego, pode haver, por exemplo, aumento de violência, de roubos e, conforme a área geográfica onde a paróquia se situa, de conflitos e tensões gerados pelo narcotráfico ou pela atuação de milícias. Tudo isso atinge a paróquia e o ministério sacerdotal de quem atua nessa área. Quanto mais carente uma paróquia, mais desafios o padre terá ao geri-la. Além disso, paróquias com dificuldades financeiras precisam ter mais ações de arrecadação, as quais acabam por desgastar ainda mais a comunidade e a missão do padre.

11. Uma categoria desunida

Associações de padres ou de presbíteros, como são mais conhecidas, são organizações do clero presentes em quase todo o Brasil. Não se trata de um "sindicato" de padres, mas de uma organização que visa apoiar e amparar o clérigo, uma vez que essa categoria, apesar de vinculada à Igreja, necessita de instância voltada para seus cuidados. Assim, as associações de presbíteros configuram organizações sem fins lucrativos e são, em geral, mantidas com contribuições. Boa parte dessas associações visa apoiar não apenas a formação e o aperfeiçoamento de sacerdotes, mas também de candidatos ao sacerdócio, nas suas mais variadas etapas.

Algumas delas, para cumprir seus objetivos, concedem outros benefícios, como bolsas de estudo; colaboram com a organização de cursos; promovem eventos de atualização; editam publicações, além de manterem sites que oferecem aos padres variedades de materiais em sua área de atuação. São, portanto, associações que não apenas favorecem a unidade do clero, como também fomentam sua formação. Geralmente possuem registro no Cadastro Nacional de Pessoa Jurídica (CNPJ), independentemente da diocese à qual o padre pertença, e possuem uma diretoria que as conduz como uma organização social e eclesial.

Além disso, as associações proporcionam debates e tomadas de decisões que buscam favorecer a ajuda mútua entre os padres, inclusive nos trabalhos paroquiais. As associações têm também por finalidade ser um auxílio a mais no amparo aos padres, sobretudo na velhice, que é a fase mais crítica da vida. Por esse motivo, mas não apenas por isso, muitos sacerdotes se organizam em associações. Padres que vivem na solidão, apesar de a maioria estar cercada de pessoas, encontram certo amparo nessas entidades. Por essa razão, perguntei aos clérigos se eles participavam de alguma associação de presbítero. Menos da metade disse que sim, enquanto a maioria disse que não.

Uma preocupação que assombra boa parte dos padres é a velhice. Por mais que se tenha certo amparo da Igreja, não é o mesmo amparo de filhos ou da família de sangue. Há padres que sofrem o abandono dos próprios colegas de presbitério quando envelhecem. Às vezes esse cuidado recebido é apenas convencional, não havendo uma relação de amor fraterno, de valorização daquele que prestou serviços à Igreja e que agora precisa do amparo dos irmãos.

Quando está na ativa, geralmente o sacerdote católico leva uma vida de intensa atividade, não lhe sobrando tempo nem para si mesmo, quanto mais para os outros padres. Algumas dioceses e instituições religiosas, quando o padre envelhece ou adoece, colocam-no junto com padres mais jovens, e até mesmo nos seminários, buscando inseri-lo num ambiente menos inóspito que os asilos. Mas nem sempre isso acontece. Além disso, quando o padre precisa de melhores cuidados, e por período mais longo, esse procedimento nem sempre funciona, pois os demais não têm muito tempo para esse tipo de atenção. Desse modo, as associações buscam suprir essa lacuna, mas, obviamente, nem todas conseguem. Talvez por essa razão mais de 50% dos padres disseram não participar de associações de presbíteros, mas elas não deixam de ser uma opção para amenizar a solidão, sobretudo na velhice.

As associações também buscam oferecer aos padres, em qualquer idade, melhor forma de interação entre eles. Essa interação é de suma importância, pois essas entidades são organismos em que os padres podem compartilhar suas vidas. Boa parte dos padres não tem com quem falar dos seus sofrimentos, inclusive do psíquico. O sacerdote ouve os problemas dos outros todos os dias, mas nem sempre encontra a mesma escuta para os seus. Isso se reflete no índice de suicídio de padres, que não é divulgado nem muito debatido, devido ao desconforto que o assunto provoca.

Constatei que os padres não falam muito de si para seus colegas de batina. Eles me disseram que as ocasiões de encontros promovidas pela Igreja não passam de formalidades, e neles tratam de assuntos pastorais, sem tocar em questões pessoais – com as quais o clérigo tem, muitas vezes, que lidar sozinho. Alguns têm psicólogo, diretor espiritual ou conselheiro, ou um padre amigo com quem partilham certos assuntos e situações, mas um grande número não tem nada disso. Boa parte deles busca resolver seus problemas solitariamente. Às vezes, nem com o bispo eles podem contar. Quando o bispo fica sabendo, a situação já está fora de controle. Assim, as associações de padres buscam ser um instrumento de auxílio também nesse sentido. Vale ressaltar que elas são instâncias que contribuem no estreitamento de laços fraternos na categoria. Nesse contexto, foi perguntado ao padre se ele participa dessas associações, e os dados, cruzados com outros, mostraram que eles formam uma categoria desunida. Embora uma parte tenha dito que participa de associações de padres (40,4%), a maioria respondeu que não (57,3%), e apenas uma pequena parcela disse que participa de outras associações (2,3%), mas sem especificar.

Essa maior porcentagem de padres que não participam de associações de presbíteros pode indicar certo grau de isolamento. O padre secular, devido ao seu estilo de vida, tem maior probabilidade de se isolar, e isso pode gerar problemas pessoais, que se tornarão problemas sociais e eclesiais, como, por exemplo, alcoolismo, depressão, distúrbios sexuais, entre outros. Quando há interação entre os clérigos, e quando há unidade presbiteral, a probabilidade de surgirem problemas pessoais tende a ser menor.

12. A relação com os bispos

Outro dado que a pesquisa mostrou é que as relações entre padres e bispos brasileiros nem sempre são pautadas pela sinceridade. Elas são comumente amistosas, mas muitas vezes por protocolo ou conveniência, não por amizade ou lealdade. Padres me disseram que não é incomum entre essas duas categorias haver comportamentos dissimulados. Isso não significa que todo padre se comporte dessa forma em relação ao seu bispo, mas há certo número de depoentes que revela dissimulação nas relações. Esse tipo de relação é frequente entre superiores e subordinados, e muitas vezes o padre se comporta apenas como um subordinado do bispo, obedecendo à sua autoridade, sem transparência. Também ouvi em diálogos com padres o que a pesquisa mostrou. O formulário perguntava se os padres mantinham bom relacionamento com o bispo. A maioria respondeu que sim, mas depois, em conversas privadas e em outros tópicos, apontaram o contrário.

Como toda relação entre membros hierarquicamente díspares, ou seja, entre subordinantes e subordinados, as relações entre padres e bispo também podem incorrer em falta de perspicuidade. A maior parte dos bispos sabe disso, porque antes eles foram padres e conhecem bem a categoria. Porém, seria um tanto quanto incauto da parte dessas autoridades eclesiais achar que são benquistos por todo o colégio presbiteral de sua diocese. Boas relações não significam afinidades, compatibilidade ou amizade, mas comportamento social de pessoa civilizada, perspicaz, que respeita a hierarquia. Nesse aspecto, é compreensível o fato de a maioria dos padres declarar que mantém boas relações com seu bispo.

O mesmo vale para o grau de contato com ele. Na pergunta sobre se o padre mantinha contato constante com o bispo da sua diocese, a maioria disse que sim. No entanto, esse contato não passa de formalidade necessária para uma convivência harmônica, não chegando a ser uma relação de total confiança com o pastor daquela Igreja particular. São, em grande escala, de ambas as partes, relações sensatas, pautadas nas conveniências que a função pede. Nesse contexto de formalidades, a maioria dos padres (64,9%) mantém contato constante com o bispo, seguida daqueles que mantêm contato esporádico (26,8%). Apenas 8,3% disseram não manter contato constante com o bispo. O quadro mostra um clero sintonizado com os seus respectivos bispos, mas com certo distanciamento.

13. Crise vocacional

As crises vocacionais são passíveis de suceder na vida de qualquer pessoa, mas, em se tratando de padres, elas ganham conotação mais surpreendente, pois se trata de pessoas que supostamente se consagraram à vida religiosa por vocação.

As crises são desencadeadas por vários motivos, entre eles,

o desencantamento com a missão, a descoberta de outros valores, o envolvimento amoroso e as mudanças de várias naturezas, inclusive geográficas. Talvez o desencadeador de crise mais comum entre os padres esteja no fator *mudança*. Não qualquer tipo de mudança, mas as que mexem com estabilidade e segurança, que desviam o foco de projetos pessoais, que não estavam pessoalmente programadas e que ocorreram sem a vontade ou consentimento do padre, colocando-o em nova situação e condição.

Quando se trata daquelas mudanças geradoras de crise na Igreja, não podemos nos esquecer daquelas trazidas pelo Concílio Vaticano II, que, ainda hoje, continuam a gerar crises. Há, por exemplo, quem ainda esteja apegado a normas litúrgicas pré-conciliares e que não consegue se adaptar às modificações na liturgia promovidas pelo Concílio. Recordo que, quando vieram as primeiras mudanças prenunciadas pelo Vaticano II, houve uma evasão de padres. Os números não foram computados, mas fala-se de centenas de clérigos que "deixaram a batina" naquela ocasião. Paradoxalmente, "deixaram a batina" porque o Concílio desobrigou o uso dela, assim como o uso do hábito para as freiras. Ou seja, por não ser mais obrigatório o uso da batina, muitos a deixaram, isto é, renunciaram ao sacerdócio. Nesses casos, a vocação não estava na essência, mas no acidente. Ainda hoje, quando a Igreja anuncia certas mudanças, sejam elas habituais, doutrinais ou pastorais, crises vocacionais se desencadeiam. Foi assim com os sínodos e documentos pontifícios, entre outros eventos, que provocaram conflitos e cisões dentro da Igreja. Houve crise vocacional por ocasião da transição do pontificado do papa João Paulo II para o do papa Bento XVI, e do papa Bento XVI para o do papa Francisco, e será assim em outras sucessões pontificais e todas as vezes que a Igreja mudar seus rumos. Desconfortos ou mesmo crise vocacional podem ocorrer também quando há a simples transferência do padre de uma paróquia para outra. Essa situação tende a se agravar conforme o tempo em que o padre está fixado na paróquia. No entanto, esse desconforto pode ser um certo tipo de incerteza, confundida com crise vocacional.

A crise da meia-idade, embora seja tida pelos profissionais da área da psicologia como normal e superável, atinge também os padres. Envelhecer e ter seus caminhos direcionados por outros (bispo ou superior religioso) pode gerar um estado de crise na vocação. Quando se é jovem, as mudanças são mais fáceis e, consequentemente, as adaptações, mas depois de certa idade elas se tornam mais desafiadoras. Transferir um padre de mais idade pode ser mais difícil do que transferir um mais jovem.

Ao perguntar para os padres se eles já tinham passado por crise vocacional, levei em consideração também esses fatores. O índice de padres jovens, com menos de cinco anos de sacerdócio, que deixam a batina, é alarmante. Os motivos, na sua maioria, estão relacionados à crise vocacional. Os conflitos vocacionais, para se instalar, não têm tempo certo nem idade. Eles podem vir nos primeiros anos de sacerdócio ou em tempos de "jubileu" (quando o clérigo comemora décadas de sacerdócio), e até mesmo quando o padre já está com idade avançada. A diferença está na forma como se lida com tais acontecimentos pessoais. No início do sacerdócio, mudar os rumos da vida não é tão desafiador quanto na meia-idade ou na velhice. Na meia-idade, entre os 40 e os 50 anos, as coisas ficam mais desafiadoras, pois não é fácil recomeçar a vida nessa faixa etária, sobretudo para os padres sem qualificação profissional, e muitos deles sem diploma acadêmico, por terem feito cursos internos, sem reconhecimento oficial pelo MEC. Já na terceira idade, mudar é algo quase impensável, e o padre sofre calado as consequências desses conflitos. Sinais dessa crise são apresentados na prática pastoral e nas relações pessoais: desencantamento com o ministério, trabalhos pastorais sem ardor missionário, celebração eucarística mecânica, problemas de relacionamento pessoal, entre outros.

Vale realçar que estamos tratando de padres em sua maioria jovens ou relativamente jovens. Nesse caso, também a maioria (51%) disse que ainda não passou por crise vocacional. Outros 36,4% disseram que já tinham passado por ela e 12,6% disseram que algumas vezes a enfrentaram. Somados os que tiveram e os que às vezes têm crise vocacional, temos que 49% dos padres brasileiros já encararam algum tipo de conflito relativo à sua vocação. Essa porcentagem corresponde a quase metade do clero católico do Brasil. Antes de tudo, a crise vocacional está relacionada às crises existencial, espiritual e de identidade clerical. Sacerdotes que pautam seu ministério apenas por superficialidades, como, por exemplo, vistosos paramentos litúrgicos, podem entrar em crise tão logo descubram que o fundamental na vocação sacerdotal não está na aparência, mas na essência, e essa nem sempre é invisível. Além das aparências, ou por trás da batina, está a vocação à qual o padre consagrou sua vida. A dimensão vocacional centra-se em seu ministério sacerdotal, na opção pelo celibato, em sua missão na Igreja, que se configura em seus trabalhos pastorais. E é no trabalho pastoral que se encontra um dos pontos que delineiam o perfil do padre brasileiro.

14. Arrefecimento nos trabalhos sociais

Uma das inúmeras perguntas do formulário foi se o padre trabalhava com pastorais sociais. Elas se fundamentam na doutrina social da Igreja, conjunto de ensinamentos sociais que estão contidos em sua doutrina. Doutrina é uma reunião coerente de ideias fundamentais a serem transmitidas, ensinadas e vividas pela instituição. Elas são a base do catolicismo e não devem ser separadas das demais que constituem essa religião, porque, se assim o fizer, a Igreja não cumprirá sua missão. A doutrina social é tão relevante que toma grande parte do *Catecismo da Igreja*, indo do número 2419 ao número 2449, onde se afirma, entre outras coisas, que "a Igreja emite um juízo moral, em matéria econômica e social, quando o exigem os direitos fundamentais da pessoa ou a salvação das almas"[30]. Portanto, é dever e missão da Igreja se manifestar diante das situações sociais que atingem os direitos fundamentais das pessoas. Nesse sentido, é dever dela se envolver com as questões econômicas, políticas e de justiça social que derivam dessas situações; com a justiça e a solidariedade entre as nações; com o amor aos pobres e a defesa deles[31], entre outras atitudes, procedimentos e posturas. A finalidade da doutrina social da Igreja é levar as pessoas a corresponderem, com o auxílio também da reflexão racional e das Ciências Humanas, sobretudo das Ciências Sociais, à sua vocação de construtores responsáveis da sociedade terrena.

---

30 Cf. Catecismo da Igreja n° 2420.
31 Cf. Idem, n. 2426; 2437; 2443.

A existência da doutrina social da Igreja não implica, no entanto, a participação do clero na política, não no sentido estrito de política partidária, de se filiar ou militar num partido. Nesse aspecto, a Igreja reprova qualquer participação, exceto em situações excepcionais. A missão de melhorar e animar as realidades temporais mediante a militância partidária e o cumprimento dos deveres cívicos é atribuição confiada aos leigos. É nesse aspecto que entram as pastorais sociais, que são aqueles trabalhos da Igreja que possibilitam que padres e leigos interajam nas questões sociais, buscando ajudar a solucionar os problemas da sociedade, não apenas fazendo aquilo que o Estado deveria fazer, mas cobrando do poder público aquilo que é dever dele. Assim, ao trabalhar com pastorais sociais, os padres interagem com a sociedade naquilo que é também dever da Igreja.

Há, nesse contexto, as pastorais sociais na Igreja. Uma pastoral é classificada como social quando ela busca atender a alguma realidade social, ou seja, algum desafio ou demanda da sociedade. É a solicitude ou prontidão da Igreja para com determinada questão social que clama por justiça.

Apesar do arrefecimento dos trabalhos sociais, a maioria dos padres (58,3%) disse ainda trabalhar com pastorais nessa linha, e 18,1% responderam que às vezes trabalham com ela. Porém, 23,6% simplesmente não trabalham com pastorais sociais. É um número relativamente alto, sobretudo quando somado com os que trabalham "às vezes". Aqui se vislumbra o perfil de uma Igreja, que está mais centrada em outras questões, como, por exemplo, a liturgia e os sacramentos. Essa porcentagem de 41,7%, ou seja, não muito longe da metade, que não trabalha com pastorais sociais ou que às vezes atua nessa dimensão da Igreja, revela o rosto de uma instituição ainda ensimesmada, voltada para o seu interior, para a sacristia e os ritos, e não muito envolvida com os desafios sociais do mundo. Isso parece um tanto quanto contraditório quando comparado com as respostas à pergunta sobre a classificação do local onde o padre exerce o seu ministério. Vimos que 81% o classificaram como "desafiador", mas não soubemos identificar a que tipo de desafio os padres se referiam. À primeira vista, parecem ser desafios sociais. Porém, provavelmente os padres que responderam a essa questão não se referiam a eles ou aos das pastorais sociais, mas aos litúrgicos.

15. O celibato

Celibato é um tema há muito discutido e, com o passar do tempo, tornou-se ainda mais polêmico. É fato que a maioria, para não dizer a totalidade dos padres, concorda com o celibato, embora nem todos o vivam, apesar de ser uma condição para um homem se tornar sacerdote católico. Esse é um assunto que a Igreja não negocia, embora reflita sobre ele e até cogite a possibilidade de alteração nas normas. Até o presente, porém, nada mudou em relação ao celibato na Igreja.

Desde o Concílio Vaticano II, esse tema tornou-se pauta de muitos congressos teológicos e reflexões internas da Igreja, e até em fóruns externos. Mas é do Vaticano II um dos documentos mais relevantes sobre o celibato dos padres: a encíclica de Paulo VI, de 24 de junho de 1967, intitulada *Sacerdotalis Caelibatus*[32]. Nessa carta, o papa Paulo VI afirmou que "o celibato sacerdotal, que a Igreja guarda há séculos como brilhante pedra preciosa, conserva todo o seu valor mesmo nos nossos tempos, caracterizados por transformação profunda na mentalidade e nas estruturas" (n° 1). Em outras palavras, o documento enfatiza que o celibato é algo indiscutível e inegociável.

Não obstante, o papa Paulo VI se mostrou atencioso ao tema, passando a impressão de que a Igreja estaria disposta a negociar essa condição, sobretudo com o advento do Concílio Vaticano II, em função do qual muitos padres deixaram a batina, alegando, na maioria dos casos, que, com a abertura e modernização da Igreja, não conseguiram viver o celibato. No entanto, a Igreja ainda não está disposta a abolir o celibato como condição instituída, mas a discutir a viabilidade dele, e exceções são perfeitamente possíveis. Foi o que vimos durante a preparação do Sínodo para a Amazônia, quando essa questão foi levantada e amplamente discutida, em vista da possibilidade da ordenação de homens casados, os chamados *viris probatis*, para atender a realidades específicas. Porém, a discussão não surtiu resultados no sentido esperado por alguns e festejado por outros, que são veementemente contra a discussão desse tema.

---

32 Cf. Paulo VI. *Documentos de Paulo VI,* [Parágrafo 1. Esse documento tem edições distintas. Para tanto, a Igreja usa número para identificar o texto. Neste caso n.1].

Como dito anteriormente, ela se reacendeu por ocasião do Sínodo da Amazônia, mas não lhe foi dada muita atenção, mostrando que o tema está fora de pauta na Igreja, apesar da escassez de padres na região amazônica.

Os papas João Paulo II e Bento XVI foram enfáticos ao dizer, cada um à sua maneira, que confirmam a obrigatoriedade do celibato, colocando ponto final em qualquer discussão acerca desse tema. Porém, colocar ponto final na discussão não significa que a questão esteja resolvida. Ela está definida, mas longe de ser solucionada, porque o tema ainda suscita muitas controvérsias. Por essa razão, perguntei aos padres do Brasil, nessa pesquisa, se eles estavam satisfeitos com o celibato, pois, dependendo do grau de satisfação, tem-se um referencial para mapear a qualidade da vida sacerdotal e da missão.

Quanto a essa questão, as respostas foram bastante divergentes. Ao serem perguntados sobre o grau de satisfação com o celibato, com seis alternativas, percebi que os que responderam ter um grau excelente, ótimo e bom de satisfação somam 86,4%, ou seja, a imensa maioria dos padres se revela conformada com o celibato. Aqui vai se delineando outro perfil do clero brasileiro: padres relativamente jovens e satisfeitos com o fato de que não devem se casar. O que essa situação indica?

Celibato é a condição ou estado daquele que não é casado, porém não é o mesmo que castidade. Ou seja, o padre está satisfeito por não ser casado ou pelo fato de a Igreja não permitir que ele tenha uma esposa, mas ser celibatário não é o mesmo que ser casto. Castidade é a condição daquele que optou por não manter relações sexuais de nenhum tipo, com abstinência completa dos prazeres da carne, abstendo-se, portanto, de práticas sexuais, enquanto o celibatário é aquele que abriu mão do casamento, ou seja, de ter esposa e filhos, mas não necessariamente renunciou aos prazeres sexuais. Supõe-se, porém, que o padre seja ao mesmo tempo celibatário e casto, embora essas duas dimensões não estejam necessariamente vinculadas. Recordo que padres seculares são celibatários, mas não fazem votos de castidade, enquanto os regulares são celibatários e castos. Não seria essa a explicação para o alto índice de padres brasileiros – majoritariamente jovens – satisfeitos com o celibato, isto é, com a condição de solteiros? É importante lembrar que a maioria (78%) dos padres que responderam a essa pesquisa é secular, categoria isenta do voto de castidade (mas não do celibato).

16. Tempo de ministério sacerdotal

Nos últimos anos de preparação para o sacerdócio, é comum que o candidato viva a expectativa da ordenação, pois para esse momento ele se preparou por vários anos. Porém a vida sacerdotal e seu ministério não consistem apenas no ato de celebração da ordenação. Apesar de ser uma cerimônia marcante na vida do sacerdote, é apenas um rito de passagem para um novo modo de vida. É um alerta, portanto, o comportamento de seminaristas que canalizam toda a sua preocupação apenas para o momento da ordenação ou para o aspecto visual do sacerdote, como se a aparência fosse mais importante. É visível uma onda de comportamentos na Igreja pautada apenas em aspectos exteriores. Parece que a batina se tornou mais importante que a pessoa do padre. Se ele não usar batina diuturnamente, é comumente desqualificado, quando não aviltado virtual e pessoalmente, não importando o seu grau de fidelidade e comprometimento com a Igreja. Pude constatar isso no acompanhamento de seminaristas, candidatos ao clero secular e regular, em várias etapas. Nos anos em que atuei como formador da etapa do propedêutico, a primeira do seminário, acompanhei jovens que tinham acabado de chegar ao seminário desejosos de logo usar batina. Depois, como professor de Teologia, a etapa final da formação seminarística, vi muitos seminaristas mais preocupados com as vestes do que com os desafios pastorais do ministério sacerdotal. A preocupação que predominava entre alguns era com as alfaias que usariam na cerimônia da ordenação e no exercício do seu ministério. Essa prática eu vi confirmada mais tarde no acompanhamento pastoral de paróquias e dioceses. Nas 58 dioceses do Brasil em que estive, ministrando formação para o clero, detectei em todas elas alguns padres cuja preocupação era mais com o visual do que com o ministério, e a maioria deles, padres relativamente jovens, conectados às redes sociais como espaço de exposição de sua *performance* clerical.

Vivemos na era da imagem, como se o visual revelasse a substância. O que conta é a embalagem e não o produto, e isso se torna um perigo quando a mentalidade de parte do clero está impregnada desse superficialismo. É comum ver e ouvir expressões do tipo "esse, sim, é padre de verdade", referindo-se àquele que usa batina ou vestes clericais, mesmo que elas sejam apenas exterioridades, mesmo que esse que usa batina não tenha conteúdo sólido, comprometimento pastoral nem postura ética e moral. Não que a veste clerical não seja importante, mas o perigo está em julgar o padre pela batina ou pelos paramentos que usa. Há um adágio que pode ser também um axioma: *o hábito não faz o monge*. É uma expressão para dizer que não devemos julgar as pessoas pela aparência.

Diante dessa realidade, não é difícil encontrar nos seminários candidatos preocupados apenas com os paramentos. Gastam-se tempo e dinheiro com a confecção de alfaias repletas de brilho, túnicas rendadas e os mais ricos bordados, com tecidos nobres que possibilitem a exuberância visual ou o requinte daquele que vai usá-los, geralmente em estilo tridentino. Esse comportamento pode ser um indicativo de que o candidato não entendeu o ministério que assumirá, pois está colocando toda a sua importância apenas nos paramentos. Porém, se após a ordenação esse padre for enviado em missão para um país ou região pobre, onde as pessoas não têm o que comer e vestir, como ele se sentirá? Há, no entanto, os que, mesmo nessas circunstâncias, se apresentam com toda a pompa, sem se dar conta da disparidade ou, tendo consciência dela, propositalmente enfatizando sua distinção ou distância social. Se essa for a única preocupação ou a única motivação para ser padre, o candidato deveria retomar sua formação básica antes da ordenação ou ser retirado do seminário.

Os primeiros anos de ordenação costumam ser um período de entusiasmo ministerial. Esse tempo varia de acordo com cada pessoa, mas geralmente consiste entre cinco e seis anos após a ordenação sacerdotal. Esses anos formam o período em que o padre vai tomando consciência da missão, mas é também um tempo que costuma ser marcado por empolgação litúrgica, sacramental e mesmo pastoral. Nele gesta-se o perfil do padre. É quando o sacerdote vai definindo sua linha pastoral ou ministerial e consolidando sua vocação.

Também nesse período é comum que surjam crises vocacionais, e alguns deixam o sacerdócio antes mesmo de completar cinco anos como padres. Quando passa o encanto e a euforia da ordenação, é hora de colocar os pés no chão e enfrentar a aridez da missão, e muitos descobrem nessa ocasião que não têm vocação. O índice de sacerdotes que deixam a batina nessa etapa da ordenação é elevado. Embora não existam dados oficiais, o acompanhamento na formação de padres tem me autorizado a afirmar que há alto índice de evasão nos primeiros anos de ordenação.

A maturidade sacerdotal angariada com o tempo de ordenação consiste, entre outras coisas, na capacidade de suportar críticas, de lidar com as rejeições e a ausência de elogios, com as ofensas – que podem vir de várias formas, desde simples anulação ou esquecimento, sendo relegado ao anonimato, até as mais evidentes, vindas de pessoas ou instituições. A maturidade do padre se revela também na maneira como lida com os elogios e a admiração, sem se deixar influenciar. Um sacerdote amadurecido em fé e vocação tem mais habilidade de suportar as adversidades da missão, sem que isso o leve à depressão e ao desencanto com o sacerdócio. Isso é maturidade sacerdotal. Uma prova de maturidade se observa quando ele é criticado, rejeitado, ignorado e, mesmo assim, reage tranquilamente, com equilíbrio e paz, com aqueles que assim procedem ou com as circunstâncias que acarretam essas situações.

Então, quanto tempo de ministério sacerdotal têm os padres entrevistados? O resultado foi que 64,6% disseram ter menos de vinte anos; 20,8% disseram ter de um a cinco anos de sacerdócio. Ou seja, 85,4% dos padres brasileiros têm menos de duas décadas de atuação no sacerdócio. Por se tratar de padres com tão pouco tempo de ministério, é crítico o dado constatado antes, referente à crise vocacional, quando 36,4% disseram já ter passado por ela.

17. Conexão com as redes sociais

É fato indubitável que, com o avanço das tecnologias da informação, agregado ao advento da internet de alta velocidade e às facilidades e disponibilidades das redes sociais, a comunicação ganhou desenvoltura e velocidade nunca vistas. Tudo isso chegou tão rápido que não houve tempo de pensar nas consequências do uso facilitado e indiscriminado desses meios de comunicação. É sobre esse tema e seus desdobramentos que trato agora, no intuito de conduzir uma reflexão sobre o uso das redes sociais por padres e a sua atuação nos meios de comunicação social.

Nesse ponto da pesquisa, tratei de fazer duas perguntas correlatas: a primeira, se o padre usava redes sociais para o trabalho pastoral, e a segunda, se ele atuava nos meios de comunicação social. Ambas buscavam não apenas traçar o perfil do padre em relação à comunicação, sobretudo virtual, mas também conduzir a reflexão sobre como os padres estão usando essas ferramentas, e se elas estão de fato a serviço da pastoral ou sendo utilizadas meramente para a exposição da imagem pessoal.

A imagem pessoal do padre ficou muito mais exposta com a internet. Os púlpitos virtuais ganharam espaço, e o encantamento que esse universo apresentou trouxe também consequências negativas. Somam-se a esses fatores a carência afetiva e a impressão de anonimato que a internet passa. Há padres que, devido a essas condições, buscam, por meio de contatos virtuais e sites nada religiosos, suprir tais carências. No entanto, o "confessionário" da internet não tem o mesmo sigilo do verdadeiro confessionário, deixando rastros de navegação, quando não de exposição social.

Há padres e até mesmo bispos que caem nessas armadilhas, que costumam ser de caráter moral ou ético. Tudo começa pela criação de perfis nas redes sociais. As mais populares são também as que reúnem o maior número de padres. Basta uma rápida visita a qualquer uma delas para encontrar perfis de sacerdotes católicos. Alguns diretamente se identificando, outros não. Uns usando vestes clericais, outros, vestes civis, mas todos com uma lista grande de seguidores ou seguindo uma lista numerosa de outros perfis. Nesses perfis não estão apenas pessoas conhecidas dos padres – a maioria é de desconhecidos, mas que estão ali, numericamente, engrossando a lista dos "amigos" virtuais. Porém, o que nem todos sabem é que há muitos perfis falsos. Esses são os mais perigosos.

O padre é uma pessoa pública e, portanto, é fácil obter informações sobre ele. Basta digitar seu nome completo em um site de busca e ali se encontram dados inclusive sigilosos, como, por exemplo, endereço e números de documentos. Além disso, há padres que postam muito de si em seus perfis, desde as missas que celebram, onde e quando celebram, até detalhes de sua vida particular, com fotos de lazer, seus hábitos de consumo, os lugares e pessoas que visitam, com quem visitam e muitas outras informações pessoais que retratam o seu perfil. Não é por acaso que as adesões às redes sociais são chamadas de "perfis". É esta a finalidade das redes sociais: revelar o perfil da pessoa – ou aquele que ela quer exibir publicamente. E quanto mais informações puderem ser coletadas, mais o perfil fica interessante. Elas formam um círculo vicioso, fazendo com que o usuário se torne dependente da exposição pública.

Se o usuário não fizer postagens em seu perfil, sobre si e sobre as coisas que faz, perde atratividade e não angaria curtidas. Quanto mais acentuado o caráter "pessoal" das postagens, mais curtidas elas recebem. E se as postagens forem de fotos sensuais, ainda mais curtidas, comentários e visualizações elas terão. Há quem publique fotos com trajes de banho, na academia, no shopping ou mesmo em espaços banais, para receber comentários de seus seguidores e ganhar visibilidade. Alguns comentários são direcionados para *chats* privados, e é nessas conversas que está o perigo de envolvimento, que poderá depois trazer problemas para o internauta – sobretudo se ele for uma pessoa pública, como é o caso dos padres. A extorsão de sacerdotes católicos, resultado do uso inadequado das redes sociais e da exposição virtual desmedida, é uma realidade.

Perguntei aos padres se eles tinham redes sociais, e se as usavam para trabalho pastoral. Apesar de a maioria (55,9%) ter dito que usam as redes sociais com finalidade pastoral, um grande número (26,6%) revelou usá-las para outras finalidades.

Diante dessa realidade, a Igreja orienta que o padre tenha prudência no uso dessas redes, evitando exposição de situações pessoais. Recomenda-se também, por medida de segurança, que evitem qualquer conversa que possa derivar para a partilha de intimidades. Conversas com pessoas desconhecidas, ou "conhecidas" apenas virtualmente, não devem ultrapassar as fronteiras da formalidade.

Assim, a pesquisa mostrou que os padres estão, quase em sua totalidade, conectados às redes sociais. Desses, 55,9% usam-nas para o trabalho pastoral; 26,6%, para outras finalidades; e 17,5% disseram que "às vezes" usam. É importante ressaltar que a pergunta era sobre o uso das redes sociais para trabalho pastoral, e não para uso pessoal, de lazer ou simplesmente para outras venalidades não relacionadas ao ministério presbiteral. Se a pergunta fosse simplesmente se usavam rede social, o número aumentaria consideravelmente e poderia atingir cerca de 95%. Mais da metade, quase 60%, utiliza essa ferramenta para o trabalho pastoral. Não foi perguntado, é bom frisar, para qual tipo de trabalho pastoral, mas se o clérigo atuava nos meios de comunicação social.

Se na questão anterior 55,9% disseram que usam as redes sociais para trabalhos pastorais, nessa outra questão 45,6% disseram não atuar nos meios de comunicação social. Parece contraditório, uma vez que as redes sociais são também meios de comunicação social. Então, por que essa incongruência entre esses dois dados? Creio que pode ter sido devido à má formulação da questão, uma vez que seu objetivo era mapear apenas os que atuavam com os meios de comunicação tradicionais (rádio, TV aberta, jornais, revistas, entre outros). Só me dei conta dessa falha após a conclusão da pesquisa. Assim, a divergência pode ter sido por incompreensão da questão ou porque algumas redes sociais não são usadas de fato para trabalhos pastorais, mas sim para uso pessoal. Essa segunda hipótese é a mais plausível, uma vez que qualquer pessoa pode fazer uso de redes sociais para se comunicar ou por distração, e, em se tratando de padres jovens, essa hipótese corrobora a conclusão de que as redes sociais não são utilizadas para trabalhos pastorais tanto quanto foi afirmado na questão anterior.

18. Relacionamento com diáconos permanentes

Passando dos contatos virtuais para os pessoais, a pesquisa buscou traçar o perfil do padre brasileiro também a partir das suas relações sociais reais e, como já visto, de seu contato com o bispo e com os demais padres. Cabe contemplar agora sua convivência com os diáconos permanentes.

Diáconos permanentes são homens casados que receberam o primeiro grau do sacramento da ordem, o diaconato, mas que não ascendem aos demais graus desse sacramento (presbiterato e episcopado). Todavia, desempenham funções nas paróquias que concorrem, em alguns aspectos, com as funções do padre, exceto com as dos sacramentos da eucaristia, confissão, crisma e unção dos enfermos. No entanto, não obstante essas diferenças na atuação sacramental, o diácono permanente nem sempre é bem aceito na paróquia ou mesmo na diocese. Há padres que não aceitam trabalhar com eles em suas paróquias, embora digam ter bom contato com esses agentes da Igreja.

Na Igreja, as demarcações de áreas de atuação e poder se dão de diferentes maneiras e em diversas ocasiões. Esses espaços de jurisdição podem ser simbólicos ou reais. Nas regiões demarcadas, adentram apenas os que são permitidos por aquele que detém o seu domínio, e essa permissão geralmente é dada mediante a submissão ou a concordância com ideias e procedimentos, o que de certa forma também significa submissão. Assim formam-se os grupos por identificação, presentes em quase todos os segmentos da sociedade, inclusive na Igreja, entre seus sacerdotes.

O território real do padre é o território físico de sua paróquia, a sua área de mando, e os territórios simbólicos são, por exemplo, frentes de atuação intelectual, determinada pastoral, certos tipos devocionais, entre outros. Outro exemplo de território simbólico é quando o padre tem uma função ou cargo específico além da paróquia. Como na situação anterior, ele poderá permitir ou proibir que outros acessem seu espaço simbólico. Porém, para acessá-lo, o outro precisa passar por um processo de conquista. Essas relações de domínio são comuns dentro do clero católico. As normas da Igreja orientam que um padre pode adentrar o território físico de outro somente para celebrar missa ou desenvolver algum trabalho pastoral, com a prévia permissão do responsável local. Ou seja, um padre não pode celebrar um sacramento ou desenvolver outras ações na paróquia de outro padre sem que o responsável por ela lhe tenha dado permissão. Quando um padre não respeita essa regra, gera conflitos. Essa norma vale também para os diáconos e até mesmo para os bispos. Toda essa relação faz parte do domínio de territórios, sejam eles reais ou simbólicos. Algumas competições por domínio de territórios se dão de forma subliminar, sensata. Já outras, nem tanto. À vista disso, a Igreja trata de colocar normas e regras para a atuação dos padres, sobretudo no âmbito de jurisdição eclesiástica, conforme orienta o Código de Direito Canônico[33].

Diante dessa constatação, analisei três questões relacionadas ao relacionamento entre padres e diáconos permanentes. A primeira era se o clérigo tinha em sua paróquia diácono permanente auxiliando nos trabalhos pastorais. A maioria, 72,8%, disse que não. Na pergunta sobre se o relacionamento com eles era bom, a maior parte (42,9%) disse que sim e 39,6% disseram ser ótimo. No entanto, é fácil ter um bom ou ótimo relacionamento quando não dividem os mesmos espaços de trabalho. Quando atuam juntos, no mesmo território, aí se mostram as relações nem sempre amistosas. Quando os conflitos não estão aflorados, é possível até vislumbrar um trabalho em conjunto, como vimos na terceira questão, em que 76,4% dos padres disseram que aceitariam trabalhar com diáconos permanentes. Essa suposta aceitação não está fundamentada na realidade, na experiência de dividir o mesmo espaço, mas num ideal, e talvez por isso seja tão elevado esse número de padres que dizem aceitar trabalhar com diáconos permanentes. O que se percebe, na prática, é que há dificuldade não apenas em trabalhar com diáconos, mas também com outros padres, com freiras e até com leigos que se destacam na pastoral. A resposta que os padres deram a essa questão se reflete também na resposta dada à pergunta sobre a facilidade para trabalhar com outros padres e em equipe. Embora 74,4% tenham dito que trabalhariam em equipe, eles provavelmente não trabalham com outros padres na mesma paróquia.

Assim, em se tratando de ministérios pastorais e relacionamentos, foi contemplada nessa pesquisa a atuação dos diáconos permanentes. Porém, nem sempre os relacionamentos entre eles são amistosos, sobretudo quando a dalmática do diácono ofusca a casula do padre, ou seja, quando sua atuação pastoral se destaca mais que a do padre. Por essa razão, foram colocadas nessa pesquisa três questões relacionadas a essa categoria de ministro ordenado, todas voltadas

---

33 Cf. Cânones 12, 13, 14, 15.

para o relacionamento entre padres e diáconos. A primeira pergunta foi se havia na paróquia diácono permanente; a segunda, havendo diácono na paróquia, como era o relacionamento com ele; e a terceira, mesmo não havendo diáconos na paróquia, se aceitaria trabalhar com eles. Vale ressaltar que, conforme visto anteriormente, a maioria das paróquias no Brasil (72,8%), segundo os sacerdotes entrevistados, não tem diáconos permanentes. Essa realidade se dá por vários motivos, entre eles, a rejeição da atuação diaconal pelos bispos. Todavia, segundo minha observação pessoal, mesmo onde os bispos a aceitam, os padres se mostram resistentes.

No entanto, como já vimos, a maioria (82,5%) dos padres entrevistados disse que seu relacionamento com os diáconos permanentes é ótimo ou bom. Ressalto que, a meu ver, é assim porque a maioria (72,8%) não os tem em suas paróquias. Por outro lado, 17,5% disseram ter um relacionamento que oscila de regular, ruim e péssimo a indiferente. Esse dado revela que o grau de aceitabilidade dos diáconos permanentes não é tão bom como à primeira vista pode parecer. Esses 17,5% são, provavelmente, os que atuam com esses auxiliares em suas paróquias.

Na pesquisa, perguntei ainda: "Se sua paróquia não tem diáconos permanentes, você aceitaria trabalhar com eles?". Em resposta, 76,4% disseram que sim. No entanto, o restante (23,6%) deu outras respostas, menos positivas: 5% aceitariam trabalhar com eles "às vezes"; outra parcela, que corresponde a 10,6%, se revelou indiferente; e 8% foram categóricos em afirmar que não aceitariam, o que mostra explicitamente uma disposição nem sempre amistosa entre padres e diáconos permanentes.

19. Relacionamento com outros padres

Como vimos, a maioria dos padres no Brasil é de seculares, e a característica secular dessa categoria é morar na paróquia e geri-la sozinho, embora haja exceções, pois há dioceses que, além do pároco, têm paróquias em que há também vigário paroquial ou diácono permanente e freiras que ajudam nos trabalhos pastorais. No entanto, apesar dessas exceções, é predominante o fato de o padre secular não ter a ajuda de outros padres, o que dificulta trabalhar com outros sacerdotes na mesma paróquia. Assim, quando perguntei se o padre teria facilidade de trabalhar com outros colegas de batina, questionei também se ele teria dificuldade em trabalhar em equipe. Na Igreja, o trabalho em equipe é fundamental – em todas as vertentes da vida eclesial –, e, por essa razão, a tão apregoada pastoral de conjunto é sinônimo de trabalho em conjunto.

Todavia, não são todos os padres que têm facilidade ou o desejo de trabalhar em equipe. Sobressai, muitas vezes, a ação do padre ou de padres que agem isoladamente, dificultando a participação de outros em seu campo de ação. Alguns motivos já foram levantados anteriormente, mas trago aqui outros que ajudam a reforçar a tese de que a maioria dos padres tem dificuldade de trabalhar em equipe, apesar de terem dito o contrário na pesquisa. Mesmo com um índice de 74,2% deles dizendo que têm facilidade de trabalhar com outros padres, outras respostas, em outros momentos, desdisseram o que foi dito nessa pesquisa. Encontrei contradições no cruzamento das respostas e nas observações de campo. Esta última pequisas mostra que a maioria dos párocos no Brasil não tem vigários paroquiais, exceto os regulares, que são minoria. Por exemplo, quando avaliamos o número de padres que não contam com a ajuda de diáconos permanentes em sua paróquia (72,8%); o número de padres que disseram que seu relacionamento com os diáconos permanentes é regular, péssimo ou indiferente (17,5%); os que disseram que apenas "às vezes" aceitariam trabalhar com diáconos em sua paróquia, somados aos que são indiferentes a eles (23,6%); os 14,4% que disseram que nem sempre se relacionam de maneira fraterna com os irmãos presbíteros; os 57,3% que disseram não participar de nenhuma associação de presbítero; os 35,1% que disseram que somente "às vezes" têm contato com o bispo ou que simplesmente não mantêm contato com ele etc. Essas respostas, acrescidas às observações obtidas por meio de conversas informais com párocos de diferentes regiões do Brasil, mostram baixo interesse de ter padres auxiliares residindo na mesma paróquia, denotando que o relacionamento dentro do clero não é muito harmonioso. Um dos entrevistados me disse que, se soubesse que seu vigário paroquial lhe traria tantos problemas, não teria pedido ao bispo tal auxílio. Posto isso, o índice de 74,2% que se autodeclaram com facilidade para trabalhar com outros padres pode também não corresponder à realidade, até porque o número dos que não têm o auxílio de colegas é maior que a supracitada porcentagem. Desse modo, entre a teoria e a prática pode haver incongruências que revelam um déficit no relacionamento fraterno entre os sacerdotes católicos brasileiros.

Porém, a dificuldade em trabalhar em equipe ou com outros padres não pode ser atribuída apenas ao egoísmo. Há, obviamente, outras causas, entre elas, a inflexibilidade, a dificuldade de se comunicar, a escassez de padres em determinadas regiões, o despreparo para lidar com essa dimensão do trabalho pastoral ou, ainda, problemas de ordem psicológica, que podem dificultar o relacionamento do clérigo com outros padres e até mesmo com a comunidade. A dificuldade maior, porém, nem sempre está no relacionamento do padre com a comunidade paroquial, mas do padre com outros padres, no aspecto de atuação em conjunto, seja na mesma paróquia, diocese ou frente de ação. Esse fator é motivador da maioria dos problemas que surgem no interior do clero.

À vista disso, é discutível o fato de 74,2% dizerem aceitar trabalhar com outros padres numa mesma paróquia. Se a dificuldade em trabalhar com diáconos se mostrou relevante (23,6%), quanto mais trabalhar com outros padres. Apenas 9,3% foram categóricos em dizer que teriam dificuldade de trabalhar com outros sacerdotes e 14,3% titubearam nessa questão, dizendo que "às vezes" têm dificuldade. Somados os que disseram não com os que disseram às vezes e os que se mostraram indiferentes, totalizamos 25,8% de padres que, de certa forma, explicitam algum tipo de resistência ao trabalho em conjunto.

20. Resistências ao ecumenismo

Se há certa dificuldade em trabalhar junto, dentro da mesma Igreja, como fica então o trabalho com os cristãos não católicos? É o que busquei saber quando perguntei aos padres se eles têm desenvolvido trabalhos ecumênicos.

O ecumenismo é uma propositura da Igreja há muito discutida,

Operários da fé

mas ela ganhou visibilidade com o Concílio Vaticano II. Porém, parece que, mesmo com toda essa ênfase dada pelo concílio e as iniciativas ecumênicas que o sucederam nas décadas posteriores, a proposta não avançou. Nas décadas de 1970 e 1980 essa disposição pareceu se desenvolver, mas, a partir dos anos 1990, e sobretudo com a virada do milênio, a Igreja propendeu a retroceder nesse aspecto. A tendência ao retorno a aspectos mais conservadores por parte de muitos padres arrefeceu o ecumenismo, e isso se refletiu diretamente na perspectiva dos fiéis que resistem energicamente a atitudes ecumênicas por parte da hierarquia, ou mesmo de ações paroquiais, com a finalidade de interação e diálogo com outras denominações religiosas.

Esse fechamento é motivado por vários fatores, entre eles, uma onda conservadora que vem se avolumando na Igreja nos últimos anos, mas também pela própria evasão de fiéis que, despreparados, não souberam lidar com posturas ecumênicas, enxergando nelas uma perda de identidade e não uma abertura para o diálogo a partir daquilo que se tem em comum. Não há dúvida de que o fechamento ao diálogo ecumênico representa um retrocesso, pois nos remete ao axioma medieval *extra Ecclesiam nulla salus,* que, numa tradução livre, quer dizer "fora da Igreja não há salvação". Embora essa seja uma expressão medieval, do tempo em que a Igreja Católica detinha poder absoluto no mundo ocidental, ela pode ser encontrada ainda hoje no discurso de alguns padres.

Porém, mesmo tendo clareza de que condutas ecumênicas sejam demonstração de sociabilidade, há os que não estão preocupados com isso e preferem permanecer em sua plataforma de estabilidade ou apegados às suas "verdades". Esse modo de lidar com a religião gera intolerância religiosa, disputas acirradas e, consequentemente, violência. A intolerância religiosa é motivadora de uma das piores violências, como vemos em países teocráticos, nos quais a religião comanda o Estado. Qualquer fanatismo religioso é profundamente danoso. Basta se fechar ao diálogo que o caminho para o radicalismo se abre. Desse modo, o diálogo ecumênico é, em primeira instância, a busca de relações sociais saudáveis entre os praticantes de religiões diferentes, uma vez que elas são fatos sociais. Quando um grupo se fecha em sua bolha religiosa, acreditando que ela é a única verdadeira, ignorando todas as outras que o circundam, esse grupo nega a civilidade.

Quando perguntado aos padres brasileiros se eles desenvolveram trabalhos ecumênicos com outras denominações religiosas, 59,7% disseram que não – ou seja, bem mais que a metade. Parece que todas as resoluções da Igreja têm sido insuficientes para convencer os padres de que condutas e iniciativas ecumênicas são importantes. Se ainda há resistência em relação aos inúmeros exemplos de ecumenismo protagonizados pelo papa Francisco, e se os padres demonstraram certa dificuldade em trabalhar com diáconos e com outros padres, o trabalho com outras denominações religiosas ou com líderes religiosos de outras denominações é muito mais complexo.

Outros 18,7% disseram que "às vezes" desenvolvem trabalhos dessa natureza. Somente 20,5% disseram ter atuado com outras denominações religiosas. Vemos, portanto, o surgimento de outra característica no clero brasileiro: padres sem perfil ecumênico. No entanto, o papa Francisco tem demonstrado estreita sintonia com o ecumenismo, mantendo contato com líderes religiosos de outras denominações, inclusive não cristãs, bem como tomando iniciativas nessa linha, como foi o Sínodo para a Amazônia (2019), entre outras. Porém, não obstante essas iniciativas e incentivos, o perfil do clero brasileiro mostra resistência a trabalhos ecumênicos e mesmo à conduta ecumênica.

21. O perfil da identificação pastoral

A identificação com um trabalho pastoral é fundamental para o êxito dele, pois quem se identifica com aquilo que faz, o faz com amor e dedicação, faz por vocação e não por mera profissão. Porém, quando se consegue fazer aquilo de que gosta, trabalhar naquilo com que se identifica, tudo conspira a seu favor, pois, além de haver grande probabilidade de êxito, a vida pessoal de quem executa o trabalho ganha qualidade.

Quando o padre é designado para uma paróquia, além de celebrar missas, ele está sendo encarregado de uma série de outras funções e ações pastorais, e é importante que saiba de antemão quais são elas, para que se estabeleça a necessária identificação entre profissão e missão.

Há padres, por exemplo, que não têm identificação com trabalhos paroquiais, preferindo outras funções, como, por exemplo, aulas, pregação em retiros, trabalhos em seminários ou em uma pastoral específica, estar em áreas e países de missão, entre outras. Porém, para qualquer uma dessas, é preciso identificação. "Identificação" significa simplesmente identificar-se com uma ação. Porém, diante das inúmeras demandas pastorais, nem sempre o padre pode escolher atuar naquilo em que se reconhece e nem sempre ele pode se dar o privilégio de fazer somente aquilo com que se identifica. O bispo ou o seu superior religioso presumivelmente o designará para as frentes ou tarefas para as quais houver maior demanda, e nem sempre levará em conta a afinidade do padre com aquela missão. Um dos sofrimentos do padre é a insatisfação com a missão, resultado da antipatia por aquilo a que foi designado fazer, mas que não era algo adequado ao seu perfil: o sacerdote foi para aquela missão por necessidade, não por afinidade. Quando isso ocorre, todos os envolvidos sofrem as consequências.

O número de padres insatisfeitos com a missão é relevante, embora essas situações não sejam expostas. Alguns até chegam a se manifestar, mas a maioria se cala e espera o tempo colocar as coisas nos seus devidos lugares. O número de padres insatisfeitos mostrou-se relativamente baixo nessa pesquisa. Quando perguntados se se identificavam com o trabalho que estavam desenvolvendo, 89,8% dos entrevistados disseram que sim. Porém, mesmo sendo um número bastante elevado, não podem ser ignorados os outros 10,2% que deram respostas diversas. Qualquer uma das outras três respostas que não significam identificação com o trabalho deve ser tomada como sinal de alerta, pois indica parcela significativa de padres que explicitamente admitem atuar sem afinidade com o que fazem. Essa situação pode gerar padres malsucedidos na missão, em situações sujeitas a complicações pessoais, sociais e eclesiais.

Quem atua naquilo com que não se identifica está mais propenso a certas patologias, sobretudo as de cunho psicológico, como, por exemplo, depressão. Mesmo que o padre não seja acometido por essa enfermidade, ele estará propenso à desmotivação. Quem age desmotivado simplesmente cumpre uma obrigação sem entusiasmo.

Há muito vem sendo constatado que boa parte das paróquias no Brasil mantém apenas "pastoral de conservação" ou de "manutenção". Essa prática é reflexo evidente de ações sem motivação, que geram acomodação ou indiferença. Quem age sem identificação e, consequentemente, sem motivação, não se anima a mudar, a inovar, a se lançar a novos desafios ou para "águas mais profundas". Se o padre não se identifica com a missão, e se nada for feito para que essa empatia seja despertada, ele vai assumi-la sem ardor missionário, desempenhando-a por obrigação, burocraticamente, apenas porque lhe foi pedido.

Um padre infeliz torna os trabalhos e os relacionamentos ainda mais difíceis do que já são. Diante dessas circunstâncias, nem todo clérigo tem uma atitude de enfretamento da situação. Há os que costumam transferir a causa dos problemas para outras pessoas, ao bispo, a outros padres e aos confrades ou, ainda, a leigos do local onde atua. Assim, a "culpa" por erros nunca é dele, mas de quem o colocou naquela situação ou missão. Isso não resolve o problema, e a irresolução acarreta sofrimento e infelicidade. Os padres infelizes se veem vítimas da vida e das pessoas. Além disso, o sacerdote infeliz e insatisfeito com a pastoral acredita que a maioria das pessoas não é confiável, que o bispo não gosta dele e que por isso o persegue, que os outros padres agem com falsidade, entre outros pensamentos negativos que são próprios de quem está infeliz com aquilo que faz.

Padres nessas condições acreditam que o êxito de colegas rouba a sua própria sorte. Acreditam que o mundo conspira contra eles e que não há coisas boas o suficiente para todos, e constantemente comparam o que conquistaram com as conquistas alheias. Porém, pouco fazem para sair dessa situação e ter êxito. Isso pode levar a ressentimentos que se configurarão em vingança na primeira oportunidade que tiverem.

Há diversas maneiras de reconhecer quando um padre está infeliz com o trabalho que desenvolve. Por exemplo, atitudes como as citadas anteriormente, as procrastinações nas funções que são de sua responsabilidade, a língua maldosa em relação aos confrades, a acomodação, a deserção de tarefas ou missões a que se propôs, entre outras. Outra característica indicativa de insatisfação é quando aquilo que ele vai realizar se torna um peso, a ponto de lhe tirar o sono. Dessa forma, um padre, quando está infeliz, dá sinais disso, mostrando insatisfação e mau humor, e, consequentemente, tem mais dificuldade de ajudar as pessoas. Isso é bastante prejudicial na vida presbiteral, porque a missão do padre é servir, ajudar e estar à disposição.

Outra característica é a apatia em relação à Igreja. Se as coisas vão bem ou mal, para ele tanto faz. Não se importa com os acontecimentos ou necessidades eclesiais, indicativo claro de que não se identifica com o que está fazendo. Para encontrar satisfação na pastoral, que é resultado da identificação com ela, é importante que o sacerdote tenha um bom círculo de amigos. Um dos fatores que garantem a felicidade no trabalho pastoral é ter amigos, pessoas em quem possa confiar e com as quais possa partilhar as atividades. Essa relação ajuda a conferir identificação e satisfação no trabalho. Diante desse quadro, cabe um olhar acurado para os resultados da pesquisa na questão que buscou mostrar se o padre se sentia ou não identificado com o trabalho que desenvolvia.

Para isso, foram-lhe apresentadas quatro alternativas excludentes: sim; não; às vezes; indiferente. A esmagadora maioria (89,8%) disse que sim, que se identificava com o trabalho que desenvolvia. Esse dado é coerente com outros revelados anteriormente, como, por exemplo, o grau de satisfação com o papa Francisco (94,5%), se se considerava missionário (75,9%), se estava satisfeito com as côngruas recebidas (75,8%), se acompanhava com alegria e entusiasmo a caminhada pastoral da diocese (88,5%), entre outras questões que ajudam a confirmar esse grau de satisfação com o trabalho exercido. São, portanto, em sua grande maioria, padres exercendo trabalhos com os quais se identificam. Esse dado também é coerente com o da crise vocacional, pois, nessa questão, 51% disseram não ter passado por ela, fato que confirma os dados de identificação com o trabalho desenvolvido.

Se a maioria se sente identificada com o trabalho desenvolvido, com que tipo de trabalho os padres mais se identificam? Essa foi a pergunta que veio a seguir no formulário aplicado, com oito alternativas: pastoral paroquial; administração paroquial; formação de seminaristas; missão *ad gentes*; assessorias; todas essas alternativas; nenhuma dessas alternativas; outros trabalhos (Quais?). Vemos, portanto, a amplitude das alternativas, inclusive uma aberta, para que os padres citassem o tipo de trabalho com o qual se identificavam, caso não estivesse contemplado na lista apresentada. Nessa questão, obtive o seguinte resultado: quase metade (45,5%) dos padres se identifica com a pastoral paroquial. Esse percentual mais os 18,3% que assinalaram a administração paroquial indica que bem mais da metade (63,8%) dos padres brasileiros se identifica com a rotina burocrático-institucional da paróquia. Poucos disseram que se identificam com outros tipos de trabalho. Esse resultado também é coerente com os demais, sobretudo quando lembramos que a maioria é secular. É comum que padres seculares se identifiquem mais com a gestão ou administração paroquial, seja essa administração pastoral, seja de finanças e patrimônios. É também, de certa forma, expressivo o número de padres que disseram se identificar com a formação de seminaristas (9,9%) e com a missão *ad gentes* (8,2%). Tudo indica que esses últimos sejam padres regulares, pois a maioria dos institutos, congregações e ordens religiosas tem carisma missionário e, portanto, é comum que os sacerdotes dessas instituições tenham identificação missionária, inclusive com a missão *ad gentes*. Quanto aos que disseram se identificar com a formação de seminaristas e com assessorias (10%), esses podem ser tanto do clero secular quanto do regular. Apenas 3,1% disseram se identificar com todas essas, ou seja, é uma ínfima parcela de padres que se declaram abertos a qualquer um desses trabalhos, prontos para servir onde a Igreja deles precisar. No entanto, quanto aos que assinalaram uma alternativa específica, e não a alternativa "todas", não significa que não estejam dispostos a servir em outras áreas, mas apenas que expressaram o tipo de trabalho com o qual mais se identificam. Por outro lado, esses dados podem representar certa acomodação.

Porém, é de se considerar o número de padres que disseram se identificar com outros tipos de trabalho além dos que foram indicados (4%) e os que não se identificam com nenhum (1%). Os primeiros descreveram esses trabalhos não arrolados na lista. Entre as identificações citadas estão aulas, trabalho com dependentes químicos, com moradores de rua e com orientação espiritual, entre outras que vão além da pastoral ou da administração paroquial. Já os que disseram não se identificar com nenhum tipo de trabalho, que representam apenas 1% dos entrevistados, deixam-nos uma questão aberta para outras análises e interpretações, pois podem revelar uma parcela em crise vocacional.

22. Envolvimento com o trabalho vocacional

As três últimas questões que encerram este capítulo versam, indiretamente, sobre o tema vocacional. Embora não abordassem diretamente a vocação do padre, uma vez que essa questão já havia sido posta quando tratamos da crise vocacional, indagavam sobre o relacionamento com vocacionados ao sacerdócio. Perguntamos se o padre se considerava um promotor vocacional, se visitava regularmente o seminário e se recebia seminarista para estágios pastorais em sua paróquia. Para essas três questões foram colocadas quatro alternativas: sim; não; às vezes; indiferente.

Não é incomum ocorrer que padres, assim que recebem o sacramento da ordem, se distanciem dos candidatos ao sacerdócio. As razões podem ser várias, entre elas o desgaste sofrido no processo de preparação, o desencanto com a formação, o sentimento de superioridade por ter se tornado padre, a falta de identificação com trabalhos vocacionais, entre outras. Porém, independentemente dos motivos do distanciamento e da falta de apoio aos candidatos, não se espera que o padre se afaste dos serviços de animação vocacional.

A primeira questão, se o clérigo se considerava promotor vocacional, teve um bom índice de resposta positiva. Foram 58,8% de "sim". Porém, mesmo sendo a maioria, não é um número satisfatório, pois os outros 41,2% que assinalaram outras respostas formam uma quantidade relevante, levando-se em consideração que a identificação e o testemunho do padre com o processo vocacional dos candidatos são atitudes coerentes com a própria vocação.

Quando o padre não dá exemplo, ou não fomenta outras vocações, toda a Igreja perde com essa postura. O bom exemplo do padre é o maior e mais contundente serviço de animação vocacional. Por outro lado, é simples compreender a importância do padre nessa frente: ele é o principal agente da Igreja, atuando em suas bases, junto aos fiéis. Portanto, ele é o primeiro, se não o principal, promotor de novas vocações. E sem novos pretendentes ao sacerdócio não há clero. E sem clero não há Igreja. No entanto, ainda que o padre desenvolva bom serviço pastoral e acolha bem as pessoas, se ele for ríspido com os candidatos ao sacerdócio, seu testemunho é prejudicado. Mesmo que ele não seja grosseiro, se não os apoiar ou não os acolher como deveria, ele não é um promotor vocacional ou até opera contra a animação vocacional. Por essa razão, é inconcebível o fato de 41,2% dos padres brasileiros não se sentirem, de alguma forma, constantes promotores vocacionais.

A promoção vocacional vai além do fomento à pastoral vocacional ou aos serviços de animação vocacional da paróquia ou diocese. É preciso manter também certa sintonia com os que já estão no processo de discernimento vocacional, em qualquer etapa. Quando perguntado aos padres se eles visitavam regularmente os seminários, apenas 31% disseram que sim, e 37,6% disseram que às vezes visitavam o seminário, mas não especificaram quantas vezes ao ano. A resposta "às vezes" pode significar um espaço de tempo muito longo. Portanto, a resposta não permite elucidar se essas visitas esporádicas aos seminários mostram de fato sintonia com o serviço de animação e apoio vocacional. O fato de 30,4% dizerem que não visitam os seminários representa um índice preocupante, pois é um número relativamente alto de padres que demonstram claramente que não se interessam pela formação dos futuros colegas ou sucessores. Somados a esses estão os indiferentes (1%), resultando num total de 31,4% de sacerdotes católicos brasileiros que demonstram pouco ou nenhum interesse no processo formativo dos candidatos à carreira eclesiástica.

Podem ser várias as causas dessa omissão. Porém, duas são mais evidentes: falta de tempo e falta de interesse, ou ambas ao mesmo tempo. Vimos que os padres levam uma vida de sobrecarga de trabalho, sobrando-lhes pouco tempo para outras atividades. Não são todos que residem em locais de fácil acesso aos seminários. Há padres que precisam viajar longas distâncias para realizar essas visitas, o que dificulta sua assiduidade. Outros, porém, não têm interesse, e colocam na pauta de suas ações outras prioridades, mesmo que residam na mesma cidade onde funciona o seminário.

No entanto, mesmo não tendo nenhuma identificação com trabalhos vocacionais, pouco mais da metade desses padres (53,2%)

recebe seminaristas em suas paróquias para trabalhos pastorais. Esse dado pode representar mera obediência ao bispo, e não necessariamente apoio aos seminaristas. Quando isso ocorre, prejudica-se o trabalho vocacional, correndo o risco de o padre desmotivar o candidato com seu mau exemplo ou com atitudes vocacionalmente pouco ou nada animadoras. Seminaristas que vão para estágio pastoral nas paróquias e presenciam comportamentos inadequados dos padres sofrerão interferência negativa em seu processo de discernimento vocacional.

Como foi dito, os dados mais uma vez mostram coerência entre os que se consideram promotores vocacionais (58,8%) e os que recebem seminaristas para estágio em suas paróquias (53,2%). Nesse sentido, podemos concluir que mais da metade do clero se identifica com os trabalhos vocacionais e os fomenta, enquanto 9,9% não se percebem assim. É importante lembrar que "promotor vocacional" é aquele que incentiva jovens vocacionados a seguir na busca da vida sacerdotal e religiosa. Os 30,5% que disseram que "às vezes" se consideram promotores vocacionais são aqueles que não incentivam direta e constantemente os vocacionados. Já a parcela dos que se disseram indiferentes à promoção vocacional revelou-se ínfima: apenas 0,8%.

Embora a maioria se identifique como promotor vocacional, quando perguntados se visitam regularmente os seminários e casas de formação, o número de padres que responderam positivamente cai bastante, praticamente igualando-se aos que disseram não fazer essas visitas regularmente (30,4%). Já o número dos que disseram que às vezes visitam os seminários (37,6%), somado ao dos que visitam essas instituições regularmente, resulta em 68,6%. Esse é, portanto, também um resultado que coincide com os da questão anterior. Indica, portanto, em sua maioria, padres que incentivam as vocações. Já vimos que a maioria recebe seminaristas para estágios pastorais em suas paróquias. Os que responderam negativamente correspondem a 27,9%, e os que disseram que às vezes recebem somam 16,9%. Os indiferentes são 2%. Somados os que recebem sempre e os que às vezes recebem seminaristas em suas paróquias, temos 70,1%, que demonstram, de certa forma, apoiar as vocações sacerdotais e religiosas. Esse dado coincide com as duas últimas questões anteriores. No entanto, é importante ressaltar que os estágios dos seminaristas nas paróquias são determinação do bispo, e o fato de os padres recebê-los nas suas paróquias pode não significar apoio às vocações, mas apenas obediência a uma determinação. Nesse sentido, a porcentagem dos que supostamente apoiam as vocações pode não corresponder à realidade.

Até aqui, podemos resumir o perfil dos padres brasileiros da seguinte forma: são relativamente jovens, vindos da classe média-baixa e da zona rural, com formação básica para o sacerdócio. A maioria não fala nenhuma língua estrangeira (55,6%), lê e estuda pouco, mas está satisfeita com a formação recebida (64,4%). Intelectualmente, são pouco produtivos, ao menos em termos de escrita (68,5%), e se informam pela televisão (61,8%), dedicando a ela pelo menos trinta minutos diários (49,8%), para assistir principalmente aos noticiários (38,2%). Porém, acessam muito a internet (43,2%), sobretudo as redes sociais (70,5%). Estão satisfeitos com o pontificado do papa Francisco (94,5%), celebram a eucaristia todos os dias (55,4%), sendo que aos domingos celebram, em média, três missas (43,9%). Eles se consideram missionários (75,9%) e estão satisfeitos com a remuneração (75,8%). Não exercem atividades profissionais além dos ministérios sacerdotais (82,5%) e acompanham com alegria e entusiasmo a caminhada pastoral da sua diocese (88,5%). Relacionam-se fraternalmente com os irmãos do presbitério (59,5%) e, no âmbito da organização paroquial, organizam planejamentos pastorais na paróquia (77,8%). Trabalham em suas paróquias com conselhos paroquiais e classificam como desafiador o exercício de seu ministério sacerdotal (81%). Atuam em paróquias urbanas e nas periferias (64%). Não participam de associações de presbítero (57,3%), mas mantêm contato constante com o bispo (64,9%). Metade já teve crise vocacional (51%). Estão satisfeitos com a condição de padre e com o celibato (86,4%). Têm entre 1 e 25 anos de sacerdócio (75,6%) e usam as tecnologias das redes sociais para trabalhos pastorais (55,9%), atuando também em outros meios de comunicação social (45,6%). Relacionam-se bem com os diáconos permanentes (82,5%), embora uma minoria (27,2%) tenha diáconos permanentes atuando pastoralmente em sua paróquia. No entanto, aceitariam trabalhar com eles (76,4%). São padres que têm facilidade de trabalhar em equipe (74,2%), mas não demonstraram atuação ecumênica. Identificam-se com os trabalhos que desenvolvem (89,8%), pastoral ou administração paroquial (63,8%). Além de satisfeitos com a vocação, são também promotores vocacionais (58,8%), visitam regular ou esporadicamente os seminários (68,6%) e recebem seminaristas em suas paróquias para estágios pastorais (53,2%). Temos, assim, o resumo do perfil dos padres brasileiros no que se refere a pastorais e aos ministérios.

V.

A espiritualidade do padre brasileiro

Costumo dizer que a espiritualidade é o combustível do padre. É preciso estar bem abastecido espiritualmente para que a missão seja levada a cabo. Sem espiritualidade, ou sem se abastecer espiritualmente, o padre tornará árida a sua missão. Boa parte das crises tidas como vocacionais ou pastorais enfrentadas por padres está relacionada à aridez espiritual. São sacerdotes que se embrenharam num ativismo desenfreado e se esqueceram de rezar, de cultivar a vida espiritual, ou a esvaziaram em favor da vida pastoral. Ou, ainda, por esvaziarem a vida espiritual, se desmotivaram na missão pastoral, partindo para outros interesses. Diante desse quadro, analiso neste capítulo, a partir das respostas obtidas, como está a vida espiritual do padre brasileiro e quais as consequências pessoais e eclesiais dessa realidade.

A espiritualidade é um elemento próprio do ser humano. Nenhum outro ser é dotado da necessidade de buscar significado para a vida por meio de atitudes e conceitos que transcendem o tangível. Essa busca não é apenas uma conexão com algo maior, mas uma procura do próprio sentido da vida, que não se limita às coisas efêmeras e materiais do cotidiano. Nesse aspecto, a espiritualidade é algo que dá sentido à vida. Até mesmo as pessoas que se identificam como ateias buscam algo parecido com a espiritualidade para alimentar sua vida com algo que está além do estritamente material.

A busca de sentido para a vida é constante do ser humano, e a espiritualidade ajuda a lidar com essas buscas. No entanto, há muitas formas de lidar com ela. Algumas não são evidentes, outras são bastante visíveis. Independentemente do tipo e da maneira como se lida com ela, a espiritualidade não deixa de ser algo importante, e essa importância se recobre de significado quando se trata de pessoas consagradas, como os padres, que escolheram a vida espiritual como modo de ser e de viver. Porém, cabe perguntar: como anda a espiritualidade do sacerdote católico brasileiro? Como ela é vivida e apresentada à Igreja e à sociedade? Os padres rezam, de fato? Eles buscam o sacramento da reconciliação? Além de dirigir a vida espiritual dos fiéis, eles também têm alguém a quem recorrer na busca de direção espiritual ou se bastam a si mesmos? Eles rezam a liturgia das horas? Se sim, como e quando rezam? Sentem-se felizes como padres e com o que fazem? Praticam retiros ou não precisam se retirar para rezar? Têm momentos diários de oração pessoal ou apenas rezam com a comunidade na hora da missa? Integram algum movimento espiritual? Buscam beber em alguma fonte de espiritualidade para abastecer a sua sede espiritual ou basta-lhes o fato de serem padres? Este capítulo procura responder a essas questões.

1. A confissão dos confessores

Disse-me certa vez uma senhora: "Confesso que não sabia que os padres confessam". Para ela, soava estranho saber que os padres também confessam, era-lhe difícil entender como alguém que ouve confissão e dá absolvição dos pecados alheios também confessa os seus próprios pecados, isto é, também peque. Tal percepção é própria do senso comum, porque, na realidade, entre o clero, todos sabem da importância e da necessidade de os padres buscarem o sacramento da confissão. Ele é para todos, inclusive para o clero, uma vez que, segundo a doutrina católica, não há humanos isentos de pecados. Até o papa se confessa.

Padres também necessitam da confissão e, para isso, buscam outros sacerdotes, ou o bispo, para se confessar. Alguns têm um sacerdote específico para esse fim, o chamado "confessor". Porém, tendo ou não um confessor para absolvê-lo de seus pecados, o padre deve buscar periodicamente o sacramento da confissão, pois somente assim estará apto a ouvir e absolver os pecados dos fiéis.

Padres também são pecadores, embora existam aqueles com elevado grau de santidade. No entanto, nenhum está isento do pecado. Ele ronda, sobretudo, os que mais se esforçam para buscar a santidade. Ainda que o padre leve uma vida de oração e dedicação ao próximo, as suas fraquezas são similares às de qualquer ser humano. Como disse Paulo, o apóstolo, "para que eu não me inchasse de soberba por causa dessas revelações extraordinárias, foi me dado um espinho na carne, um anjo de Satanás para me espancar, a fim de que eu não me encha de soberba" (2 Coríntios 12:7). Desse modo, os padres também têm seus "espinhos na carne" e "anjos de Satanás" que os espancam, para que não se julguem melhores que os outros só porque receberam o sacramento da ordem ou porque exercem o papel de gerenciadores do sagrado. No entanto, há pecados do clero que vêm a público, causando escândalos, e outros tantos que não vêm à tona, mas que igualmente torturam o pecador enquanto ele não busca a confissão. Por isso os padres precisam se confessar e se esforçar para corrigir seus pecados, como faz qualquer outro penitente. Esse é um desafio constante dentro do clero, porque o clérigo está sempre exposto ao pecado, embora supostamente mais preparado para lidar com ele. Estar preparado não significa não ser tentado. Se até Jesus foi tentado pelo diabo (Lucas 4:1-13), quanto mais os padres.

Nesse sentido, ao tratar da espiritualidade dos padres, é importante saber como anda a adesão deles ao sacramento da confissão. Por essa razão, a primeira pergunta foi se eles se confessam com frequência. Para essa questão coloquei apenas duas alternativas: sim ou não. A maioria (75,5%) disse que se confessava regularmente. Apenas 22,5% disseram que não. Não foi perguntado se essa frequência era semanal, quinzenal, mensal, semestral ou mais. Tendo em vista que a Igreja recomenda a confissão ao menos uma vez ao ano (CIC, n° 2042), supõe-se que a maioria dos padres busca a confissão com mais frequência, o que mostra uma valorização desse sacramento, e não apenas uma obrigação. No entanto, como a maioria dos padres celebra todos os dias (55,4%), e a orientação da Igreja é que, para receber dignamente a Santa Comunhão, é preciso confessar antes os pecados graves (chamados "capitais"), é coerente ou de esperar que eles se confessem com certa frequência. Uma das ocasiões mais comuns em que os padres buscam o sacramento da confissão é durante a Semana Santa, mais especificamente por ocasião da Quinta-Feira Santa, quando se celebra a missa da unidade do clero. Nessa ocasião, muitas dioceses promovem uma celebração penitencial e, em seguida, os padres buscam uns aos outros para a confissão. Fora isso, há os que mantêm a prática constante de confissão, como vimos na pesquisa.

O que é pecado para uma pessoa não consagrada também é pecado para a consagrada. No entanto, para a consagrada o pecado tem um peso maior, no sentido social e eclesial, pois se espera daquele que se consagrou que leve uma vida, se não isenta de pecados, no mínimo menos pecaminosa, ou com pecados que não escandalizem. Porém, não é incomum os pecados de alguns clérigos se tornarem públicos, os quais vão desde pecados morais, envolvendo práticas ou comportamentos sexuais inadequados, pecados éticos relacionados a escândalos financeiros, ou ainda pecados doutrinais, que não chegam a se tornar públicos, mas que são considerados graves perante a Igreja – como, por exemplo, violar segredos de confissão, promover heresias, desobedecer à doutrina, entre outros. Esses últimos ficam, muitas vezes, dentro da alçada eclesiástica, enquanto os demais comumente ganham a esfera pública.

Entre os pecados clericais mais visados pelos meios de comunicação estão os morais, mais especificamente os de caráter sexual – sobretudo quando extrapolam o domínio estritamente do pecado, que é algo apenas de foro religioso, e entram no âmbito da justiça, configurando crime, como a pedofilia. Levando em conta o número de padres no Brasil e no mundo, os casos de pedofilia entre eles são poucos, embora, devido à sua gravidade, sejam tratados com bastante rigor pela Igreja e pela justiça. Nos últimos anos, sobretudo a partir do pontificado do papa Francisco, a Igreja tornou-se mais enérgica no combate e na punição dos pecados e crimes dessa natureza. Todavia, continua sendo um pecado e um crime com rápida repercussão, maculando não apenas a imagem do padre envolvido, mas da própria Igreja, não bastando a confissão do pecador. Muitos, ao contrário, não confessam tais pecados. Eles são descobertos e denunciados sem que o pecador se reconheça como tal e se confesse. Porém, mesmo sem a confissão sacramental e judicial, alguns casos são comprovados e punidos, já outros são absolvidos por falta de provas ou mediante o sacramento da confissão.

Não temos dados estatísticos exatos de casos de pedofilia cometidos por clérigos no mundo, nem no Brasil, mas em alguns países esse crime já foi computado, como, por exemplo, na França, onde, desde o começo dos anos 1950, foram contabilizadas pelo menos 216.000 vítimas de pedofilia perpetradas por agentes da Igreja, segundo noticiou o jornal *El País*[34]. Esse mesmo jornal, ainda em outubro de 2021, noticiou que 4.392 clérigos dos Estados Unidos, ou seja, 4%[35] dos padres americanos, haviam cometido esse crime. No Brasil, esses registros nunca foram feitos, mas vez por outra um caso dessa natureza se torna público, revelando que a situação é preocupante também aqui.

Os pecados éticos, quando adentram a esfera do crime, também são muito visados pela justiça e pelos meios de comunicação. Entre eles está o desvio de recursos financeiros da Igreja e de instituições religiosas a ela ligadas. Muitos desses casos não vêm a público, permanecendo estritamente no domínio eclesiástico e, às vezes, entre o bispo e uma parcela do clero. A Igreja evita expor tais situações e procura resolvê-las internamente, sem dar visibilidade ao caso. Porém, nem sempre isso é possível. As ocorrências de desvios geralmente não são confessadas, seja porque os envolvidos não os consideram pecado, seja por não admitirem o erro, mesmo havendo o segredo de confissão, ou por vergonha. A visibilidade desses acontecimentos depende da gravidade.

---

34 Cf. AYUSO, Silvia. *El País*, 5 de outubro de 2021. Disponível em: https://brasil.elpais.com/internacional/2021-10-05/investigacao-aponta-pelo-menos-216000-casos-de-pedofilia-na-igreja-francesa.html#:~:text=A%20cifra%20chega%20a%20330.000,nesta%20ter%C3%A7a%2Dfeira%20em%20Paris.

35 Cf. https://brasil.elpais.com/internacional/2021-10-09/as-macroinvestigacoes-sobre-pedofilia-na-igreja-catolica-no-mundo-milhares-de-vitimas-e-poucos-condenados.html.

Os pequenos desvios muitas vezes não chegam ao conhecimento do bispo e, não raro, nem são descobertos porque permaneceram no âmbito da confissão sacramental ou nem nisso. Já outros ganham bastante visibilidade porque o envolvido é também alguém de grande destaque social ou midiático e os desvios foram vultosos. Os clérigos socialmente mais conhecidos são também os mais visados pela mídia, porque um escândalo que os envolva garante audiência. Mas nem sempre os escândalos divulgados pela mídia são reais.

Não obstante os pecados/crimes de grande repercussão, há os que estão apenas no campo do comportamento, não configurando nenhuma ilicitude ou contravenção e, portanto, sem interesse midiático, como, por exemplo, os pecados contra o sexto mandamento ("não cometerás adultério", que abrange todo atentado contra a castidade), ou seja, a prática daquilo que a doutrina católica considera "atos impuros", sobretudo os pessoais. Entre eles, o mais comum é o da masturbação, que geralmente vem acompanhada do consumo de pornografia ou de imagens visualizadas, acidental ou intencionalmente, nas redes sociais ou produzidas pela imaginação. Como os padres vivem, em sua imensa maioria, no celibato e na castidade, a libido sublimada vez por outra rompe as represas da orientação e da doutrinação religiosas e os leva a cometer "pecados" dessa natureza. No entanto, boa parte não os confessa, seja por não os considerar pecados, seja para não se expor diante do colega confessor, mas há os que confessam e sabem que essa fraqueza os acompanhará pela vida toda.

Outro pecado bastante comum é o que envolve o relacionamento social e comunitário. Pelo fato de o padre ter a responsabilidade de dirigir uma comunidade paroquial, com pessoas diferentes, que pensam e agem de modo diferente, é comum haver desgastes e atitudes que geram estresse – o que muitas vezes leva o sacerdote a agir de modo inadequado com seus fiéis. É muito comum ouvir nas confissões dos fiéis o relato de desavenças com o padre, ou mesmo ouvir dos padres que tiveram desentendimento com seus paroquianos e até mesmo com os próprios colegas de presbitério. Às vezes esses desentendimentos geram relações conflituosas e dissabores que distanciam o padre da pessoa em questão – ou eles chegam às vias de fato, com agressões verbais e físicas. Estas últimas, porém, são bastante raras.

Como já foi dito, os pecados dos padres não são muito diferentes dos da maioria das pessoas que buscam a confissão. Esta pesquisa não perguntou quais eram os pecados, mas o convívio com padres e o acompanhamento deles, com orientação e direção espiritual durante algumas décadas, ofereceu-me subsídio para trazer aqui essas situações citadas, que permitem entender um pouco mais sobre os pecados dos "homens de Deus".

Se a maioria busca o sacramento da confissão, o que comprova que eles também pecam, boa parte deles também busca, além de um confessor, um diretor espiritual, como veremos a seguir.

2. Direção espiritual

Além de se confessarem, boa parte dos padres tem um diretor espiritual. Boa parte (43%), mas não todos. Diante desse quadro, cabe aqui uma breve explicação sobre a direção espiritual e sua importância no âmbito religioso.

Direção espiritual, como o próprio nome indica, é o apontamento de caminhos espirituais, com indicações das fontes em que o dirigido poderá abastecer-se espiritualmente. Essa direção se faz necessária, sobretudo quando se está iniciando na vida espiritual, mas ela é importante em qualquer fase da vida, inclusive quando já se está supostamente preparado espiritualmente, como é o caso do padre. É comum que os seminários tenham diretores espirituais em seus quadros de formadores. São os responsáveis diretos pelo acompanhamento espiritual dos candidatos ao sacerdócio, o que não impede que os aspirantes ao clero também tenham o seu diretor espiritual particular. Alguém com quem tenham empatia espiritual e possam, assim, ser mais bem conduzidos pelas sendas da espiritualidade, de modo que se preparem melhor naquilo que será futuramente, durante toda a sua vida sacerdotal, o elemento primordial e a base de seu ministério. Por esse ângulo, a espiritualidade é propulsora da vida sacerdotal e não pode ser descuidada em momento algum. Todavia, como dito anteriormente, não são todos os padres brasileiros que têm diretor espiritual ou que fazem direção espiritual: 57% disseram que não têm. Esse dado paradoxal mostra a dificuldade de o padre deixar-se guiar –

ou de encontrar quem o guie – espiritualmente, embora ele mesmo seja guia para outros.

Apesar de os padres buscarem com certa regularidade o sacramento da confissão, eles não procuram a orientação espiritual da mesma forma. Mais da metade dos padres não tem diretor espiritual, o que indica que eles mesmos se dirigem espiritualmente ou que sua espiritualidade está sem direção – e, portanto, sem interlocução.

3. O Ofício divino

Embora a maioria dos padres não tenha diretor espiritual, a maior parte reza a *Liturgia das horas* em algum momento do dia. Foi o que também mostrou a pesquisa. A *Liturgia das horas*, também conhecida como *Ofício divino* e popularmente como *Breviário*, é a oração oficial da Igreja Católica e uma das mais indicadas para pessoas consagradas, sobretudo para os padres.

No entanto, mesmo sendo altamente indicado, e a maioria dos padres rezá-lo, não são todos que têm o salutar hábito espiritual de orar por meio do *Ofício divino*. Mesmo sendo a missa uma das formas mais sublimes de oração, é recomendado que o padre reze a *Liturgia das horas*, se não todas, pelo menos algumas horas das que são propostas. Parece que é isso que a maioria dos padres faz. Constatei que 24,1% dos padres rezam todas as horas da liturgia e que 75,9% fazem apenas algumas delas. O fato de grande número dos padres rezar pelo menos parte da *Liturgia das horas* é uma amostra de que a espiritualidade do clero não está centrada apenas na celebração eucarística, e que há outras formas importantes de nutrir e cultivar a fé e a vida de oração.

4. Os padres são felizes?

Os padres brasileiros, num percentual próximo à totalidade (94,5%), se declaram felizes naquilo que fazem. A pesquisa confirmou o que a *Forbes* havia divulgado em 2011: os padres estão entre as categorias de "profissionais" mais felizes. Naquela ocasião, essa pesquisa, promovida pela Universidade de Chicago, nos Estados Unidos, colocava os clérigos – padres e pastores – no topo da lista das "profissões" cujos "trabalhadores" se sentiam mais satisfeitos, seguida dos bombeiros.

Em minha pesquisa, constatei que apenas 0,5% dos padres brasileiros não se sente feliz com seu trabalho, e outros 4% se sentem infelizes "às vezes". Somente 1% não soube responder. Esses dados são relevantes, levando em conta que a maioria é relativamente jovem, oriunda da baixa classe média ou da classe baixa e formada em ambiente rural ou ruralizado, atuando nos grandes centros urbanos e satisfeita com seus proventos. Cruzados esses dados, podemos inferir que a vocação sacerdotal atende às demandas de uma sociedade consumista, que apresenta a realização material como sinônimo de felicidade. Em outros termos, a combinação de formação espiritual e intelectual, estabilidade financeira, proteção institucional, prestígio ou valorização social e relativo conforto material que a carreira eclesiástica proporciona parece estar na raiz dessa satisfação da quase totalidade dos padres brasileiros com sua "profissão".

Também conforme a pesquisa divulgada pela *Forbes*, os mais felizes não são os profissionais que ganham altos salários – ou seja, não é o dinheiro que traz felicidade. Pelo contrário, os mais contentes com o que fazem são os que atuam por vocação, e não por (muito) dinheiro, para, de alguma forma, salvar vidas, como padres e bombeiros. Enquanto os sacerdotes buscam salvar almas, bombeiros se dedicam a salvar corpos, o que não os isenta de estresse. Pelo contrário, os clérigos estão na categoria dos mais acometidos pelo esgotamento emocional, como veremos mais adiante. No entanto, qual é a razão dessa felicidade?

Essa pesquisa não a especificou. No entanto o tema é importante, porque dele dependem os demais aspectos relacionados à vida do padre e à sua vocação. Se o padre não se sente feliz, sua vida é atormentada e ele não poderá ajudar os outros, pois a felicidade e a satisfação com aquilo que faz são dois elementos fundamentais para a missão. Vimos que a maioria se sente identificada com sua atuação, que acompanha com alegria e entusiasmo a caminhada pastoral da diocese, que está satisfeita com o celibato, com a formação recebida, com o atual papa e com a remuneração que recebe (75,8%). Esses dados, cruzados com o percentual de padres satisfeitos com a "profissão" que escolheram, comprova a tese de que o clero é uma "categoria profissional" feliz.

Vem se somar a essa conclusão a apuração da pesquisa feita pelo padre norte-americano Stephen Joseph Rossetti, que resultou no livro *Por que os padres são felizes: um estudo da saúde psicológica e espiritual dos padres*[36]. O mote principal da referida obra é que, apesar de seus desafios e lutas, existe uma grande alegria em ser sacerdote, ainda que essa felicidade não seja explícita ou não seja divulgada. Rossetti lembra que os meios de comunicação não costumam divulgar a satisfação profissional dos padres, mas apenas as coisas negativas que acontecem na Igreja envolvendo seus sacerdotes. Numa entrevista de 2011, ele diz:

> Esse constante achado da felicidade nos sacerdotes continua sendo um segredo. Por quê? Primeiro, porque as boas notícias não são notícia. As tragédias e os escândalos enchem as capas, mas caras de sacerdotes felizes não. Em segundo lugar, porque a secularização da nossa cultura gera uma espécie de negativismo contra a religião organizada. Existe a crença secular de que praticar a fé deve ser algo restritivo e triste. Escutar que os sacerdotes estão entre as pessoas mais felizes é incrível. O fato da felicidade clerical é um desafio poderoso e fundamental para a concepção secular moderna[37].

Nossa pesquisa oferece indicativos das causas dessa felicidade com base nos dados já apresentados. Ela pode vir da suposta estreita relação do padre com Deus, de uma vida de oração e do cultivo da espiritualidade, que lhe traz paz interior, algo que profissionais de outras áreas talvez não tenham. Vimos que a maioria dos padres se confessa com frequência, que boa parte tem diretor espiritual, que todos os dias fazem a liturgia das horas ou ao menos parte dela. Mais adiante veremos que 95,1% fazem retiros espirituais e que 81,8% têm momentos diários de oração pessoal. Também veremos que uma parte significativa (33,6%) pertence a algum movimento ou usufrui de alguma fonte de espiritualidade. Esses dados confirmam a inferência de que a espiritualidade, a vida de oração e suas consequências são

---

36 Cf. Stephen Joseph Rossetti. *Why priest are happy. A study of the psychological and spiritual health of priest.*

37 Cf. Blog Rainha da Paz. Disponível em: https://carloslopesshalom.wordpress.com/2011/10/17/estudo-maioria-dos-padres-feliz-no-celibato/. Publicado por Carlos Lopes em 17 de outubro de 2011. Acesso em: 25 mar. 2021.

fatores que contribuem para o que os sacerdotes entendem por "felicidade".

Outro fator que contribui para a felicidade dos padres são as relações sociais. Quanto mais vida social um padre tem, mais feliz ele se sente. Padres que têm amigos são mais felizes, diferentemente dos que se fecham, se isolam ou não cultivam os amigos. Essas amizades saudáveis se dão, entre outros, com fiéis, com confrades e até mesmo com o bispo. A pesquisa mostrou, nesse aspecto, dados importantes que ajudam a comprovar a felicidade dos padres, como, por exemplo, que 84,2% se relacionam de maneira fraterna com os demais padres. Já com o bispo foram 64,9% que disseram ter um contato constante, o que indica um bom relacionamento.

Em outra questão, referente à participação em associações de presbíteros, 40,4% disseram que participam. Ainda no quesito "bom relacionamento", 79,8% disseram ter um relacionamento ótimo ou bom com os diáconos. Além disso, 76,4% disseram ter facilidade em trabalhar com outros padres. O mesmo vale para os trabalhos ecumênicos, visitas aos seminários, bom relacionamento com os seminaristas e com o bispo, entre outros relacionamentos sociais que ajudam a provar que a sociabilidade do padre é um contributo para a sua felicidade. Além disso, 91,5% disseram ter bons amigos e bom relacionamento com as pessoas em geral (95%). Se esses dados corresponderem à realidade, aqui pode estar uma das explicações para a felicidade dos padres. Por outro lado, há que se levar em conta motivos como estabilidade econômica e prestígio social, que pesam na balança na hora de avaliar esse quesito. A felicidade pode estar na soma dessas condições (espiritualidade, estabilidade e sociabilidade, entre outros) que a vida clerical tende a possibilitar. Essas constatações contribuem para a conclusão de que a sociabilidade é fator importante para a felicidade do padre. Quanto mais vida social o padre tem, maior a probabilidade de ele se sentir feliz. É claro que esse fator deve ser somado a outros, pois se o padre tiver apenas vida social, sem cultivar a espiritualidade e a vida de oração, esse comportamento pode indicar fuga ou subterfúgio para ocultar problemas pessoais.

Outro fator relevante está relacionado ao celibato e à afetividade. Nossa pesquisa revelou que esses mesmos padres que se dizem felizes estão satisfeitos com o celibato e bem-resolvidos afetivamente: 86,4% disseram ter excelente (22,3%), ótima (27,9%) ou boa (36,2%) satisfação com o celibato, e 51% indicaram nunca ter passado por crise vocacional. Quanto a dúvidas em relação à identidade afetivo-sexual, a grande maioria disse não tê-las.

Assim, por trás da batina há homens felizes. Tudo indica, portanto, que essa realidade não é exclusiva do Brasil, mas uma tendência da Igreja em geral. A pesquisa empreendida pelo padre Rossetti revelou que os sacerdotes católicos dos Estados Unidos também são de uma maioria jovem e feliz. Portanto, se esses dados não forem universais para a Igreja, pelo menos entre brasileiros e estadunidenses eles se revelam similares.

Um artigo de Tomer Urwicz, publicado pelo jornal *El País* em 1º de outubro de 2017 e reproduzido pela *Revista IHU* (Instituto Humanitas Unisinos), sobre os padres do Uruguai, confirma que nesse país eles estão entre as pessoas mais felizes. Diz a reportagem que, "Apesar de trabalharem jornadas de, em média, 14 horas e de receber um salário menor que o salário mínimo, eles asseguram que sua vocação é suficiente para se sentirem realizados. E não se queixam. Nove em cada dez reconhecem que sua renda lhes permite levar uma vida digna"[38]. Esse dado comprova mais uma vez que não é o dinheiro que confere felicidade. Quanto mais livre e desapegado o padre for, maior a probabilidade de ele ser feliz. No entanto, felicidade não tem sido um atrativo suficiente para a busca da vida sacerdotal. A escassez de vocações é latente naquele país. Diz a reportagem: "Cada vez menos os uruguaios optam por deixar os luxos, o sexo e as liberdades para se dedicar à transmissão da mensagem religiosa. Neste ano, só houve dois interessados. E nos últimos cinco anos, 36% dos sacerdotes 'abandonaram seu ministério', segundo a análise sociológica sobre o clero, coordenada por Pablo Guerra, pesquisador da Licenciatura de Relações Trabalhistas da UdelaR"[39]. Essa realidade não é diferente em boa parte do mundo, inclusive em algumas regiões do Brasil. Mesmo os padres majoritariamente se declarando felizes, a imensa maioria dos jovens prefere outras escolhas.

---

38 Cf. http://www.ihu.unisinos.br/78-noticias/572262-padres-uruguaios-ganham-pouco-e-ainda-assim-sao-os-mais-felizes. Publicado em 3 de outubro de 2017. Acesso em: 25 mar. 2021.

39 Cf. Idem.

Outro dado complementar revelado na pesquisa uruguaia, e que confirma os resultados de nossa pesquisa, é a predominância de um perfil mais conservador de vocacionados que estão ingressando nos seminários. Afirma Pablo Guerra: "[...] são os mais conservadores que estão entrando no sacerdócio, nos últimos anos. As pessoas mais progressistas, que antes encontravam sua aproximação com a justiça social através da religião, hoje estão se voltando para profissões mais próximas da educação e das ciências sociais"[40]. Esse é um perfil revelado também na presente pesquisa. Esses jovens padres felizes do Brasil também têm um perfil mais voltado às questões institucionais e doutrinais do que às causas sociais. Guerra diz mais: "Esta tendência fará com que se acentue ainda mais a distância entre leigos e consagrados. Não só isso: os mais jovens e, portanto, mais conservadores, estão buscando reafirmar sua identidade e voltando a utilizar símbolos religiosos"[41]. A felicidade de muitos desses padres está, frequentemente, na exterioridade dos símbolos e insígnias religiosas, incluindo os paramentos. Essa constatação serve para aprofundar a reflexão sobre os dados referentes à felicidade dos padres e outras afirmações correlatas que podem estar contidas naquela parcela de 1% que não soube responder se de fato é feliz ou não.

5. Retiro do clero: necessidade ou obrigação institucional?

Se a espiritualidade, somada a outros elementos, é fator relevante para a felicidade do padre, esse dado se confirma no quesito "retiros espirituais" – atividades coletivas, em geral afastadas da vida cotidiana do sacerdote, nas quais os sacerdotes católicos intensificam as orações e as reflexões doutrinais. Dos quase dez mil padres entrevistados, 94,8% disseram fazer e 4% responderam que às vezes fazem retiro. Apenas 1% disse não fazer e 0,2% não soube ou não quis responder.

Quanto à frequência, obtive as seguintes respostas: 72,9% fazem retiro uma vez ao ano; 20,6%, duas vezes ao ano; os demais (6%) deram outras respostas. Portanto, pelo menos uma vez ao ano a

---

40 Cf. Idem.
41 Cf. Idem.

maioria dos padres faz retiro. As dioceses comumente têm em seus calendários, previamente agendado, o retiro anual do clero, o que com certeza explica essa maioria de quase 73%. Vale ressaltar que o retiro do clero é obrigatório. Por ser obrigação para o padre e exigência do bispo, há sacerdotes que participam dos retiros sem efetivamente integrá-los. Há uma diferença entre participar e fazer parte. Portanto, é questionável se, de fato, 95,1% dos que disseram "sim" realmente fazem retiro, no sentido qualitativo da resposta.

O *Código de Direito Canônico*, no cânone 276, parágrafo 2, artigo 4º, afirma: "São igualmente obrigados a participar dos retiros espirituais, de acordo com as prescrições do direito particular". Ou seja, os padres são obrigados a participar de retiros por causa da sua condição sacerdotal, e os retiros espirituais são meios de buscar a santidade e exercitar a espiritualidade. Nesse sentido, o cânone citado diz, no início: "Em seu modo de viver, os clérigos são obrigados por especial razão a procurar a santidade, já que, consagrados a Deus por novo título na recepção da ordem, são dispensados dos ministérios de Deus a serviço de seu povo" (Cân. 276, §1). Nesse aspecto, o padre deveria dispensar todos os seus compromissos, pelo menos uma vez ao ano, para participar do retiro, sem que fosse necessária a "coerção" do bispo ou de qualquer outra autoridade.

Enfim, apurei também os dados de que 6% dos padres fazem retiro mais de duas vezes ao ano e 1,4% não faz retiro todos os anos. Essas condições para o retiro impostas pela Igreja são um indicativo de que, se ele não fosse obrigatório, não haveria essa porcentagem de adesão.

6. Padres que rezam

A maioria dos padres reza, mostrou a pesquisa. A oração é fundamental na vida de um sacerdote, porém, por mais que possa surpreender, nem todos se entregam à oração pessoal todos os dias. A pesquisa mostrou que 81,8% dos padres têm momentos diários de oração pessoal, mas que 16,4% às vezes rezam privadamente e 1,8% não faz nenhum tipo de oração pessoal. Mesmo que 81,8% rezem diariamente, o restante só o faz de vez em quando ou nunca. No entanto, se há padres que não celebram missa todos os dias (44,4%) e que não têm momento diário de oração pessoal, temos forte indício de que a vida de oração de parte considerável do clero brasileiro não anda muito boa.

Entretanto, contribuem para entender essas incompatibilidades as respostas dadas sobre a oração com a *Liturgia das horas*. Esses 16,4% são os que têm como momentos de oração diária tal obra. Enfim, essa pesquisa mostrou que a maioria dos padres brasileiros tem momentos diários de oração pessoal.

7. Fontes próprias de espiritualidade

A última pergunta sobre a espiritualidade procurou saber se o padre pertencia a algum movimento ou buscava alguma fonte de espiritualidade. A Igreja tem muitos movimentos de diferentes vertentes espirituais. Esse gradiente de matrizes e matizes religiosos faz com que a Igreja Católica seja *sui generis* em espiritualidade. Essa riqueza espiritual influencia o perfil dos padres.

Como a maioria é de origem rural, e o catolicismo rural está impregnado de práticas de devoção popular – como, por exemplo, romarias, novenas, reza do terço, bênçãos ou benzeduras, entre outras –, essa espiritualidade arquetípica aprendida na família não é de todo dissipada do imaginário do padre e, vez por outra, volta a aflorar. Ainda que ressignificada, essa espiritualidade primeva não perde de todo suas raízes, apesar de o padre obter novos paradigmas religiosos. Em vista disso, o perfil religioso do padre é resultado do misto de várias vertentes religiosas.

O Brasil ainda está entre os países com o maior número de católicos, apesar do avanço dos evangélicos e do crescimento do número dos que se declaram sem religião. Toda essa catolicidade contribui para que haja muitos movimentos e vertentes espirituais das quais boa parte dos católicos participa e se abastece espiritualmente, inclusive os padres. Entre os movimentos espirituais de maior destaque está a Renovação Carismática Católica (RCC), que em 2017 celebrou 50 anos de existência. De origem norte-americana e vertente evangélico-pentecostal, seu propósito, entre outros, é o de uma Igreja mais voltada para a espiritualidade de cunho intimista. Esse movimento de avivamento espiritual chegou ao Brasil como um contraponto à Teologia da Libertação, que ganhava espaço. Com a prática do batismo no Espírito Santo e profetizar através dos dons de línguas, o movimento de Renovação Carismática ganhou muitos adeptos no Brasil, inclusive entre os padres. E foram eles os responsáveis diretos por sua propagação, sendo que alguns se tornaram grandes influenciadores espirituais. O número de padres que pertencem a esse movimento (36%) é bastante expressivo. Além desse, há outros movimentos também consideráveis devido ao número de adeptos, como o Movimento dos Focolares, fundado pela italiana Chiara Lubich, em Trento, Itália, em 1943, corrente espiritual e social que chegou ao Brasil no início da década de 1960[42].

Entre os *carismas*, sobressaem os das congregações e ordens religiosas, das quais 22% dos padres participam, como, por exemplo, o carisma franciscano, o jesuíta e o carmelita, entre os mais tradicionais. Carisma, do grego *charis*, tem amplos significados, mas no sentido religioso do termo é um atributo espiritual específico, um conjunto de dons excepcionais de certas pessoas que se tornam influenciadoras espirituais de outras, como, por exemplo, as fundadoras de instituições religiosas, com perfis ou linhas espirituais específicas. Nesse sentido, entre os padres há um número significativo que participa de distintas fontes e movimentos espirituais ou se abastece deles. No entanto, quando foi perguntado se o padre pertencia a algum movimento ou frequentava alguma fonte de espiritualidade, a maioria (57%) disse que não. Apenas 15,3% disseram que sim e 9,4% responderam que o faziam às vezes, enquanto 18,3% não souberam responder.

Um dos dados que podem justificar o resultado de a maioria (57%) dizer que não pertence ou não frequenta movimentos espirituais é o fato de boa parte ser de padres seculares. Nem todo padre secular assume ter uma espiritualidade específica, resultado da adesão a um movimento, diferentemente dos padres regulares, que, pelo fato de pertencerem a um instituto, congregação ou ordem religiosa, naturalmente já têm uma fonte específica de espiritualidade. A espiritualidade do padre secular não é computada como espiritualidade de um movimento,

---

42 Esse movimento é considerado conservador (N. do E.).

embora tenha as suas peculiaridades, que nem sempre são passíveis de identificação ou catalogação.

Essa questão possibilitou que os padres citassem os movimentos e as fontes de espiritualidade a que pertenciam ou nas quais se abasteciam espiritualmente. Apareceu uma lista bastante extensa, da qual selecionei as mais expressivas. Entre elas, sobressai o movimento da Renovação Carismática Católica. Dos padres que disseram pertencer a algum movimento, 36% deles citaram esse, seguidos daqueles que indicaram a espiritualidade do próprio instituto (16%) e movimentos com espiritualidades marianas (8%).

O resumo do perfil da espiritualidade do padre brasileiro se configura da seguinte maneira: ele se confessa com certa frequência, mas não se submete a uma direção espiritual. Quanto à oração, reza por meio da liturgia das horas e espontaneamente. Faz retiro pelo menos uma vez ao ano, embora seja uma obrigação. Apesar de ter momentos diários de oração, não pertence nem participa de nenhum movimento religioso, nem de fontes de espiritualidade. Essa pesquisa revelou, portanto, que, além de felizes com a vocação, os padres brasileiros são homens de oração.

VI.

A saúde física e mental do padre brasileiro

Este capítulo reúne as respostas às questões relacionadas à saúde física e mental. Foi um dos blocos de questões mais polêmicas, pelo fato de tocar em assuntos delicados e pouco abordados entre o clero. Elas são tratadas de modo muito reservado na Igreja e, às vezes, nem são tratadas ou o são de modo superficial, sem a devida seriedade que o assunto exige. As razões para isso são diversas, entre elas o fato de que abordam situações de foro íntimo do padre. O número de sacerdotes com problemas de saúde, inclusive mental, que envolvem acompanhamento psicológico e tratamento psiquiátrico, é relativamente alto.

Questões de saúde mental dos clérigos são quase um tabu dentro da Igreja, embora muitas consequências dessas debilidades se tornem públicas. Quando isso ocorre, a instituição busca não expor publicamente a situação e nem a pessoa envolvida. Um exemplo com grande evidência e repercussão são os casos de pedofilia e suicídio. Além de crime, a pedofilia é também muitas vezes resultado de patologias mentais que precisam ser tratadas e acompanhadas desde muito cedo. Essa situação recebeu mais atenção por parte da Igreja depois que ocorrências dessa natureza vieram a público. Diante disso, o papa Francisco tomou medidas mais enérgicas. No entanto, até um passado bem recente, acontecimentos assim eram encobertos para evitar escândalos. Quando um padre estava envolvido nessa situação e o caso vinha a público, ele era transferido para outro lugar, sem que houvesse punição ou tratamento. Depois que o papa começou a tomar medidas mais rígidas e a cobrar dos bispos a mesma atitude, a pedofilia perpetrada por agentes da Igreja Católica passou a ser tratada com mais rigor, o que tem ajudado a coibi-la.

Mas não é somente esse o problema que envolve a saúde do padre. Há muitas outras situações, como, por exemplo, o alcoolismo, a obesidade e problemas mentais crônicos, que carecem da ajuda de profissionais e de medicamentos. Isso sem falar de outras circunstâncias de saúde física, como, por exemplo, diabetes e hipertensão arterial – esta é uma doença crônica, que atinge aproximadamente 20% da população. Essa porcentagem é alta também dentro do clero, acarretando outros problemas de saúde, como doenças cardiovasculares e derrame cerebral. Um número significativo dessas doenças está ligado à vida sedentária. Grande parcela dos padres passa a maior parte do tempo sentada, ouvindo pessoas, e em atividades que não exigem exercícios físicos, o que faz com que essa categoria esteja entre as mais sedentárias.

Sedentarismo não é necessariamente falta de trabalho, pois trabalho é o que mais tem um padre. Sedentarismo é falta, ausência ou diminuição de atividades físicas ou esportivas. O sedentarismo é considerado a "doença do século", por estar associado ao comportamento cotidiano decorrente da vida moderna. As facilidades fazem com que as pessoas reduzam os gastos calóricos. Esse fator, associado à pouca ou nenhuma prática de exercício físico, forma pessoas com hábitos sedentários. No caso dos padres isso se agrava ainda mais, pois ao sedentarismo está associada, muitas vezes, uma alimentação nem sempre regrada, com excessos, alimentos pouco saudáveis e horários inconstantes. O resultado dessas combinações faz com que boa parte do clero tenha problemas de saúde, que variam quanto à gravidade. Diante dessa realidade, foi importante mapear a saúde do padre. Nessa pesquisa, não foi perguntado diretamente se o padre tem ou não problemas de saúde, permitindo um diagnóstico bastante fiel dessa realidade.

Para traçar o panorama da saúde do padre foram aplicadas onze questões, que perpassaram toda a sua vida, do físico ao psicológico. Entre essas questões estão temas como exercícios físicos, periodicidade de acompanhamento médico, qualidade da alimentação, horários das refeições, plano de saúde, acompanhamento psicológico e psiquiátrico, relacionamentos de amizade e afetivos, doenças crônicas e dúvidas sobre a identidade afetivo-sexual que podem afetar o psicológico.

1. O sedentarismo e suas consequências

O clero forma uma das categorias com maior índice de sedentarismo, devido ao tipo de trabalho que desenvolve. A maior parte das atividades, como atendimento de confissões, direção espiritual, trabalhos técnicos e burocráticos e até mesmo as demais funções sacramentais, é classificada como sedentária porque não requer atividades físicas. Muitas delas são desenvolvidas de modo que resultam em gasto calórico reduzido. No caso dos padres, mais da metade deles disse fazer algum tipo de exercício físico (55,1%), mas esse ainda é um número baixo, em se tratando de pessoas relativamente jovens, pois o restante, 44,9%, ou não faz nenhum tipo de atividade física (20,1%) ou faz às vezes (24,8%). A porcentagem de 20,1% de padres que não mantêm nenhum tipo de atividade física preocupa, pois a consequência desse índice de sedentarismo se reflete em algum tipo de doença que afeta direta ou indiretamente o ministério do padre e a Igreja. É bom lembrar, por outro lado, que a intermitência ("de vez em quando") da prática de esportes ou de alguma atividade física, como a caminhada, não é suficiente para retirar a pessoa do sedentarismo. Este só é combatido com práticas disciplinadas, constantes, regulares.

Os 55,1% dos padres que fazem regularmente exercícios físicos não disseram quais seriam eles, mas em conversas coletei algumas informações a esse respeito. A maior parte deles disse fazer caminhadas de aproximadamente uma hora ao dia, quatro ou cinco dias por semana. O perfil etário varia entre 45 e 65 anos. Outra parcela, mais jovem, disse frequentar academias de musculação, e uma pequena parte disse se exercitar em casa. Estes últimos são os mais idosos.

Entre os mais idosos e os de meia-idade, a maioria tem em casa algum aparelho para se exercitar, como esteira, simulador de caminhada ou bicicleta ergométrica, embora nem todos façam uso desses equipamentos. Alguns disseram que adquiriram o aparelho, mas que nunca o usaram ou usaram uma ou duas vezes e o abandonaram por indisciplina.

Pude observar que boa parte dos padres jovens que frequentam academias está mais preocupada com a estética do que com a saúde propriamente dita, comportamento similar ao de outras pessoas na mesma faixa etária que frequentam esses espaços. Alguns exibem os músculos adquiridos na academia, usando vestes que salientam ou deixam à mostra a musculatura hipertrofiada. Todos os entrevistados que frequentam academias disseram tomar suplemento, e alguns confessaram tomar algum tipo de anabolizante. É importante ressaltar que, para tomar suplementos alimentares sem prejuízo da saúde, é preciso recomendação médica ou de nutricionista. A maioria dos padres que disseram tomar suplemento me assegurou que o fazia por recomendação profissional. Porém, alguns afirmaram tomar por recomendação de amigos, do *personal trainer* ou por conta própria.

No entanto, é comprovado que o uso de anabolizantes tem efeitos colaterais que vão desde acne e queda de cabelo até problemas de saúde bem mais sérios, como distúrbios da função hepática (hepatite, cirrose, esteatose hepática, entre outros) até tumores no fígado ou em outras partes do corpo. Além disso, médicos alertam para mudanças comportamentais, como agressividade, paranoia, alucinações, psicoses, entre outros distúrbios que indicam que o uso do produto afetou ou está afetando a parte neurológica. Apesar desses alertas, há quem não se preocupe com esses riscos, recorrendo a esses produtos a fim de obter rápida mudança na estética corporal. Com padres que lançam mão desses medicamentos não é diferente. Embora sejam minoria, os que se comportam dessa maneira são de fácil localização nas redes sociais.

A prática de exercícios físicos como meio de cuidar da saúde não é consenso entre os padres, seja porque nem todos têm tempo ou condições de se exercitar, seja porque não querem por achar que exercício físico é secundário. Há padres tão empenhados nos trabalhos que não reservam tempo para cuidar da saúde, sobretudo

Operários da fé

para se exercitar fisicamente. Em conversa com alguns, ouvi que exercício físico não era prioridade, e ainda desaprovavam aqueles que se dedicavam a tais práticas. Todavia, é preciso que o sacerdote esteja bem fisicamente para poder desempenhar melhor seu ministério. Por essa razão é preocupante o fato de 20,1% dizerem não praticar nenhum tipo de atividade física.

A pesquisa mostrou que os padres, apesar de estarem numa faixa etária na qual deveriam ter preocupação com a prática regular de exercícios físicos, não são muito adeptos desses cuidados com a saúde, como também não têm muita preocupação quando se trata, como veremos a seguir, de alimentação e de visitar regularmente o médico.

2. Como os padres cuidam da saúde

Outra questão apresentada foi sobre acompanhamento médico periódico. Foi perguntado se os padres têm esse cuidado com a saúde. Fazer exames médicos periódicos é uma medida preventiva que ajuda a detectar doenças quando elas estão ainda no início, e isso facilita o tratamento e aumenta as chances de cura ou de controle da enfermidade, possibilitando que se tenha uma vida mais saudável. No entanto, não são todos os padres que têm essa preocupação. Muitos, devido ao excesso de trabalho, ou por descuido mesmo, acabam por não tomar essas precauções e só procuram o médico quando uma doença já se manifestou.

Há certas doenças que são detectadas somente mediante exames clínicos, sobretudo aquelas silenciosas, como hipertensão arterial, alterações nos níveis de colesterol e triglicérides, mal de Alzheimer, hepatite C, HIV/aids, disfunções na tireoide, osteoporose, anemia, diabetes tipo 2, glaucoma, entre outras. Algumas não têm idade certa para surgir, podendo aparecer em pessoas bastante jovens, e, por serem silenciosas, levam anos para se manifestar; outras aparecem depois dos 50 anos e só vão se manifestar bem mais tarde, quando já estão em estágio avançado. Todas essas, no entanto, não costumam manifestar sintomas de imediato, e a pessoa só saberá que é portadora por meio de exames médicos ou laboratoriais. A maioria dessas e de outras doenças, quando detectadas no início, é de fácil tratamento, mas nem todos têm essa consciência. O câncer de próstata, por exemplo, se detectado no início, e feitos os devidos procedimentos médicos, tem alto índice de cura, mas muitos padres, movidos pelo preconceito ou imobilizados por descuido, não têm o hábito de procurar o médico para esse tipo de exame.

Mesmo sendo uma categoria supostamente mais esclarecida, é comum encontrar padres que, por não sentirem nada que indique enfermidade, não fazem exames médicos periódicos ou mais acurados. Esse descuido leva muitos padres a desenvolver doenças que se tornam crônicas ou que não apresentam possibilidade de êxito no tratamento. Muitas dessas enfermidades que causam mortes entre os padres poderiam ser retardadas e até evitadas com bons hábitos de vida e acompanhamento médico periódico. E não é por falta de recursos, porque 91,4% dos sacerdotes católicos têm plano de saúde.

Quando perguntado aos padres se eles fazem acompanhamento médico periódico, 65,9% disseram que sim; 21,4% disseram que às vezes e 12,7% afirmaram que não. Por se tratar de padres na sua maioria jovens ou de meia-idade, esse índice pode parecer estar dentro da média esperada, porém, pelo fato de a imensa maioria possuir algum plano de saúde, ele deveria ser mais alto. Esse dado confirma aquilo que na prática é comum para a maioria das pessoas, tendo ou não plano de saúde: esperar sentir alguma coisa para procurar o médico. Exames de rotina ainda não são uma prática muito comum entre os padres, embora a maioria tenha dito que faz exames periódicos. O índice de 12,7% de clérigos que não vão ao médico regularmente pode representar os mais jovens, os que estão na faixa etária de até 34 anos, que corresponde a 15,6% dos padres.

Constatações de campo mostram que a doença mais comum entre padres é o estresse ou as derivadas dele. O estresse não é uma doença, mas ele pode desencadear patologias, uma vez que é a resposta orgânica a um estímulo. Quando estressado, o corpo entende que está sob ataque e muda sua forma de responder, que pode ser entendida como "lutar ou fugir", liberando assim uma mistura complexa de hormônios e substâncias químicas, como adrenalina, cortisol, norepinefrina, para preparar o corpo para a ação física. Longos períodos nessas condições podem ser prejudiciais à saúde, desencadeando disfunções que terão como consequência enfermidades das mais variadas. Embora possa não parecer, os padres lidam com muitas situações que geram estresse, como dificuldades no trabalho pastoral e na vida diária, envolvimento com problemas de outras pessoas, buscando ajudá-las, cobranças de toda ordem, exposição à violência direta ou indireta, aos conflitos sociais etc. Há muitas exigências sobre a figura do padre, sobretudo por aquilo que ele representa, e nem sempre ele consegue responder a essas expectativas e exigências, gerando estresse. Não são todos os padres que conseguem carregar o peso da batina sem se estressar, e nem todos entendem que por trás da batina há um homem com fragilidades. Muitos acabam por exigir de si mais do que conseguem oferecer. Por essa razão, os padres estão entre as categorias mais estressadas, física e psiquicamente, e isso acarreta outras doenças. Não é incomum encontrar padres com alto grau de esgotamento emocional (síndrome de Burnout), ficando impossibilitados de responder às excessivas demandas e responsabilidades que recaem sobre eles.

Outro dado preocupante é o número de padres que cometem suicídio. Vamos tratar disso mais adiante, quando avaliarmos a saúde mental do sacerdote. Esse tema é tabu dentro da Igreja, mas é indício de que alguma coisa não vai bem quanto à saúde física e mental do clero.

3. A qualidade da alimentação do padre

Quem é que nunca ouviu a expressão "O peixe morre pela boca"? Ela é muito comum e faz referência a duas situações: o descontrole da língua, falando o que vem à cabeça, com as consequências da fala imprudente; e os danos à saúde acarretados pelo que se come. Refiro-me aqui a essa segunda compreensão, pois está comprovado que a qualidade de nossa saúde depende em grande parte daquilo que comemos. Além dessa expressão, há outras que se referem diretamente à alimentação do sacerdote católico, como, por exemplo, "comer como um padre". Esse dito popular tem uma de suas origens no fato de que famílias, em algumas regiões do Brasil, ofereciam mesa farta aos padres após uma árdua jornada de trabalho em jejum eucarístico ou em outras situações. Os padres, nessas ocasiões, refestelavam-se, deixando aquela impressão de comilões, que mais tarde seria reforçada pela mídia e pelos ditos populares, com piadas que aludem à figura do padre como alguém que come em demasia. Aliada a essa ideia vem a imagem do padre com barriga saliente, associada a expressões como "barriga de padre", "cemitério de galinha", entre outras que fazem alusão a glutonarias atribuídas ao clérigo católico, que, apesar de pregar contra o pecado capital da gula, é descrito no folclore como alguém guloso.

A literatura também não poupou o padre dessa pecha e contribuiu para reforçar sua imagem de comilão. O clássico romance *O crime do padre Amaro*, de Eça de Queiroz, traz logo em seu primeiro capítulo a referência a um pároco comilão.

Imagens como essas ainda permanecem no imaginário de católicos dos mais distantes rincões do Brasil, servindo de chiste para rotular pejorativamente a figura do padre. Embora haja clérigos que contribuem para que essa imagem se confirme, a maioria não se enquadra nesse perfil caricato. Piadas à parte, a alimentação do padre é assunto sério e fez parte de nossa pesquisa, buscando mapear a saúde do clero. Portanto, temos aqui a alimentação dos padres vista por eles mesmos.

Alimentar-se de forma saudável e equilibrada é fundamental para garantir uma boa qualidade de vida, e o padre precisa estar bem para poder responder aos desafios da missão, sobretudo a de ajudar outros espiritualmente. Se o padre não estiver bem física e psicologicamente, ele terá mais dificuldade de ajudar os outros. Por esse motivo, uma boa alimentação ajuda na missão. Ela fornece energia e bem-estar geral, previne e ajuda a combater doenças, mantém o peso corporal saudável e ajuda a ter um bom desenvolvimento físico, fatores que muito contribuem para o bom desempenho pastoral.

Muitos pensam que todos os padres se alimentam bem, mas isso é lenda. Porém, aqueles que se alimentam mal não o fazem por falta de condições, porque comida não lhes falta – o que falta é bom senso na forma de se alimentar, às vezes por descuido mesmo, por não terem aprendido a cuidar da própria saúde, ou por distúrbios alimentares. A maioria dos padres não tem quem os oriente a se cuidar. O fato de a maioria viver só, e com muitas preocupações pastorais, acaba por levá-los ao descuido com a alimentação e com a saúde, ou a desenvolver distúrbios como, por exemplo, compulsão alimentar, que pode ser sintoma de ansiedade, ou anorexia, transtorno relacionado a problemas emocionais.

Boa parte dos padres tem alimentação inadequada; consomem sanduíches, comida com excesso de gordura, açúcares, produtos enlatados e embutidos, sem contar outros que contribuem para deteriorar a saúde, como refrigerantes e bebidas alcoólicas. Tudo isso, somado à falta de exercício físico, acarreta problemas de saúde que prejudicam a vida pessoal e ministerial, ou até mesmo levam à morte. Além de a alimentação não ter sido classificada como ótima pela maioria, parcela significativa disse não ter horário fixo para as refeições (24,2%). Quando perguntados sobre a qualidade da alimentação, apresentando cinco alternativas, 18,5% dos padres disseram que sua alimentação era de ótima qualidade; 61,2% disseram que a qualidade era boa; 19%, regular; 1% disse que a qualidade da sua alimentação era ruim e 0,5% não soube ou não quis responder.

A questão apresentada não se estendeu de modo conceitual. Não foi pedido ao padre que descrevesse o que ele entendia por boa ou má alimentação. Portanto, os conceitos aplicados podem variar de acordo com o informante, e nem sempre o termo ótimo está relacionado a uma alimentação saudável. Para alguns, comer carne gordurosa frequentemente pode ser ótimo, enquanto fonte de prazer, já para outros pode ser ruim. Comida saborosa não significa necessariamente alimentação saudável. Aqui se trata, portanto, da percepção do sacerdote quanto à sua alimentação, significando que a imensa maioria está satisfeita com ela.

Além disso, o tipo de preparo e a qualidade dos alimentos também ajudam nas variantes desses conceitos. É importante lembrar que comer com qualidade não é comer desregradamente ou consumir produtos caros ou de marcas renomadas, mas ter alimentação balanceada, sem muita adição de produtos nocivos à saúde e com orientação de nutricionistas, o que não é o caso da maioria dos padres. Isso se revela no alto índice de clérigos acima do peso ou até mesmo obesos – o sobrepeso, inclusive, é um aspecto que sobressai entre os padres, inclusive os mais jovens. O sedentarismo já citado, somado a uma alimentação desregrada e de má qualidade nutricional, faz com que boa parte dos padres esteja acima do peso, com destaque para o acúmulo de gordura na região da barriga, formando a chamada "barriga de padre". De acordo com pesquisas[43], as categorias com mais gordura abdominal são, em primeiro lugar, os caminhoneiros e, em segundo, os padres. Esse é um indicativo de que os sacerdotes não estão se alimentando com qualidade nem se exercitando como deveriam, fatos que, somados, incorrem em doenças e, consequentemente, afastamento da função.

Um cardápio balanceado fortalece o sistema imunológico, melhora o humor e a memória, reduz o cansaço e o estresse, aumenta a qualidade do sono, previne o envelhecimento precoce da pele, melhora o sistema digestivo e fornece disposição e mais energia para as atividades diárias. Porém, não é incomum encontrar padres que estão constantemente gripados ou com sintomas de resfriado, mal-humorados, com problemas de memória, cansados, estressados, dormindo mal e dependendo de soníferos. Alguns demonstram ter mais idade do que realmente têm, de tão desgastados que estão. Esses sintomas, sinais e situações são também indicativos de uma alimentação sem qualidade. No entanto, "comer como um padre" nem sempre significa comer com qualidade, mas em quantidade. Há no imaginário, reforçado pela mídia, por meio das novelas, a ideia de que padre come muito. Os atores que interpretam padres nesses folhetins costumam apresentar uma imagem caricata do sacerdote, cômico e glutão. Pinturas como as do artista italiano Alessandro Sani ajudaram a reforçar a imagem do padre comilão. Nelas, os padres não são apresentados em cenas de contemplação, oração ou de serviço a Deus, mas em situações de comilança. Muitos de seus quadros são sátiras à vida doméstica dos padres e frades, como a usada por uma marca de chocolate em pó, em cuja embalagem aparecem dois frades raspando uma panela e lambendo os dedos com expressão de prazer. Além disso, os conventos são famosos por suas iguarias. Muitas receitas renomadas surgiram dentro deles, também conhecidas como receitas conventuais, sobretudo as oriundas de Portugal. Tudo isso ajudou a reforçar a ideia de que os padres mais comem do que rezam.

---

43 Cf. *American Journal of Preventive Medicine*. Nova York, v. 46, edição 3, p. 237-248, março de 2014.

Alessandro Sani, *Il piatto favorito*

Com esse estereótipo, os padres se deparam com constantes convites dos fiéis para almoços e jantares, e as famílias que os convidam buscam lhes oferecer o melhor que têm e em grande quantidade, quando isso é possível. Se o padre não tiver controle da sua alimentação, estará sempre com sobrepeso, porque comida é o que não lhe falta em casa. E também nas casas daqueles que os convidam para refeições, e estas nem sempre com horários regulares, o que é outro problema.

Uma alimentação ótima deveria ser saudável. Talvez devesse ter perguntado se a quantidade da alimentação era saudável, em vez de perguntar sobre a qualidade. Alimentação ótima, por exemplo, deveria ser na quantidade certa, sem exagero e sem exclusões, e com alimentos que forneçam ao corpo proteínas, carboidratos, gorduras, fibras, cálcio, vitaminas e outros minerais na dose certa. Alimentação orgânica e bem-preparada. Será que os 18,5% dos padres que responderam que sua alimentação é ótima levaram em consideração esses critérios? E os 61,2% que a classificaram como boa, contabilizaram esses quesitos?

Percebo, por meio de observações em campo, que a qualidade da alimentação dos padres nem sempre se enquadra no conceito de alimentação saudável, mas de alimento em quantidade e saboroso, o que é um incentivo a comer mais do que se deveria. Além disso, o consumo de enlatados, embutidos e produtos artificiais é muito comum. Queijos, salames, vinhos e outras bebidas alcoólicas também não costumam faltar na mesa. Além dos refrigerantes, sempre presentes, outros complementos nada saudáveis também aparecem, como batata frita, maionese, doces etc. Além do mais, nem todos levam em conta que a diversidade de grãos, verduras, legumes e frutas deve fazer parte das refeições do dia a dia e acabam por exagerar no consumo de carnes, sobretudo carne vermelha. E, para piorar, nem sempre têm horários fixos para as refeições, sobretudo à noite e nos fins de semana.

Se há certa preocupação com a qualidade dos alimentos e com seu preparo, deveria haver também com o horário das refeições. Porém, nem todos os padres têm essa preocupação ou possibilidade de fazer as refeições no mesmo horário. Embora a maioria (75,8%) tenha dito que tem horário fixo para isso, uma parcela (13,1%) disse que apenas às vezes faz refeições no mesmo horário, e outra parcela, também relevante (11,1%), apontou inconstância nas horas reservadas para se alimentarem. Somando essas duas últimas parcelas, temos 24,2% dos padres que não têm hora certa para comer – ou seja, quase um quarto deles.

Já é comprovado que fazer refeições todos os dias no mesmo horário ajuda a manter uma boa saúde, fazendo com que o metabolismo funcione melhor, o que também contribui para equilibrar o peso, uma vez que o horário das refeições está atribuído ao nosso relógio biológico. Não ter horário fixo para se alimentar atrapalha o metabolismo e os processos naturais do organismo, favorecendo o acúmulo de gordura e o desenvolvimento de doenças.

Além disso, nutricionistas recomendam não atrasar muito as principais refeições, como o café da manhã, o almoço e o jantar. Pelo fato de boa parte dos padres estar acima do peso, reforça-se a tese de que fração considerável deles não mantém fidelidade aos horários das refeições, apesar do percentual de 75,8% dos que têm horário fixo para elas.

Diante desse quadro, é preciso indagar sobre as razões que levam a essa porcentagem significativa de padres que têm horários irregulares de refeições. Isso talvez se deva a alguns fatores constatáveis *in loco*. A rotina do padre, sobretudo nos fins de semana, ratifica essa afirmação.

O almoço de domingo dos sacerdotes católicos nem sempre é no mesmo horário, pois boa parte almoça na casa de paroquianos e amigos, em hora incerta.

Durante a semana é mais comum o jantar dos padres – quando jantam – não ter hora, pois na maioria das paróquias as noites são reservadas a reuniões, formações e outras atividades que nem sempre têm momento certo para terminar. À noite não costuma ter cozinheira na maioria das casas paroquiais e dos conventos, o que contribui para que o padre improvise o jantar ou faça apenas um lanche em horas incertas.

4. Os padres têm plano de saúde?

A pesquisa mostrou algo que até um passado bem recente não era muito comum no clero brasileiro: ter plano de saúde. Um percentual próximo da totalidade (91,4%) disse possuir um – o que, no Brasil, certamente coloca essa categoria profissional entre as que mais contratam esse tipo de serviço.

Os planos de saúde dos padres geralmente são feitos na modalidade empresarial, ou seja, cada diocese, instituto, congregação ou ordem religiosa contrata o plano de uma empresa que oferece assistência médico-hospitalar em clínicas e hospitais particulares conveniados. A escolha dessas empresas varia de acordo com vários critérios, que vão desde valores, cobertura oferecida, área de atendimento, entre outros, que definem o fechamento do contrato. O pagamento é feito geralmente pela diocese ou instituição religiosa à qual o padre pertence, pagamento que depois é restituído a ela pela paróquia em que o sacerdote atua. A maioria desses convênios é paga pela paróquia e não pelo padre. São poucos os clérigos que pagam plano de saúde por conta própria.

5. Acompanhamento psicológico

Desde o início da formação, os candidatos ao sacerdócio católico são aconselhados a fazer acompanhamento psicológico, tendo em vista que isso os ajuda em vários aspectos, inclusive no discernimento vocacional. Porém, nem todos os seminaristas fazem esse acompanhamento, embora os formadores procurem encaminhar a profissionais os casos em que as necessidades são mais evidentes. No entanto, após a ordenação, boa parte dos que antes faziam acompanhamento psicológico deixa de fazê-lo, por vários motivos: por considerá-lo desnecessário; por falta de tempo; porque passam a ter intensas atividades pastorais; porque, a partir de então, não há mais a figura do formador ou reitor motivando-o a fazê-lo; por simples acomodação. Entretanto, isso não significa que o padre não necessita dessa ajuda. Diante dos desafios que ele enfrenta no dia a dia e das renúncias que precisa fazer, muitas vezes o acompanhamento psicológico se torna de suma importância.

A pesquisa quis saber se o padre já fez ou faz acompanhamento psicológico: 43,4% disseram que sim e 56,6% responderam que não. Mesmo sendo menos da metade, 43,4% é uma porcentagem significativa, que não pode ser ignorada. Esse dado pode indicar duas probabilidades. A primeira: essa parcela bastante expressiva, não muito distante da metade dos padres brasileiros, se preocupa com a saúde mental e procura acompanhamento psicológico. A segunda indica que essa parcela talvez tenha apresentado desequilíbrios e inconstâncias de ordem emocional ou psicológica e precisa da ajuda profissional. No entanto, ambas sugerem que o padre precisa de acompanhamento psicológico. Porém, nem todos conseguem entender que não basta o equilíbrio espiritual, pois dele é inseparável o equilíbrio emocional.

O campo religioso é fértil para manifestações de desequilíbrio, e os padres não estão isentos dessa problemática. Não é difícil encontrar sacerdotes com desequilíbrios espirituais, pregando condutas que derivam de suas mentes doentias, e não das indicações ou da doutrina da Igreja, embora afirmem falar em nome dela e de Deus. Basta uma visita superficial às redes sociais para encontrar vários desses perfis. Alguns já excomungados pela Igreja, mas que continuam se identificando como padres, contando inclusive com uma legião de seguidores. Outros, mesmo sendo padres incardinados, contestam a postura da Igreja, ou seja, dos bispos e do papa, mas se dizem porta-vozes da instituição e arregimentam muitos seguidores, sobretudo virtuais.

Entretanto, essa parcela de 43,4%, apesar da vida um tanto quanto agitada devido aos compromissos pastorais, cobranças e tantas responsabilidades, reconhece que o acompanhamento psicológico se faz necessário. Com isso, o padre encontra possibilidades de compreender os seus sentimentos e comportamentos conscientes e inconscientes, além de trabalhar questões delicadas, que, se não contempladas, aflorarão de alguma forma e poderão prejudicar sua vida pessoal e sacerdotal. Desse modo, o acompanhamento psicológico pode resultar em benefícios para o exercício da missão e para a sua vida pessoal. Não há dúvida de que o acompanhamento psicológico é uma forma de autoconhecimento e ajuda a superar barreiras para que se tenha uma vida mais integrada e equilibrada, algo que se espera de um padre. Não é por acaso que, quando algum sacerdote católico manifesta desequilíbrio publicamente, pode resultar em escândalo, pois se espera do padre autodomínio em todos os aspectos.

Poucos sabem que os padres, em sua maioria, estão envolvidos em uma rotina difícil, em situações de ansiedade e de relação próxima com as dores de outros, com problemas que os atingem de alguma forma, e fazer terapia ajuda a diminuir toda essa tensão que recai sobre eles. Quando o padre deixa o confessionário, ele sai "curvado" com o peso dos pecados alheios, e não são todos que conseguem lidar com esse peso sem assimilá-lo para si, sobretudo se estiverem, pessoalmente, passando por situações difíceis. Os que não conseguem lidar com essas situações acabam por ter problemas psicológicos em algum momento, e nesse sentido a ajuda profissional é fundamental para aliviar essa carga, que nem sempre é dele, mas que tomou para si de alguma forma. Por outro lado, há os que precisam lidar com seus próprios fantasmas, mas não conseguem fazê-lo sozinhos, mesmo sendo homens de Deus, experimentados na dor e, em tese, preparados espiritualmente. Esses precisam buscar ajuda de profissionais da psicologia ou da psiquiatria. Há ainda os que vão estudar psicologia na tentativa de resolver seus próprios problemas, mas nem sempre têm êxito.

Por mais que externamente a vida do padre pareça um mar em calmaria, na prática as coisas não são bem assim. O mar que um sacerdote navega é muitas vezes tempestuoso, e passar por situações adversas e estressantes, como as que muitas vezes ocorrem nas paróquias, faz com que o clérigo esteja em contato constante com diversas facetas de sua personalidade, inclusive suas fragilidades.

Outro benefício que o acompanhamento psicológico possibilita é a gestão de pessoas. O padre lida o tempo todo com elas, escuta seus problemas e busca orientá-las da melhor maneira. A maioria dos que procuram o sacerdote vai para falar de problemas, e ele precisa estar bem para ouvir e orientar a pessoa. Uma das principais habilidades que o padre precisa ter é saber lidar com os problemas daqueles que o procuram. É importante lembrar sempre que os clérigos são seres humanos que lidam com as dores de outros seres humanos, não são super-homens.

Existe a crença de que padres não precisam de ajuda psicológica, e há sacerdotes que assim creem, deixando a saúde mental de lado. Porém, devido à carga emocional do trabalho, eles estão mais suscetíveis a danos psicológicos. Se o padre não consegue resolver seus próprios problemas, como conseguirá resolver os dos outros? Durante o atendimento, seja direção espiritual ou confissão, é comum a pessoa se abrir e revelar problemas não apenas espirituais, mas familiares e de foro íntimo, questões envolvendo a sexualidade e outras, para as quais o sacerdote precisa estar preparado e equilibrado para ouvir e ajudar. Padres costumam ouvir casos de enfermidades graves, abortos clandestinos, estupros, incestos, assassinatos, práticas perversas contra a própria pessoa e contra terceiros, roubos, pedofilia, zoofilia, relatos de possessões, de desvios éticos e morais, e precisam manter-se equilibrados e prontos para ajudar.

O clérigo católico ainda continua sendo aquela pessoa que é procurada quando se está passando por dificuldades. Quando uma pessoa o procura, ela sabe, ou ao menos espera, que pode se abrir com ele, dividir suas angústias, suas preocupações, e em troca ouvir um conselho e voltar para casa aliviada, mais encorajada. A promessa de sigilo e o respeito que a pessoa recebe quando se confessa ou conversa com o padre facilita muito para que ela se sinta à vontade. A ajuda do padre, além da absolvição dos pecados, consiste num ombro amigo para ouvir desabafos e oferecer uma palavra de conforto. Para que isso aconteça, porém, o padre precisa estar bem consigo mesmo.

6. Problemas psiquiátricos e suicídio

É delicado tratar de temas como esses, mas são um assunto necessário se se quer conhecer o perfil dos padres brasileiros e ajudá-los de alguma forma, sobretudo diante dos casos de suicídio no interior do próprio clero. A maioria desses fatos, por várias razões, não se torna pública, mas é uma realidade. Na pesquisa que fiz com formulário online, foram vários os padres que disseram que já pensaram, alguma vez, em tirar a própria vida.

É fato que há número significativo de padres que recebem ou que precisam receber acompanhamento psiquiátrico e que fazem uso de medicamentos específicos para esse fim, mas esse dado não é divulgado e não é analisado nos moldes nem na dimensão em que é tratado aqui, pois não são informações fáceis de obter – nem há interesse nisso. Em âmbito nacional, é a primeira vez que essa situação é demonstrada, e, mesmo assim, ela está longe de explicitar o real quadro de padres que sofrem com distúrbios psiquiátricos, porque muitos casos, por inúmeras razões, não foram aqui alcançados. E cada diocese e as diversas instituições religiosas têm o seu quadro de padres com distúrbios. Nesta pesquisa aparecem apenas aqueles que quiseram citar sua condição. Sendo assim, obviamente, os casos mais graves ficaram de fora – como, por exemplo, os que estão internados para tratamento e os que estão recolhidos nos conventos, sem participação eclesial. Em se tratando de casos que levaram ao suicídio, é mais difícil ainda, pois obviamente só foi possível coletar dados a partir de terceiros, de padres que conviveram ou convivem com colegas suicidas.

Mesmo assim, obtive dados importantes, e eles de alguma forma refletem a problemática, mesmo sendo apenas um panorama genérico da situação. Quando perguntado aos padres se eles fazem ou já fizeram acompanhamento psiquiátrico, 90,4% disseram que não e 9,6% disseram que sim. No entanto, tendo em vista o que assinalamos antes, podemos perguntar: será que esses 90,4% que disseram nunca ter feito acompanhamento psiquiátrico não o fazem porque não necessitam ou por outros motivos? Não é pelo fato de nunca ter feito um acompanhamento dessa natureza que se comprova a desnecessidade de fazê-lo, pois ter consciência dos seus próprios distúrbios nem sempre é fácil. Além disso, há muitos outros fatores que podem ser empecilhos para acompanhamentos e tratamentos dessa natureza.

A maioria não assume ou não sabe que padece de certos distúrbios psiquiátricos. No entanto, a prática ministerial e pastoral, o convívio e outras situações vão mostrando que a porcentagem de padres com certos distúrbios é bem maior que os 9,6% captados pela pesquisa. Isso sem contar aqueles que estão com distúrbios avançados, que nem condições de responder à pesquisa tiveram, os que, como já foi dito, estão internados em hospitais psiquiátricos ou que vivem nas dioceses e nos conventos, em tratamento, sem condições de convívio social. Mesmo assim, podemos inferir que, entre essa maioria que disse não fazer acompanhamento psiquiátrico, estão muitos que não o fazem por outros motivos, entre eles, os que têm distúrbios leves ou que os têm, mas são classificados como "normais". Vou trazer aqui algumas informações que mostram que a realidade é bem mais complexa do que os dados estatísticos permitem perceber. Antes, porém, a título de balizamento da questão, faço algumas definições conceituais da problemática e trago alguns tipos de distúrbios que são mais comuns entre padres, cujos graus de gravidade variam bastante. São constatações pessoais, em campo.

De acordo com profissionais da área, os distúrbios ou doenças psiquiátricas são conceituadas como uma condição de anormalidade de ordem psíquica, mental ou cognitiva, e podem ter causas determinadas ou não. Saber as causas ajuda no tratamento ou acompanhamento, e quem pode diagnosticar essas causas são os médicos e psicólogos, embora os distúrbios sejam perceptíveis sobretudo para quem convive com o portador deles.

Em muitos casos, tais distúrbios ou doenças, além de provocar comorbidades em diversos órgãos do corpo – devido à redução da defesa imunológica –, afetam a vida pessoal, profissional e social e, no caso do padre, a vida ministerial e de convivência pastoral. Esta última, a convivência, é uma das mais desafiadoras na Igreja, uma vez que tem como propósito a vida comunitária, e conviver com alguém que sofre distúrbios dessa natureza não é nada fácil. Às vezes o problema é de grau leve e só é perceptível nessa instância de convívio cotidiano, pois é nessas condições que os problemas afloram e se tornam mais visíveis, dificultando a relação fraterna. Boa parte dos desentendimentos e desgastes dentro das paróquias, das casas paroquiais e dos conventos se dá pelo fato de haver nelas padres com algum distúrbio psiquiátrico ou transtorno mental.

Os transtornos psiquiátricos geralmente estão vinculados a questões de herança genética, alterações bioquímicas da produção de neurotransmissores cerebrais e problemas hormonais. Alguns também podem ser desencadeados pelo uso de substâncias tóxicas, que não necessariamente são drogas ilícitas, como, por exemplo, uso excessivo de álcool. Podem também estar relacionados ao desajuste emocional influenciado pelo estilo de vida ou por experiências traumáticas não resolvidas. Não é incomum, por exemplo, encontrar padres com distúrbios psiquiátricos causados por abusos de diversas naturezas sofridos dentro de conventos ou em outras fases da vida.

Ouvi relatos de padres mais velhos que disseram ter sido abusados no seminário, quando crianças ou adolescentes. Antigamente era comum, sobretudo nas congregações e ordens religiosas, mas também nas dioceses, ter a manutenção dos chamados "seminários menores", que recebiam crianças e adolescentes. O índice de evasão era muito grande, pois a maioria não estava ali por vocação, mas porque os pais não tinham condições de oferecer estudo, deixando-os aos cuidados dos padres. Longe do olhar dos pais, e sendo "disciplinadas" por sacerdotes celibatários, não era incomum essas crianças e adolescentes sofrerem abusos sexuais, bem como a exploração de trabalho (numa espécie de semiescravidão), submissão incondicional e castigos corporais como forma de disciplina. Por trás da batina havia padres com diversos tipos de distúrbios e até mesmo pedófilos. Aqui é preciso ser especialmente cuidadoso, para evitar incorreções, injustiças ou imprecisões. Uma coisa é desejar crianças sexualmente. Isso não é crime, mas um transtorno psiquiátrico parafílico, como a necrofilia e a zoofilia, que não têm cura e demandam tratamento. Outra coisa é manter algum tipo de contato erótico com menores de 14 anos, definido como "estupro de vulnerável" pelo Código Penal Brasileiro. Ou seja, o crime é o toque erótico ou a relação sexual com menores de 14 anos. Antigamente, porém, a pedofilia nem era tida como crime, e por isso quase não se usava esse termo. Os que abusavam de crianças eram chamados de pederastas, e a pederastia era só um distúrbio, não configurando crime. Além disso, a maioria desses abusos não se tornava pública. Por medo ou por causa de algum tipo de coação ou represália, não era comum falar sobre esses acontecimentos. Imperava o silêncio, e as cicatrizes psicológicas eram levadas para o resto da vida. Os abusados que perseveravam e se tornavam padres corriam o risco de desenvolver traumas que poderiam desencadear distúrbios mentais agravados com o tempo, por falta de tratamento e até mesmo por reproduzir com outros o que aconteceu com eles. É fato que boa parte dos padres que abusam de crianças também foram de alguma forma abusados na infância.

O trauma ou a vergonha levavam as vítimas a se calar e a não buscar ajuda, adoecendo mentalmente. Em conversa com um informante privilegiado, um padre já de certa idade, ele me relatou que, quando era seminarista menor, foi abusado pelo reitor do seminário, um padre italiano. Esse informante desenvolveu bloqueios em relação a crianças – disse não conseguir sequer segurar nos braços um bebê e que se sentia profundamente desconfortável no meio delas. Tornou-se um padre apático, incapaz de manifestar afeto. Afirmou que esse trauma tem prejudicado sua vida pessoal, ministerial e social, porque, como padre, ele tem que falar com crianças na catequese, celebrar missa para crianças, celebrar batizados e atuar na missa ao lado de coroinhas, situações que lhe causam não apenas desconforto, mas mudanças no estado emocional, que desencadeiam sudorese e tremores perceptíveis. Ele me relatou que já teve síndrome do pânico por causa dessa situação traumática. Disse também que para ele é muito difícil celebrar missa para crianças e batizados, pois sofre bloqueios e não sabe administrar essas situações. Enfim, o distúrbio psiquiátrico tem atrapalhado sua vida e vem se agravando nas últimas décadas, mas ele nunca teve coragem de tratar o problema, por vergonha de contar os traumas da infância.

Entre os problemas psiquiátricos mais comuns estão o transtorno bipolar, a depressão, o transtorno obsessivo-compulsivo (TOC), os distúrbios alimentares, os transtornos de ansiedade, a esquizofrenia em suas várias classificações, a somatização e a psicopatia. O transtorno bipolar é o sofrimento mental mais frequente entre os padres, com proporção equivalente à que acomete a população mundial. Esse desequilíbrio provoca oscilações imprevisíveis no estado emocional, afeta o humor e tem relação muito próxima com a depressão, que é também uma doença psiquiátrica que atinge número significativo de clérigos. A principal característica do transtorno bipolar é a instabilidade psicológica, que se revela pela alternância entre um estado de angústia e desânimo e momentos de impulsividade e extroversão. Porém, muitos padres acometidos desse transtorno convivem "normalmente" na comunidade eclesial. Muitos deles são párocos, têm outros cargos e funções importantes na Igreja, na diocese ou dentro dos seus institutos religiosos, e nem sempre são classificados como mentalmente doentes.

Existem diferentes tipos de transtorno bipolar, e todos eles afetam os níveis de humor, energia e eficiência do indivíduo. Sendo assim, é possível que a pessoa oscile entre estados de humor extremamente enérgicos e outros muito tristes, desprovidos de energia, dependendo da situação ou condição da sua mente. Os episódios de alteração de humor podem acontecer em espaços de tempo variados – raramente ou várias vezes ao ano. Há padres, por exemplo, que num dia estão alegres e acolhedores, e no outro, sem nenhuma razão aparente, estão tristes e de mau humor, chegando mesmo a ser grosseiros com aqueles que os procuram. Alguns se fecham e não querem conversar quando estão na fase depressiva, outros ficam agressivos. Em minha experiência como padre regular, e na convivência mais de perto com esses tipos, pude experimentar várias situações dessa natureza. Uma delas foi a convivência com um padre cujo humor oscilava semanalmente, como algo programado, parecendo ser de propósito. Numa semana estava alegre, bem-humorado, prestativo, convivendo fraternalmente, de modo agradável, e na outra se trancava no quarto, tomado pelo mau humor, saindo apenas para se alimentar, e em horário diferente dos demais. Durante o período em que passava "hibernando", não permitia nenhum tipo de aproximação e não tinha, portanto, nenhum convívio social. Passada a fase depressiva, aparecia feliz como se nada tivesse acontecido. Esse padre, pelo que sei, nunca buscou ajuda psiquiátrica e continua sendo tratado como "normal", embora, diante de seu comportamento, esteja longe de se enquadrar no conceito genérico de normalidade. Os que convivem com ele administram essa condição, mesmo que ela cause certos transtornos. A aceitação e a convivência acontecem pelo fato de se saber que o transtorno bipolar é incurável e que é possível controlar as alterações de humor com medicamentos específicos e acompanhamento psicoterápico. Na maioria dos casos, entretanto, não se busca tratamento.

Já a depressão é outro tipo comum de distúrbio psiquiátrico, que atinge número significativo de padres. É considerado crônico, com sintomas como a tristeza profunda, o desinteresse, o desânimo e as oscilações de humor (por isso é confundida muitas vezes com bipolaridade e ansiedade), e pode até levar a pensamentos suicidas. Nesse caso, é essencial diagnosticar a doença e iniciar acompanhamento médico o mais cedo possível. Se o candidato ao sacerdócio manifesta sintomas de depressão antes da ordenação, é preciso tratamento e acompanhamento prévio, e, dependendo do caso, deve-se protelar, adiar ou mesmo cancelar a ordenação, para que isso não acarrete problemas maiores em sua atuação sacerdotal. Porém, há quem desenvolva o distúrbio depois da ordenação, e, nesses casos, os seus responsáveis devem estar atentos. No Brasil, segundo a Organização Mundial da Saúde, estima-se que a depressão atinja 5,8% da população. Entre o clero esse número é equivalente. Dos padres que cometeram suicídio, a maioria sofria de algum grau de depressão.

O transtorno obsessivo-compulsivo, conhecido pela sigla TOC, é outro distúrbio encontrado entre alguns padres. Como o próprio nome sugere, esse transtorno provoca sentimentos e pensamentos obsessivos e compulsivos que comprometem o equilíbrio emocional do indivíduo e afetam a execução de suas tarefas rotineiras. Ele tem três graus: leve, moderado e grave. Nos dois primeiros estágios a pessoa consegue conviver normalmente em sociedade. Mas, quando o caso é grave, precisa de tratamento mais aprofundado, afastamento do convívio social e até mesmo de internação. A pessoa com TOC apresenta comportamentos exagerados em relação a coisas simples do cotidiano. A maioria dessas pessoas tem mania de limpeza e de organização. No caso de padres, o TOC pode se manifestar na excessiva organização das suas coisas pessoais e da igreja. Esse procedimento se estende também em relação aos hábitos de higiene e cuidados pessoais exagerados.

No período da pandemia do coronavírus, o quadro de pessoas com esse distúrbio, incluindo padres, tornou-se ainda mais evidente, devido a vários fatores – sobretudo pela divulgação em massa do alto grau de contaminação desse vírus e pela insistência dos meios de comunicação no uso de máscara, lavagem das mãos, uso de álcool em gel e observância do distanciamento social. Como é uma característica comum dos portadores desse tipo de doença, na pandemia a obsessão pela lavagem das mãos – que se justifica pelo medo descontrolado de contrair doenças – fez com que se agravasse ainda mais a compulsão. Mas não são somente essas as características dos portadores de TOC. Há outras, por exemplo, o hábito de colecionar objetos ou de agir impulsivamente, de forma muito ansiosa ou extremamente eufórica. Numa breve observação nos espaços pessoais do padre, ou mesmo na sacristia, é possível detectar se ele está propenso ao TOC. Além da mania de organização e da limpeza exagerada, certos tipos de coleção de objetos também podem ser indicativos desse transtorno. Por exemplo, coleção exagerada de vestimentas ou paramentos, ou qualquer outra coisa que exista em grande quantidade, bem acima de suas necessidades. Associado a isso, o seu comportamento pessoal revelará ansiedade e até mesmo euforia em alguns momentos, sobretudo em relação às suas coleções.

Outro problema psiquiátrico que pode acometer padres é o de ansiedade, também conhecido como Transtorno de Ansiedade Generalizada (TAG). Esse desequilíbrio afeta um contingente cada vez maior de sacerdotes católicos. Sua principal característica é o medo sem causa aparente, gerando preocupação excessiva com o que ainda não aconteceu — e que talvez nem acontecerá. Ele provoca sensação exagerada de desconforto, mau pressentimento e tensão emocional bastante desagradável. Há clérigos afastados em decorrência desse distúrbio, sendo que alguns podem desenvolvê-lo por causa de acontecimentos vividos na paróquia, como calúnias e perseguições, e até mesmo devido a processos penais e canônicos sofridos.

A esquizofrenia é outro problema recorrente. Ela é classificada como um dos principais transtornos psicóticos e tem relação com inúmeras enfermidades de cunho psiquiátrico. Isso porque essa doença pode elevar a gravidade de problemas mentais preexistentes e surgir em decorrência deles. Os sinais mais evidentes desse mal são os distúrbios de linguagem e a desorganização do pensamento. No grau mais avançado ela afeta a percepção da realidade e altera a expressão do pensamento. Geralmente, a esquizofrenia se inicia com uma simples apatia. Aos poucos, o indivíduo abandona as atividades rotineiras e se isola. Quando um padre se isola muito, pode ser um alerta. Acompanhadas do isolamento vêm outras manifestações, como reações estranhas e desajustadas – o portador desse distúrbio não esboça os sentimentos esperados diante de fatos tristes ou felizes. Além disso, do nada, padecem da sensação de que algo está errado ou de que alguém está prejudicando sua vida. No caso de padres que sofrem de esquizofrenia, é comum eles acreditarem, sem motivo, que estão sendo perseguidos: pelo bispo, por outros padres, por alguém da paróquia ou por qualquer outra pessoa. Nesse caso, o passo seguinte é a transformação dessa inquietação em fantasias sensoriais e em teorias da conspiração.

Outro problema psiquiátrico recorrente entre o clero católico brasileiro é a somatização, entendida como um distúrbio psiquiátrico em que a pessoa apresenta variadas queixas devido a dores em diversos órgãos ou membros do corpo. Porém, as causas físicas ou fisiológicas dessas sensações não são diagnosticadas em exames nem facilmente explicadas pelos médicos, já que não apresentam nenhuma alteração clínica perceptível. Geralmente, os clérigos com transtorno da somatização sofrem com ansiedade excessiva e apresentam constantes alterações de humor. A impulsividade também costuma estar presente e é um dos fatores de agravamento do quadro.

Enfim, há inúmeros transtornos psiquiátricos – simultâneos e associados ou não – que podem acometer os padres, e eles podem ocorrer simultaneamente. Por essa razão, são difíceis de ser diagnosticados pela própria pessoa, carecendo, portanto, de um profissional especializado. Nesse sentido, o fato de a maioria dos entrevistados assinalar que não passou por acompanhamento psiquiátrico não revela por completo o quadro de sua saúde mental – o que demandaria pesquisa específica. Fica indicado, apenas, que 9 em cada 10 sacerdotes católicos brasileiros dizem não ter se submetido ou não se encontrar sob tratamento psiquiátrico.

Finalmente, chegamos ao tema mais delicado: o suicídio de padres. A Igreja não divulga nem faz alarde quando um padre comete suicídio, mas o problema existe e precisa ser discutido. Nos últimos tempos, houve uma sequência de fatos dessa natureza que só não abalaram mais a sociedade porque a Igreja não deu visibilidade a

Operários da fé

eles e buscou não divulgar detalhes das circunstâncias. No entanto, a questão demanda dedicação e cautela no tratamento.

Émile Durkheim[44] foi um dos primeiros sociólogos a tratar do tema como fato social e propôs analisá-lo dentro de uma conjuntura social, não apenas como um fato isolado. Ele afirma que é preciso analisar os fatores sociais, que agem não apenas sobre os indivíduos isolados, mas sobre o grupo e o conjunto da sociedade. Com isso Durkheim já nos oferece uma pista importante para analisar o suicídio de padres. Quando um padre chega a ponto de tirar a própria vida, há fatores sociais e, nesse caso específico, eclesiais que estão agindo sobre ele e que precisam ser identificados e tratados. Um dos padres que cometeram suicídio deixou uma carta na qual relatava uma série desses fatores: perseguição de alguns colegas padres; ausência do bispo; incompreensão do clero, entre outros. E esse não era um padre jovem, mas um homem de 75 anos. Isso mostra que o suicídio é um problema presente em todas as faixas etárias, não apenas entre os mais jovens, como se imagina. Além disso, há vários tipos de suicídio e de motivações, que não se restringem a distúrbios mentais.

Durkheim apresenta três tipos de suicídio: o egoísta, o altruísta e o anômico. O *egoísta*[45] é aquele em que o ego individual se afirma demasiadamente em face do ego social, ou seja, há uma individualização desmesurada do indivíduo. Quando as relações entre o indivíduo e a sociedade se afrouxam, fazendo com que ele não veja mais sentido na vida, não existe mais razão para viver. No caso do padre, o afrouxamento se dá individualmente entre ele e a Igreja (diocese ou instituição religiosa), ou seja, ele se sente abandonado, esquecido pelo bispo, pelo provincial ou pelos colegas de presbitério, e acaba por perder o encantamento pelo ministério sacerdotal, não vendo mais sentido em ser padre. Esse tipo de suicídio é mais comum entre padres que já estão acima dos 60 anos.

O *suicídio altruísta*[46] é aquele no qual o indivíduo se sente no dever de fazê-lo para se desembaraçar de uma vida insuportável. É,

---

44 Cf. Émile Durkheim. *O suicídio,* p. 177-329.

45 Idem, p. 177-257.

46 Idem, p. 270-300.

portanto, aquele ato em que o ego não lhe pertence, confunde-se com outra coisa que se situa fora de si mesmo, isto é, em um dos grupos a que o indivíduo pertence; no caso do padre, a diocese ou instituição religiosa. Seu ato é uma forma de contestar determinada situação com a qual ele não concorda e para a qual não vê solução a não ser a morte de forma impactante, para chamar a atenção dos demais.

O *suicídio anômico*[47] é aquele que ocorre em uma situação de *anomia* social, ou seja, quando há ausência de regras na sociedade, gerando o caos e a insegurança. Quando um padre não encontra solução para certas situações que enxerga como "anomia eclesial", ele parte para esse gesto extremo. É o que pode ocorrer durante uma crise econômica, por exemplo, na qual a paróquia perde recursos financeiros e deriva para a precarização e o endividamento, degradando as condições de vida do padre. Sem a ajuda da diocese, da congregação ou dos colegas, ele pode cometer o suicídio anômico. Um dos padres que entrevistei relatou que estava passando por necessidades financeiras, mas que seu bispo só se lembrava dele quando atrasava o repasse da "taxa da mitra" (valor que as paróquias repassam às dioceses a partir de um percentual sobre a soma do dízimo, de coletas em missas e de eventuais locações de imóveis). Disse que já tinha pensado em suicídio porque não via alternativa.

De 2015 a 2021 foram noticiados 23 suicídios de padres no mundo, sendo 12 deles no Brasil – o que, em termos percentuais, significa 52,1% dos casos, um índice alarmante. Esses foram os que vieram a público.

7. Relações de amizade

Não há dúvida de que ter bons amigos é fundamental para uma vida saudável. Uma pesquisa feita nos Estados Unidos, pelo Departamento de Psicologia da Universidade Brigham Young, da Carolina do Norte, e publicada em 2010[48], mostrou a importância das boas relações sociais para a saúde da mente, comprovando que

---

47 Idem, p.303-329.

48 Cf. Julienne Holt-Lunstad e outros. *Relações sociais e risco de mortalidade: uma revisão meta-analítica.* Disponível em: https://doi.org/10.1371/journal.pmed.1000316. Acesso em: 21 abr. 2021.

Operários da fé

pessoas com amizades sólidas têm 50% mais chance de sobrevivência do que aquelas que não as têm. Mostrou também que os efeitos da solidão, do fechamento e, consequentemente, da falta de amigos, são comparados com problemas provocados pela obesidade ou pelo consumo de drogas, como, por exemplo, o álcool e o fumo.

Outro estudo, agora da American Cancer Society, publicado em janeiro de 2019 no *American Journal of Epidemiology*[49], após analisar dados de mais de 500 mil adultos, concluiu que o isolamento social de adultos – público-alvo dessa pesquisa – aumentava os riscos de morte prematura por qualquer causa. É comprovado, portanto, que a sociabilidade e as amizades verdadeiras são elementos fundamentais para a saúde, sobretudo a saúde psíquica e, por conseguinte, a física. Por meio de uma boa amizade as pessoas têm possibilidade de externalizar seus sentimentos e demonstrar afeto e amor, o que é fundamental para a saúde mental, e esta é relevante para a saúde física. Boas amizades humanizam, fazem as pessoas mais felizes, possibilitam resolver muitos problemas que, sem elas, seriam insolúveis ou muito mais difíceis de resolver. Quem é que nunca experimentou a sensação de alívio, de leveza, depois de ter partilhado um problema com uma pessoa amiga? Muitos problemas pessoais poderiam ser resolvidos antes de acarretar doenças, se todas as pessoas tivessem bons amigos.

Para o padre, tão importante quanto a confissão sacramental e o acompanhamento psicológico são as relações de amizade. Porém, elas ficam cada vez mais raras, e isso não é diferente entre os sacerdotes católicos. Eles são figuras públicas, conhecem muita gente e muita gente os conhece, mas amigos eles têm poucos. Alguns me disseram que não têm nenhum amigo verdadeiro. Na pesquisa, porém, ao lhes perguntar se contavam com bons amigos, 91,5% disseram que sim, 3% responderam que não e 5,5% indicaram que "às vezes" tinham bons amigos. Não creio, todavia, que seja possível ter bons amigos apenas de vez em quando. Ou se tem ou não se tem bons amigos, não há meio-termo nessa relação. Um bom amigo é amigo sempre e não apenas casualmente. Aliás, pregando em um de seus famosos sermões, o

---

49 Cf. American Journal of Epidemiology. v. 188, Issue 1, January 2019, p. 102-109. Disponível em: https://doi.org/10.1093/aje/kwy231. Acesso em: 21 abr. 2021.

jesuíta Antônio Vieira, ao falar da separação eterna entre bons e maus no Juízo Final, escreveu: "Apartar-se-ão os amigos dos amigos – seja o exemplo incerto, já que há tão poucos de verdadeira amizade –: irá para uma parte Jônatas e para outra Davi"[50].

Portanto, concluímos que 8,5% dos padres brasileiros não têm bons amigos ou amizades verdadeiras. Mesmo os 91,5% que responderam positivamente podem não corresponder efetivamente a essa porcentagem. Há quem confunda transigências e coleguismos ou relações sociais convencionais – quando não pura bajulação interesseira – com amizades verdadeiras, mas esses comportamentos sociais não se enquadram no perfil de autênticas amizades. Amizade verdadeira é aquela que transforma a vida da pessoa, enchendo-a de paz e coragem, que emociona, fazendo com que os amigos sintam prazer por estar juntos, de escutar um ao outro, de cuidar um do outro. Amigos verdadeiros dão apoio incondicional, falam a verdade e não temem ouvir do outro a mesma verdade ou não se magoam ao ouvi-la. São leais e sinceros. Amigos verdadeiros são presenças constantes e, mesmo estando longe, se conectam constantemente; quando próximos, se visitam, saem juntos, partilham alegrias e tristezas, são portos seguros e confiáveis, havendo cumplicidade entre eles. Há compreensão e aconselhamento na relação, e, mesmo não pensando de modo igual, não deixam de dialogar e aconselhar um ao outro. Não há rivalidades entre amigos verdadeiros. A vitória de um é a vitória do outro. Na amizade verdadeira existe a sensação de liberdade, de confiança, porque não há inveja ou competitividade entre amigos, mas companheirismo e gratuidade. Essas e outras características da amizade verdadeira não são utopias ou ideais, mas reais. Amigos verdadeiros são tão raros que, à vista disso, chega a ser emblemático que 91,5% dos padres tenham, de fato, em seus círculos de amizade, muitos amigos assim. No entanto, se os dados forem reais, eles confirmam aqueles que configuram os padres como os que estão entre os profissionais mais felizes.

Para provocar reflexão sobre a questão, trago algumas questões. Observando esses resultados com distanciamento necessário para que

---

50 Antônio Vieira. *Sermão da primeira dominga do advento.* Disponível em: https://www. literaturabrasileira.ufsc.br/documentos/?action=download&id=134874. Acesso em: 12 set. 2022.

haja a devida desconstrução e contestação desses dados, apresento o relato de um padre que deixou o ministério movido por uma crise gerada pela ausência de amizades verdadeiras dentro do clero. Na ocasião de nossa conversa ele tinha 59 anos. Disse ter sido um padre dinâmico, supostamente querido pelos colegas de presbitério e, aparentemente, cercado de amigos dentro e fora da Igreja. Desde os primeiros anos de ordenação, ocupara cargos importantes em sua congregação religiosa, e sua vida sacerdotal parecia ir muito bem, pois aparentemente nada lhe faltava – nem amigos, nem bens materiais, nem privilégios, e ele acreditava ser feliz de fato. Saía regularmente para jantar com um grupo de pessoas, e nos fins de semana sempre havia alguma família que o convidava para as refeições. Tinha, portanto, boas relações sociais, inclusive com seus superiores.

No entanto, por razões que não soube explicar, adoeceu e foi aos poucos se isolando. No início, a sua doença era quase imperceptível, e os primeiros sintomas somente ele notava. Devido ao agravamento paulatino, foi também aos poucos se afastando das atividades, se fechando, e os amigos se distanciando. No começo desse processo, alguns até o procuravam para saber como estava, mas com o passar do tempo essas preocupações desapareceram e os amigos sumiram. À medida que se isolava, percebia que não era tão querido quanto imaginava. Seus confrades foram se esquecendo dele e seus superiores poucas vezes lhe perguntavam como estava – e, quando perguntavam, via-se que era por mera obrigação ou formalidade. A certa altura, ele percebeu que não tinha amigos na Igreja, porque aqueles que se diziam amigos desapareceram, conforme suas funções e cargos lhe foram tirados. Em dado momento, decidiu que deixaria o sacerdócio, porque não via mais sentido na vocação e se sentia um tanto quanto abandonado. Quando anunciou que deixaria a batina, ninguém o procurou para saber os motivos, nem aqueles que um dia se mostraram "bons amigos". Disse que viveu um pouco da experiência de Jó, o personagem bíblico, e aguardava a resposta de Deus, como Jó a aguardou. No momento da entrevista para este livro, esse padre estava vivendo numa casa de repouso, já sem vínculo com a congregação religiosa à qual pertenceu, e dependendo da ajuda de uma congregação religiosa feminina que o assumiu como parte do carisma da instituição. Não se sentia amado nem odiado, apenas esquecido, como alguém que há muito tivesse morrido. Aproveitou para fazer um alerta: "Como padre, não se iluda com amizades. Elas nem sempre são verdadeiras no universo eclesiástico. Muitos se aproximam de nós por aquilo que a figura do padre representa. Porém, se perdermos essa titularidade e as benesses que ela outorga, nada sobrará, nem as amizades, exceto a amizade com Deus, se esta tiver sido verdadeira". Com tal observação, o depoente resumiu aquilo que poucos percebem: padres nem sempre têm muitos amigos, por mais que estejam cercados de muitas pessoas.

Relações amistosas nem sempre acontecem entre amigos, mas convenções sociais, diplomáticas, no sentido comum do termo, ou seja, aquelas relações necessárias para um convívio social harmônico, algo muito corriqueiro nas paróquias, entre padre e fiéis e até entre os próprios padres. Há quem confunda essas relações sociais amistosas com amizade. Boa parte delas, contudo, são meras representações sociais, aparentes e superficiais, quando não falsas. No caso dos padres regulares essa situação é ainda mais evidente, pois vivem em comunidade, com pessoas que eles nem sempre escolheram, mas que pelas circunstâncias foram colocados em convivência supostamente fraterna. No entanto, alguns desses "irmãos" nem sempre são amigos verdadeiros. Ao contrário, por diversos motivos tornam-se inimigos, mesmo morando na mesma comunidade religiosa e supostamente comungando do mesmo carisma da instituição. No entanto, os que se iludem acreditando que todos da sua congregação são seus amigos verdadeiros, ou que formam uma "família", acabam por ter grandes decepções e sucumbem, a ponto de prejudicar sua vida pessoal, religiosa e ministerial. Um pouco de lucidez e realismo ajuda a selecionar as verdadeiras amizades e a enxergar nelas verdadeiros tesouros, como diz a sabedoria bíblica no *Livro do eclesiástico*: "Um amigo fiel é uma poderosa proteção: quem o achou, descobriu um tesouro" (Eclesiástico 6:14). Esse mesmo texto diz que "amigo fiel é remédio que cura" (Eclesiástico 6:16). Se, entretanto, os 91,5% que se dizem cercados de boas amizades forem mesmo a tradução da realidade, então os padres brasileiros são os donos da verdadeira riqueza e os beneficiários da verdadeira cura.

8. A sociabilidade

Um dos requisitos básicos que se esperam do padre, além dos que já foram ditos e mostrados até agora, é que ele seja uma pessoa sociável, de bom relacionamento, se não com todos, pelo menos com a maioria. A sociabilidade é fundamental, não apenas para ações pastorais e missionárias, mas também para uma vida pessoal saudável – a sociabilidade é uma questão de sobrevivência para o ser humano. No entanto, a partir de certos *status* sociais, essa sociabilidade se restringe e pode afetar algumas categorias que têm papéis socialmente mais relevantes ou mais visíveis, que aparentemente não dependem tanto dos outros, seja por questões financeiras, estabilidade ou espaços que foram conquistados ou imputados. Nesse aspecto, o clero pode se tornar uma categoria que abriga pessoas que, por circunstâncias diversas, se tornam antissociais – seja pela aparente independência que a vida presbiteral apresenta, seja por algum tipo de psicopatologia, ou por outros motivos que levem o clérigo a se fechar e ter pouca vida social, apesar de se esperar dele certo grau de sociabilidade em razão da função ou missão que desempenha.

Ao contrário do que alguns imaginam, o padre antissocial nem sempre é aquele que prefere ficar em casa num domingo à noite depois da missa, ou que recusa convites para almoços dominicais na casa de paroquianos ou, ainda, que prefere reservar algum tempo para ficar só, uma vez que a vida de um sacerdote católico é, na maioria das vezes, cercada de outras presenças. Portanto, pode ser equivocado classificá-lo assim apenas pelo fato de ele preferir alguma reserva em certos momentos. O padre precisa de momentos para ficar a sós com Deus. Porém, se esses momentos de solidão se intensificam demasiadamente, se amiúdam e se alongam, eles podem ser indício de transtorno antissocial, um sintoma de psicopatia ou sociopatia.

É importante saber distinguir o transtorno antissocial de traços da personalidade de pessoas mais reservadas, pois o retraimento, se não for muito acentuado, não tem necessariamente uma projeção negativa para a estrutura social e eclesial, como tem o transtorno antissocial. Este, segundo pesquisadores, acomete cerca de 6% da população e é uma doença que pode causar dano ao doente e às pessoas de seu entorno. Se a pessoa acometida de tal transtorno é um padre, os prejuízos serão ainda maiores, caso o fato seja negligenciado.

Há casos em que a situação só é percebida quando já se agravou, e, em se tratando de padres, essa percepção pode ser ainda mais tardia se ele mora só. Há padres que, mesmo doentes, ocultam tais transtornos e continuam a exercer suas atividades básicas, como celebrar missas, mas depois se fecham, e, por isso, tal comportamento pode ser confundido com traço de personalidade.

Vale ressaltar que quem está acometido da patologia antissocial prefere ficar sozinho, pois esse transtorno tem outras características, como, por exemplo, permanecer junto dos demais, porém desconsiderando e violando regras elementares de convívio social, sendo agressivo e insensível. Casos assim são mais perceptíveis e, dependendo das reações públicas, medidas são tomadas. Entretanto, é importante esclarecer que nem todas as pessoas com transtorno de personalidade antissocial apresentarão todos os sintomas indicados, embora o isolamento excessivo e o desrespeito às regras de convívio sejam recorrentes. Todavia, esse distúrbio pode também se manifestar por vias diferentes, tal como falsidade ou manipulação de fatos, afetos e situações. Os sinais podem variar de pessoa para pessoa, sendo que um indivíduo pode ter um padrão de comportamento aparentemente normal, inclusive demonstrando posturas inteligentes nos grupos, mas agir falsamente, de modo dissimulado, inclusive tecendo elogios descabidos a outros, impondo seu ponto de vista por meio de retórica convincente, mas incongruente com seu verdadeiro modo de ser. À vista disso, perguntei nesta pesquisa se o padre mantinha bom relacionamento com as pessoas em geral. Essa questão visava, entre outras coisas, mapear o grau de sociabilidade do clérigo e extrair dela inferências que ajudassem a melhorar a atuação do clero na sociedade, de modo que a Igreja cumpra o seu papel social e sua missão. Obtive o seguinte resultado: 94,5% disseram ter bom relacionamento com as pessoas em geral e apenas 1% disse que não. Os demais, que correspondem a 4,5%, responderam que apenas com alguns não mantinham bom relacionamento. A julgar por esses números, a esmagadora maioria do clero brasileiro é bastante sociável – ou ao menos se percebe assim.

9. Problemas crônicos de saúde

As últimas pesquisas do IBGE[51] mostraram que, no Brasil, 52% das pessoas de 18 anos ou mais sofriam de alguma doença crônica, em 2019. Entre os padres há um baixo índice de doenças crônicas: esse número chega a 24,2%.

As doenças crônicas caracterizam-se pelo lento desenvolvimento e pela longa duração, e muitas delas ainda são incuráveis, sendo classificadas em não transmissíveis (DCNT) e transmissíveis. Nessa pesquisa, não pedi que os padres assinalassem a doença crônica que eventualmente portassem. As não transmissíveis, segundo estudos divulgados pelo IBGE, representam 70% das mortes no Brasil. Esse tipo de doença está associado à idade elevada ou ao estilo de vida, como, por exemplo, má alimentação, estresse e sedentarismo, que são aspectos muito presentes na sociedade atual e entre o clero. Vimos que a classe sacerdotal, embora diga se alimentar bem, constitui uma categoria sedentária. Outro fator é o estresse. Já vimos também que o clero é a segunda categoria de profissionais mais estressados. Quanto às doenças crônicas infecciosas, elas são comumente transmitidas por organismos como vírus e parasitas, apresentando incidência menor.

Entre as doenças crônicas, a hipertensão arterial é a que mais se destaca. No Brasil ela atinge 23,9% da população, o que representa 38,1 milhões de pessoas. Entre essas pessoas, 21,1% são homens. Entre os padres, 24,2% têm algum tipo de doença crônica.

Embora a maioria dos padres dessa pesquisa seja relativamente jovem, e a pressão alta seja mais comum entre pessoas com mais idade, o número de padres acima dos 65 anos também é alto no clero brasileiro. Aqui contrapomos os resultados da pesquisa que apontou que 12,5% dos padres no Brasil têm mais de 65 anos. Entretanto, é importante fazer esse alerta, pois a pressão alta é mais comum à medida que a pessoa envelhece. A referida pesquisa do IBGE mostrou que 56,6% das pessoas de 65 a 74 anos tiveram esse diagnóstico, e entre a população a partir dos 75 anos esse índice sobe para 62,1%.

---

51 Cf. Instituto Brasileiro de Geografia e Estatística. Disponível em: https://agenciabrasil.ebc.com.br/saude/noticia/2020. Acesso em: 26 abr. 2021.

Por se tratar de maioria relativamente jovem de respondentes, era esperado que um número maior de padres não apresentasse problemas crônicos de saúde. Desses quase dez mil padres entrevistados, 71,5% disseram não sofrer de nenhum problema dessa natureza. No entanto, 4,3% não souberam responder a essa questão, o que indica que tiveram dúvida sobre o que seria uma doença crônica ou não souberam informar se padeciam de alguma doença desse tipo, enquanto 24,2% disseram enfrentar algum problema crônico de saúde.

Tem algum problema crônico de saúde

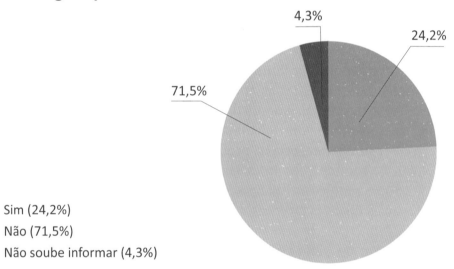

Sim (24,2%)
Não (71,5%)
Não soube informar (4,3%)

10. Identidade afetivo-sexual

Entre as questões deste módulo, com intuito de mapear a saúde e o bem-estar do padre, acrescentei uma questão que está intrinsecamente relacionada às demais, visto que a saúde física e a mental têm a ver também com questões afetivo-sexuais. A afetividade é uma temática bastante trabalhada no período da formação inicial do padre, uma vez que ela é determinante nas suas relações sociais e pessoais e norteadora das boas relações do padre com a comunidade ou em qualquer outra instância, inclusive em sua vida pessoal.

A afetividade, que em psicologia é definida como um conjunto de fenômenos psíquicos que são vivenciados na forma de emoções e sentimentos, possibilita que a pessoa demonstre de alguma maneira o que sente pelo outro ou como o outro a afeta. Porém, durante o processo inicial da formação no seminário, nem todos tratam dessa dimensão adequadamente. Há os que, em razão disso, conservam bloqueios afetivos, sobretudo quando se fala da identidade afetivo--sexual. Outros apresentam desvios ou distúrbios reprimidos, em vez de tratados, e, por esses e outros motivos, tornam-se padres com dificuldade não apenas de falar sobre o assunto, mas também de manifestar suas emoções, pois espera-se do sacerdote católico que ele seja de certa forma afetivamente indiferente.

Além disso, o exercício do desapego afetivo é procedimento acentuado no período de formação do padre. No entanto, por mais que esse desapego seja visto e tratado como maturidade afetiva, ele depende da afetividade, e esta nem sempre pode ser moldada conforme pedem as normas e regulamentos da Igreja. Mesmo que o indivíduo seja preparado para o desapego em relação a outras pessoas, ele preserva suas particularidades afetivas, com a complexidade que lhe é própria.

Complexo ou não, o fato é que a identidade afetivo-sexual precisa ser trabalhada, não no sentido de ser reprimida, mas de ser vivida de modo equilibrado, pois é ela que ajuda a criar relações sociais saudáveis. Entre o clero, a afetividade sem conotações sexuais é fundamental para a fraternidade e a amizade, dentro e fora do meio estritamente eclesiástico. Vimos que 91,5% dos padres dizem ter bons amigos, dado que acena para a maturidade afetiva da grande maioria deles. Contudo, vida sacerdotal e celibatária não significa ausência de afeto e de sexualidade. Pelo contrário, é justamente a condição de padre que exige maior atenção quanto a essas duas dimensões, buscando ajustá-las aos imperativos da vida sacerdotal.

A afetividade tem por constituinte fundamental um processo cambiante no âmbito das vivências do sujeito, em sua qualidade de experiências agradáveis ou desagradáveis, e, quando ela é bem trabalhada, a pessoa consegue lidar equilibradamente com essas experiências ou situações, sejam elas quais forem. A afetividade em si não é algo ruim – longe disso, é algo necessário, porque é aquilo que nos humaniza, nos comove e nos faz sentir unidos a algo, alguém ou alguma causa. Um padre insensível torna-se uma "máquina" e dificilmente se compadecerá dos que sofrem. As relações de amizade ou de fraternidade, por exemplo, são sustentadas pela afeição que duas ou mais partes sentem nessa relação. Não há amizade verdadeira se nessa relação não houver o mínimo de afeição, valendo o mesmo para a relação do padre com sua comunidade paroquial e demais colegas. O afeto é o sentimento que gera autoestima entre as pessoas, sejam elas jovens, adultas ou idosas, pois produz um hormônio que garante o bem-estar do corpo, gerando sensação de felicidade.

A maneira de manifestar a afetividade pode ou não ser modificada a partir das situações e do ambiente formativo, mas a orientação sexual da pessoa não muda. Portanto, se um rapaz homossexual procura o seminário, a instituição não mudará essa condição. A formação obtida no decurso das etapas do seminário poderá e deverá ajudá-lo a lidar com sua homossexualidade, mas não poderá modificá-la, pois a condição é inerente à pessoa e estará presente em sentimentos, desejos, interesses, tendências, valores e emoções, ou seja, em todos os campos de atuação da vida. Ela não pode ser ignorada, mas direcionada de forma que contribua para a vivência integral da vocação sacerdotal. Quando um jovem é aprovado para ingressar num seminário, embora tenha passado pelo crivo de uma equipe que o avaliou, seus formadores deverão estar atentos também à sua condição sexual e trabalhá-la junto com psicólogos, de modo que o candidato ao sacerdócio católico vá lapidando sua sexualidade a fim de se tornar uma pessoa afetivamente madura, desenvolvendo relações saudáveis com as demais pessoas, dentro e fora do seminário, independentemente de sua orientação sexual. Rapazes homossexuais não estão excluídos dos seminários, desde que aceitem viver o celibato ou a castidade, ou ambos, conforme orienta a Igreja. Essa condição é inegociável, explícita e prévia à ordenação sacerdotal. Portanto, ao optar pela carreira eclesiástica, o seminarista está bastante ciente dela.

No entanto, ser padre não pode ser refúgio ou fuga para homens com problemas afetivo-sexuais, seja qual for a natureza deles. Ao contrário, o sacerdócio deve ser uma escolha por vocação e não um modo de dissimular ou sublimar a sexualidade. Quem já trabalhou com a pastoral vocacional ou na formação de seminaristas sabe muito bem que é expressivo o número de vocacionados homossexuais.

Alguns procuram o seminário sem ter plena consciência de sua orientação. Já outros o procuram porque acreditam que a formação ou a vida sacerdotal mitigará ou mesmo anulará sua orientação sexual. Como disse, a condição homossexual não é impedimento para o ingresso no seminário nem para a ordenação sacerdotal, mas a Igreja impõe condições para viver essa orientação, de modo que ela não prejudique a convivência pessoal e comunitária. Isso vale também para a condição heterossexual. A castidade, o celibato ou ambos são exigências para todos, indistintamente, e qualquer candidato sabe que terá que lidar com essa determinação, se quiser ser padre. As orientações da Igreja são claras em relação a essa questão. A instrução sobre os critérios de discernimento vocacional acerca das pessoas com tendências homossexuais e da sua admissão ao seminário e às ordens sacras, documento pontifício do papa Bento XVI promulgado no dia 31 de agosto de 2005, trata claramente desse tema e destaca que a maturidade afetiva é condição primordial para o aspirante ao sacerdócio, afirmando que "o candidato ao ministério ordenado deve atingir a maturidade afetiva. Tal maturidade vai torná-lo capaz de estabelecer uma correta relação com homens e com mulheres, desenvolvendo nele o verdadeiro sentido da paternidade espiritual em relação à comunidade eclesial que lhe será confiada"[52]. Em seguida, o documento enfoca diretamente o tema da homossexualidade.

Nessas diretrizes, a Santa Sé busca distinguir tendência homossexual de atos homossexuais – que são, de fato, duas situações diferentes. A Igreja orienta aquele candidato ou sacerdote que mantém relações homossexuais a buscar outro caminho que não a vida eclesiástica. O documento citado não deixa dúvidas: "O *Catecismo* distingue entre os atos homossexuais e as tendências homossexuais. Quanto aos *atos*, ensina que, na Sagrada Escritura, esses são apresentados como pecados graves. A Tradição considerou-os constantemente como intrinsecamente imorais e contrários à lei natural. Por conseguinte, não podem ser aprovados em caso algum"[53]. Está claro que não deve ser aceito um candidato que faz sexo com

---

52 Cf. Bento XVI. *Instrução sobre os critérios de discernimento vocacional acerca das pessoas com tendências homossexuais e da sua admissão ao seminário e às ordens sacras*, p. 8.

53 Idem, p. 9.

homens e que não pretende mudar. Se tal prática for descoberta durante o seminário, o aspirante ao sacerdócio será convidado a se retirar. Porém, como obviamente se trata de prática clandestina, alguns candidatos que vivenciam na prática a sua homossexualidade seguem até a ordenação. Quando isso acontece, corre-se o risco de o padre perseverar em tais práticas, em conflito com as orientações da Igreja. Porém, a essa altura, a situação será bem mais complexa. Há bispos e superiores de congregações religiosas que não sabem da orientação homossexual de seus padres, ou não sabem como lidar com ela. Alguns procedem discretamente, inclusive por receio de incorrer em crime de homofobia – exceto quando a situação se torna um escândalo público, mas mesmo assim ela é de controle melindroso, uma vez que não se pode dispensar um padre do uso de ordem apenas por ele manter relações homossexuais com maiores de idade, mesmo que comprovadas. A suspensão da ordem sacerdotal – o sacramento que institui o padre – só é passível se o ato cometido pelo clérigo se enquadrar em violação da doutrina ou em crime – como, por exemplo, a pedofilia.

Diz ainda o documento citado sobre o acompanhamento dos candidatos: "No que respeita às *tendências* homossexuais [...]. Estas devem ser acolhidas com respeito e delicadeza; evitar-se-á, em relação a elas, qualquer marca de discriminação injusta. Essas pessoas são chamadas a realizar na sua vida a vontade de Deus e a unir ao sacrifício da cruz do Senhor as dificuldades que possam encontrar"[54]. No entanto, diz ainda o documento: "Embora respeitando profundamente as pessoas em questão, não pode admitir ao Seminário e às Ordens sacras aqueles que praticam a homossexualidade, apresentam tendências homossexuais profundamente radicadas ou apoiam a chamada *cultura gay*"[55]. Em outras palavras, já no acompanhamento vocacional essas situações devem ser discernidas e avaliadas, para que não se tornem um problema mais tarde, caso esse candidato não renuncie a tais práticas, consideradas incompatíveis com os propósitos da Igreja.

---

54 Idem.

55 Idem, p. 10.

Apesar de todo o processo de acompanhamento vocacional e de formação sacerdotal, ainda há casos que são ocultados de tal maneira que o candidato recebe os sacramentos da ordem sem que a sua identidade afetivo-sexual tenha sido devidamente trabalhada. Por essa razão, o documento chama a atenção para a ordenação, dizendo: "Para admitir um candidato à Ordenação diaconal, a Igreja deve verificar, entre outras coisas, que tenha sido atingida a maturidade afetiva do candidato ao sacerdócio"[56]. Essa maturidade afetiva inclui a afetivo-sexual.

Além disso, o papa imputa aos bispos e superiores religiosos a responsabilidade de avaliar se o candidato tem ou não condição de ser ordenado. Quando um candidato é ordenado, mesmo demonstrando orientação afetivo-sexual incompatível com o que pede a Igreja, a responsabilidade recai sobre quem permitiu sua ordenação. Sobre isso, diz o documento: "O chamamento às Ordens é responsabilidade pessoal do Bispo ou do Superior Geral. Tendo presente o parecer daqueles a quem confiaram a responsabilidade da formação, o Bispo ou o Superior Geral, antes de admitir à Ordenação o candidato, devem chegar a um juízo moralmente certo sobre as suas qualidades. No caso de uma séria dúvida a seu respeito, não devem admiti-lo à Ordenação"[57]. Porém, muitos bispos e superiores acabam por ordenar candidatos que não resolveram o conflito entre sua orientação ou prática sexual e a condição de sacerdote.

Perguntei aos padres, nessa pesquisa, se eles tinham dúvidas quando à sua identidade afetivo-sexual, e 94,4% disseram que não. No entanto, a resposta não é esclarecedora em relação à orientação sexual do padre. E nem era esse o objetivo da pergunta, uma vez que a orientação – inclusive homossexual – não é impedimento para ser padre. No entanto, o número de padres com tendências homossexuais pode ser bem superior a esses 3,6% que admitem dúvidas quanto à sua identidade afetivo-sexual, como se pode observar em campo, no convívio mais prolongado com o clero. Desconfio que mais de 50% do clero seja tendencialmente homossexual, mas trata-se de mera

---

56 Idem, p. 14.
57 Idem, p. 14-15.

suposição, e não há pesquisa confirmando essa conjectura. Ela está baseada em minha convivência de mais de trinta anos com padres e candidatos ao sacerdócio. Porém, entre os 94,4% que responderam não duvidar de sua identidade afetivo-sexual, pode haver tanto homo quanto heterossexuais.

Já a parcela de 3,6% em dúvida quanto à identidade afetivo--sexual pode conter aqueles que ainda não conseguiram trabalhar adequadamente essa questão. Levando-se em conta o percentual de padres relativamente jovens que hegemonizam o clero brasileiro, eles podem estar entre os recém-ordenados, que não conseguiram ainda trabalhar essa questão de modo a ter clareza e maturidade sobre sua orientação sexual. Outra parcela, de 2%, não soube ou não quis responder.

Essas informações instigam uma reflexão mais aprofundada, que não tem espaço neste livro. No entanto, elas são importantes porque estão relacionadas à saúde psíquica do padre. Basta ver, como foi citado, o alarmante índice de padres brasileiros que cometem suicídio.

VII.

A vida cultural do padre brasileiro

Neste capítulo analiso os resultados da pesquisa sobre a vida cultural dos padres, englobando viagens, lazer e cultura. Cultura, em sua definição genérica, dada pelo antropólogo Edward B. Tylor, sendo entendida aqui como "todo aquele complexo que inclui o conhecimento, as crenças, a arte, a moral, a lei e os costumes e todos os outros hábitos e capacidades adquiridos pelo ser humano como membro de uma sociedade"[58], e que são transmitidos conforme o meio ambiente e a forma de vida que se leva. Não abarcarei todas essas concepções antropológicas, irei me restringir apenas ao aspecto do *cultivo do conhecimento*, que se dá de diversas maneiras, inclusive por meio daquelas já tratadas no quarto capítulo, como a leitura, a escrita, os estudos, o tempo dedicado a assistir programas de televisão, o acesso à internet, entre outras formas de criar ou acessar conhecimento. Aqui, porém, enfocarei o consumo de produtos culturais, como filmes, tanto os assistidos em casa quanto no cinema, a frequência a teatros, o tempo dedicado ao lazer, às férias, às viagens que agregam conhecimento e ampliam a visão cultural. Por causa dessa restrição, o conceito de cultura aqui adotado se circunscreve mais ao âmbito corrente, popular, do que àquele definido pela Antropologia.

---

58 Cf. Edward B. Tylor. *Primitive culture. Researches into the development of mythology, philosophy, religion, art, and custom*, p. 1.

1. Cinema

O prazer de ler e escrever, de pintar, de visitar museus, de viajar, de frequentar teatros ou cinemas, de ver um bom filme em casa contribui enormemente na expansão sapiencial. Essas vivências não devem ser apenas mera obrigação, mas um prazer.

Assistir a um bom filme deveria ser um hábito na vida de qualquer pessoa que queira ampliar seus conhecimentos, e não é diferente na vida cultural do padre, que poderia se adaptar a essa prática salutar, desde os tempos de formação no seminário. Podemos afirmar que filmes são tão importantes quanto livros e que ambos se complementam no processo de desenvolvimento intelectual. O cinema incentiva o diálogo, o debate de ideias e o exercício da argumentação, além de conceder asas à imaginação, exercitando a memória e a criatividade, expandindo-a. Ninguém sai igual do cinema depois de assistir a um bom filme, que remeta à reflexão e, de modo geral, estabeleça diálogos com outros temas, inclusive epistêmicos, que possibilitam o desenvolvimento intelectual em diversas áreas do conhecimento, expandindo a visão do padre, tão acostumado a ver o mundo pelo viés da práxis pastoral e eclesiológica. O clérigo que tem o hábito de assistir a bons filmes geralmente possui mentalidade mais aberta, com uma compreensão mais acurada da realidade e, consequentemente, das inúmeras situações que lhe chegam diariamente, que exigem dele essa compreensão mais ampliada. Espera-se do padre, como ator social privilegiado, que seja uma pessoa preparada para dialogar com os problemas do mundo e dar respostas a situações de modo a fazer a diferença, se não no mundo, pelo menos no mundo da pessoa que o procura, porque enxergou nele esse potencial de transmutação. Além disso, um padre instruído dialoga com os colegas de presbitério, com o bispo e com qualquer outra pessoa, demonstrando ser um sujeito ilustrado, alguém que interage com o mundo das ideias e lida com desenvoltura com assuntos complexos de qualquer natureza, sempre com uma postura crítica – atitude que somente uma mente exercitada pelas artes proporciona.

Entretanto, apesar da comprovada importância dos filmes no aspecto cultural, essa arte ainda não é uma unanimidade entre os padres brasileiros. Mesmo com as facilidades que a modernidade possibilitou, não são todos os que apreciam ver um filme. Alguns, por não terem tempo; outros, porque buscam formas diferentes de distração, formação ou informação, como, por exemplo, as dos programas de televisão ou da internet; outros, porque não foram formados culturalmente para ter acesso a essa arte; outros, ainda, por residir em cidades que não têm salas de cinema, mas também não assistem a filmes em casa, mesmo assinando canais de TV com boas alternativas cinematográficas. Assim, constatamos que menos da metade dos padres assiste a filmes em casa (44,7%) e que menos ainda são os que vão ao cinema com frequência (24,1%).

Esses dados, quando cruzados com os que mostram que 61,8% dos padres quase não veem televisão, indicam uma tendência. Se a maioria dos padres dedica pouco tempo aos programas de televisão, naturalmente também assistem pouco aos filmes que nela são exibidos. Essa maioria pode não assistir a filmes na TV devido a dois fatores: primeiro, a falta de tempo, como já foi citado, e, segundo, por priorizar outros meios de formação e informação, como também já foi apontado, como, por exemplo, a internet, uma vez que 43,3% estão constantemente conectados. Mas também podem existir outros fatores que contribuam para esse resultado.

Na sociedade em geral, a internet – sobretudo as redes sociais – vem ocupando o espaço da televisão e toma boa parte do tempo do padre, seja para o trabalho, comunicação ou entretenimento. Como 70,5% dos padres dizem acessar as redes sociais constantemente, é natural que sobre pouco tempo para a televisão. Vimos que 49,8% dos padres dedicam aproximadamente trinta minutos por dia a programas de televisão, 38,2% destes assistem a noticiários e apenas 13,8% assistem a filmes. Esse número cai drasticamente quando se trata de assistir a filmes no cinema: 24,1%, enquanto 32,2% vão ao cinema "de vez em quando". As razões são mais explícitas nesse caso. Boa parte dos padres atua em cidades onde não há salas de cinema. Como a maioria dos clérigos leva uma vida de intensa atividade pastoral, sobra-lhes pouco tempo para práticas culturais dessa natureza. Além disso, o cinema não é considerado prioridade na formação intelectual e cultural dos sacerdotes, e boa parte deles vem de um estilo de vida que não inclui a frequência às salas de exibição.

Talvez parte dos padres que atuam nos grandes e médios centros urbanos usufrua dessa opção de lazer e cultura, mas, mesmo assim, não são todos que têm o hábito de ir ao cinema, preferindo ficar em casa no tempo livre e ver algum filme na TV ou em plataformas de *streaming*.

O fato é que assistir a filmes, em casa ou no cinema, não é uma unanimidade entre os padres, reflexo do comportamento da população em geral, que em sua maioria pertence à baixa classe média e à classe baixa. Em se tratando da origem socioeconômica da maioria dos padres brasileiros, como vimos, predomina a baixa classe média (62,5%), que não frequenta assiduamente os cinemas nem tem o hábito de ver filmes em casa, por razões culturais ou econômicas, como já citado.

2. Teatro

Se os padres não são muito de ir a cinemas, ou mesmo de assistir a filmes em casa, o quadro é ainda pior quando se trata de ir ao teatro, por várias razões. A mais evidente é a de que o teatro, embora seja uma forma de expressão artística e cultural das mais antigas e tenha sido usado nos primórdios da colonização do Brasil pelos jesuítas como instrumento de catequese dos índios, pode ser percebido hoje como uma arte seletiva, reservada a poucos, sobretudo quando se trata de peças clássicas, em tradicionais casas de espetáculos. Nesse caso, a situação econômica e a geográfica são dois fatores primordiais que dificultam o acesso a esse espaço cultural. Todavia, além desses motivos, há também a falta de hábito e de oportunidades. Apesar disso, mesmo a parcela dos padres que residem nos grandes centros urbanos frequenta pouco o teatro. Apenas 10,9% dos sacerdotes católicos vão regularmente. A grande maioria (63,1%) simplesmente não o frequenta e 26% vão "às vezes".

Embora os padres pertençam, de certa forma, a uma categoria privilegiada, nem todos veem essa manifestação cultural como algo importante, e outra razão disso talvez esteja nas suas origens, como dito antes em relação ao cinema. Por conseguinte, não valorizam o teatro como uma forma de expressão cultural, social e política, que vá além do mero entretenimento. Poucos têm olhar acurado e sensibilidade intelectual e artística para perceber que os textos e as encenações da arte dramática traduzem formas de pensamento, representações de épocas e vivências sociais as mais distintas. Quem tem o saudável hábito de ir ao teatro amplia seu olhar reflexivo e consegue enxergar aquilo que boa parte das pessoas não vê. Assim, tão importante quanto os livros e o cinema é a arte teatral, e ela deveria ser incentivada desde o período inicial da formação presbiteral.

Por essa razão, é preciso também saber selecionar essa arte, separando aquilo que é relevante daquilo que é irrelevante, e supõe-se que o padre, pela sua formação acadêmica, tenha condições de fazer tal avaliação. Talvez também por isso é que a maioria não veja espetáculos desse tipo.

Independentemente das razões, o fato é que 63,1% dos padres brasileiros não vão a teatros. Conversando pessoalmente com alguns, que talvez façam parte do grupo desses que não vão, encontrei, entre dez, quatro que nunca assistiram a uma peça, e outros dois que disseram ter visto apenas espetáculos circenses. A razão era que, antes de entrar para o seminário, eles moravam no interior, distante da cidade grande, e por isso nunca tiveram oportunidade de ir a um teatro. Além disso, a família, ligada ao trabalho do campo, ignorava a existência desse tipo de arte e o seu valor cultural. Depois que entraram para o seminário, nas suas várias etapas de formação, nunca foram incentivados a frequentar teatros. Alguns disseram que, nas etapas iniciais, quando estavam no seminário menor, eram estimulados a montar apresentações teatrais, como parte da formação e como diversão, mas que isso não chegava a ser um espetáculo de significado cultural e intelectual, ficando mais no âmbito da diversão, próprio das apresentações colegiais e da catequese. Assim, a maioria foi formada de modo a não valorizar a arte teatral, mesmo que no período do estudo de Filosofia possa ter lido obras importantes relativas a essa arte, como, por exemplo, *A mandrágora*, de Nicolau Maquiavel, e *Entre quatro paredes,* de Jean-Paul Sartre.

3. Lazer

No que diz respeito ao lazer, as respostas colhidas por esta pesquisa foram muito parecidas com aquelas relativas ao sedentarismo, ou seja, a porcentagem dos padres que "às vezes" tem momentos de lazer é praticamente equivalente àquela dos que praticam exercícios físicos esporadicamente.

Apesar de comprovado que ter momentos ao menos semanais de lazer faz bem para a saúde física e mental, nem todos os padres os têm. Para uma parte deles, lazer não é algo relevante, nem mesmo necessário, pertinente apenas se sobrar tempo – e tempo, quando não gerido adequadamente, nem sempre sobra. Há ainda aquela ideia típica do senso comum de que, uma vez que o padre "não trabalha", ele não necessitaria de momentos de lazer. Existe no imaginário coletivo da sociedade brasileira tal concepção. Inclusive há padres que, por estarem com essa ideia errônea impregnada no inconsciente, acabam por também acreditar que o seu trabalho ministerial não é de fato trabalho, considerando-se indignos de merecer dias de descanso, férias e lazer. Embora o ministério sacerdotal não seja trabalho no sentido de profissão, mas de vocação, esse ofício também exaure as energias, o que requer do padre momentos de descanso do corpo e da mente, de modo que possa se descontrair e recompor as energias para desempenhar melhor a missão.

Há, porém, quem ao procurar o clérigo em pleno dia de atendimento diga, sem constrangimento: "Desculpe-me por tirá-lo do descanso". Alguns padres, ao saírem para momentos de lazer, omitem essa prática, recomendando às atendentes que, se o procurarem, digam que ele está em retiro, missão, peregrinação ou em qualquer outra atividade religiosa, mas jamais que está de folga, se permitindo ao menos algumas horas de lazer. Lazer e diversão parecem ser interditos para o padre. Isso porque ainda há a ideia de que a sacralidade de suas funções o proíbe de se divertir. Diversão é tida como algo mundano para alguns mais fanáticos. Talvez porque o demônio comumente apareça nas gravuras sorrindo e se divertindo, enquanto Deus é sempre pintado como alguém sério, sisudo, severo. Quase não há estampas com Jesus sorrindo – e, se hoje elas podem ser encontradas na internet, não é essa a imagem dele que se fixou no imaginário popular. Embora Jesus seja pintado com rosto sereno, dificilmente é retratado sorrindo. Na Bíblia, quando ele é descrito em momento de descanso, sempre está rezando, nunca se divertindo (Lucas 5:6). Até mesmo nas refeições ele é descrito em missão, e não no prazer de comer ou do ócio criativo (Lucas 7:36-49; Mateus 26:14-28). Seu descanso é sempre interrompido para atender à demanda missionária (Marcos 6:30-34). Do mesmo modo, um homem de Deus não deveria se entregar a momentos de descanso e diversão, correndo o risco de estar se desviando do caminho sagrado e cedendo ao demônio, ou negligenciando a missão. E isso é exigido também dos apóstolos e discípulos de Jesus. Pedro, Tiago e João, num dos poucos momentos em que dormem, são repreendidos por Jesus, que lhes diz: "Vocês não puderam vigiar comigo nem por uma hora? [...]. Vigiem e orem para que não caiam em tentação. O espírito está pronto, mas a carne é fraca" (Mateus 26:40-41).

Desse modo, a imagem do homem de batina preta ou paramentado, ministrando os sacramentos, é a que predomina no imaginário coletivo quando se trata do padre. Não são todos que conseguem ver que por trás da batina há um ser humano com necessidades similares às de tantas outras pessoas, inclusive as de descanso e lazer.

O descanso e o lazer podem ser tratados de modo associado, porque ambos são importantes e precisam ser levados a sério para se ter qualidade de vida. Como diz a expressão paradoxal, "brincadeira é coisa séria". Vimos que o padre lida diariamente com situações complexas, contextos da vida alheia que de alguma forma podem afetar o seu estado psicológico. Portanto, permitir-se momentos de descontração, com certo distanciamento da rotina, não é um luxo, mas uma necessidade para a sua saúde física e mental. A preocupação com os compromissos, com os inúmeros trabalhos na paróquia e com a correria do dia a dia faz com que muitos padres pensem que os momentos de lazer não devem estar na agenda como algo necessário, mas que possam ser apenas algo casual.

Todo padre tem, ou deveria ter, um dia de folga na semana. Porém, não são todos que nesse dia descansam ou se descontraem em alguma forma de lazer. O padre nem sempre tem o direito e a liberdade de ficar em sua casa em dia de folga. Se ele permanecer na casa paroquial nesse dia, dificilmente terá sossego, pois será procurado constantemente. Mesmo saindo, é comum que seja chamado pelo celular a dar algum tipo de atendimento ou para resolver algum problema da paróquia, entre outras inúmeras atividades que ele faz todos os dias. Ainda que a comunidade paroquial saiba que aquele é seu dia de descanso, há quem o procure justamente porque o sacerdote está "desocupado" e terá tempo para atender, como se o atendimento não fosse o seu trabalho cotidiano. Há os que o procuram nesse dia para confissão, direção espiritual, tirar dúvidas, reuniões e, sobretudo, para a extrema-unção (ou unção dos enfermos) ou velórios. Caso o clérigo não atenda, logo é alvo de descontentamento, sendo acusado de omissão, preguiça ou coisa parecida. Por essa razão, muitos padres evitam a paróquia em seu dia de folga. Alguns imaginam que o dia de descanso do padre também é o domingo, sem entender que esse é exatamente o dia em que ele mais trabalha. Há padres que celebram até seis missas no domingo, sem contar outras atividades. Há quem ainda não entenda por que o dia de descanso do padre é na segunda-feira, quando a população em geral trabalha, mas é justamente por isso que a maioria das dioceses estipula esse dia para os padres tirarem o seu descanso e aproveitá-lo como bem entenderem. Ainda assim, há quem marque reunião ou outra atividade paroquial na segunda-feira à noite e quer a presença do padre. Quando o sacerdote permite que isso aconteça, acaba comprometendo sua saúde física e mental.

Entretanto, cada padre lida à sua maneira com seu dia de folga. Para alguns, o lazer pode ser uma forma de descanso, mera válvula de escape dos problemas com os quais lida diariamente; para outros, pode ser momento de construir relações consigo mesmo e com os amigos, de adquirir conhecimento, lendo um bom livro, ou fazer alguma coisa diferente daquela que faz todos os dias; outros ainda aproveitam esse dia para se ocupar com atividades de cunho estritamente pessoal. Seja qual for a maneira como o padre aproveita o seu dia de descanso, o fato é que esses momentos ajudam a combater o estresse físico e mental e estão, portanto, associados à boa saúde. Se fossem vistos por esse ângulo, nenhum padre hesitaria em usufruir desses dias de descanso, tendo momentos de lazer sem peso na consciência.

Quando perguntados se dedicavam algum tempo semanal ao lazer, 51,3% dos padres disseram que sim. Porém, essa porcentagem corresponde a praticamente metade deles. E a outra metade, por que não dedica um tempo semanal ao lazer? Algumas razões já foram expostas, mas podem existir outras. Não foi perguntado a eles por que não tinham momentos de lazer, mas esse dado indica que quase metade dos padres não os prioriza. Esse dado mostra também que quase 50% dos sacerdotes não se preocupam com a saúde preventiva, contradizendo, de certa forma, as respostas de outro momento dessa pesquisa, em que 65,9% disseram se submeter a acompanhamento médico periódico, o que mostra que, para eles, lazer não está associado à saúde, mas apenas ao ócio.

Em entrevista pessoal com alguns padres que "às vezes" usufruem de lazer semanal, eles me disseram que, no dia de descanso, aproveitam o período para preparar aulas, cursos, retiros e formação ministrados na paróquia, entre outras atividades, e fazem isso por não ter outro dia disponível. Um deles me disse que ficou tanto tempo sem ter momentos de lazer que, quando teve um, sentiu-se profundamente desconfortável, com a sensação de que estava perdendo tempo, pois poderia estar fazendo algo produtivo, já que tinha muito trabalho acumulado. Essa fala, embora isolada, mostra o que pode estar por trás da atitude de muitos padres que não têm momentos de lazer em suas vidas devido à grande demanda de trabalho a eles confiada. Outro entrevistado disse ser comum em sua paróquia receber chamadas de madrugada, com pedidos para ir ao hospital levar a unção dos enfermos. Essa rotina de trabalho sem dias de lazer e horário de descanso leva muitos padres a desenvolver estresse, revelando, assim, que nem todos têm uma vida organizada de modo a ter seu dia de descanso e de lazer, como qualquer pessoa. Os dados desse quesito refletem a falta de planejamento de suas atividades pessoais e pastorais. No capítulo sobre pastorais e ministérios, vimos que uma parcela dos padres não planeja sua pastoral. Embora 77,8% tenham dito que sim, o restante disse que não a organiza ou planeja "às vezes". Se não há planejamento pastoral, provavelmente não há planejamento pessoal, e não havendo planejamento pessoal é impossível programar o lazer. Porém, o sacerdote católico que não se organiza pessoal e pastoralmente dificilmente terá tempo para descansar.

O sociólogo Domenico De Masi sublinhou a importância da alegria e da satisfação pessoal proporcionadas pelo fato de ter dias ou momentos em que nos desligamos dos compromissos e optamos por não fazer nada, chamando esse tempo de "ócio criativo"[59], pois essas ocasiões aumentam a nossa criatividade, fazendo crescer em nós o potencial de imaginação, o que, no caso dos padres, contribui para o melhor desempenho no trabalho e na missão. Clérigos que levam a sério o dia de descanso e o lazer em suas vidas são geralmente mais felizes. Desse modo, a ociosidade em algum momento da semana não é perda de tempo, omissão ou descaso com a missão, mas uma forma de melhorar a qualidade da vida para poder servir melhor. É comum haver padres que não descobriram que estar ocioso em algum momento – e aproveitar esse tempo livre para a reflexão e a recreação – seja algo saudável, uma vez que boas ideias podem surgir e ser aproveitadas no dia a dia. Enfim, o ideal é que o padre consiga encontrar o equilíbrio entre as suas necessidades pessoais, ministeriais, emocionais e o lazer. Isso contribuirá para que se sinta bem, encontrando o prazer e a alegria em suas ações.

4. Férias

Se os dias de descanso e lazer são importantes para a saúde do padre, não é diferente com as férias. Elas constituem não apenas uma pausa mais longa no ritmo das atividades diárias do trabalho pastoral, mas, sobretudo, uma ocasião para arejar a mente e recompor as energias. É comprovado que férias, quando bem-aproveitadas, ajudam a diminuir o estresse, a relaxar e a aumentar os níveis de disposição e de criatividade, já que, quando se está num ritmo acelerado, quase não se tem tempo para pensar em outras coisas senão naquilo em que se está focado. Quando o padre consegue recompor bem seu vigor, ele retoma os trabalhos pastorais bem mais disposto, alegre, produtivo e criativo, com muito mais disposição para a missão.

---

59 Cf. DE MASI, Domenico. *O ócio criativo*. Rio de Janeiro: Sextante, 2000.

Além do mais, é importante que o padre reserve tempo para as atividades sociais às quais não consegue se dedicar no decorrer do ano, como, por exemplo, visitar a família, os amigos distantes, colegas padres de outras localidades e participar de eventos culturais ou de lazer.

Apesar de o período de férias ser benéfico e necessário, não são todos os padres que usufruem desse tempo como um momento de verdadeiro descanso. Alguns nem tiram férias ou passam anos sem elas, como é o caso de 21% dos entrevistados nesta pesquisa. Outros 23,2% saem de férias "às vezes", mas não todos os anos. Diante desse quadro, podemos perguntar: por que 44,2% – um índice altíssimo, talvez único entre todas as categorias profissionais do país – dos padres brasileiros não têm férias regulares?

O formulário aplicado não respondeu a essa pergunta. Contudo, busquei aprofundar essa questão e fiz entrevistas pessoais com alguns clérigos que estão entre os que não tiram férias ou que não o fazem com regularidade, mesmo sendo um direito que lhes é garantido pela Igreja. Assim, recolhi algumas razões possíveis para o fenômeno. Dois dos entrevistados eram idosos e disseram que não tiravam férias havia vários anos por opção. No entanto, no decorrer da conversa, percebi que não se tratava exatamente de "opção", mas de condição. Ambos eram padres que dependiam de outros, inclusive fisicamente, pois padeciam de certa debilidade. No entanto, eles disseram que não tinham mais familiares ou parentes próximos para visitar durante as férias. Os poucos familiares que ainda restavam estavam distantes geográfica e afetivamente, sendo, portanto, quase estranhos. Os outros três padres entrevistados eram de meia-idade, entre 50 e 55 anos. Estes disseram que nem sempre tiravam férias por motivos variados. Um deles alegou compromissos assumidos, que tomavam todo o seu tempo, e que por isso não encontrava ocasião para férias. Disse também que os meses mais propícios para elas eram ocupados por outras atividades previamente assumidas, como, por exemplo, aulas intensivas na faculdade, em extensão universitária, ou cursos de atualização acadêmica, já que era também professor e não tinha tempo para folgar, a não ser nos meses de férias ou de recesso acadêmicos. Os outros dois, nessa mesma faixa etária, justificaram com a falta de companhia para férias e limitações financeiras, uma vez que fazer uma viagem internacional, que era o desejo de ambos, seria impossível, em virtude dos preços proibitivos. Os outros cinco padres entrevistados eram jovens. Dois deles tinham entre um e dois anos de ordenação, e três tinham por volta de cinco ou seis anos. Os dois com menos tempo de sacerdócio alegaram, primeiro, o fato de estarem começando as atividades pastorais e, segundo, a necessidade de aproveitar o período das férias para terminar a monografia acadêmica. Ambos disseram que tinham tirado alguns dias para visitar a família e os amigos, mas que férias de trinta dias, como prevê o Código de Direito Canônico (Cân. 533 §2), eles ainda não tinham tirado. Os outros três, com um pouco mais de tempo de ordenação, disseram que não tiraram férias regularmente nesses anos por motivos distintos. Um deles disse que na ocasião em que havia previsão de férias ocorreram contratempos e ele teve que adiá-las; o outro disse que, no período em que poderia ter tirado férias, optou por fazer uma cirurgia, que o impossibilitou de viajar. E o terceiro disse que não tirava férias pelo fato de que, para ele, eram períodos de tensão e fonte de estresse em vez de relaxamento e descanso, e, sendo assim, preferia ficar em casa. Disse também que, quando tirava férias, visitava a família numa cidade do interior. Porém, quando lá chegava, o padre da paróquia local também tirava férias e o recrutava para celebrar missas em seu lugar. Constrangido em recusar o pedido, assumia as missas e outras atividades pastorais do pároco e acabava por não descansar. Partilhou também que, pelo fato de sua família morar numa cidade pequena, todos ficavam sabendo que o padre da cidade estava no local, e com isso havia muitos pedidos de visitas a doentes, bênçãos nas casas, reza do terço em família e outras atividades similares. Portanto, ele não considerava aquele período longe de sua paróquia como férias, pois suas atividades continuavam as mesmas. Todos esses padres entrevistados eram de regiões diferentes e não se conheciam.

Entrevistei também alguns padres que pertencem àqueles 55,9% que tiram férias regularmente, todos os anos. Nessa conversa informal, que versou sobre a importância das férias e sobre o que faziam durante esse período, recolhi as seguintes informações: boa parte disse não renunciar às férias e que, se pudesse, as tiraria mais vezes ao ano. Nesse aspecto, alguns deles disseram dividir as férias em duas etapas, porque isso lhes trazia benefícios físicos e mentais. Nesse período de descanso eles disseram visitar a família, viajar com amigos a algumas regiões do Brasil e até mesmo do exterior. A maioria afirmou que vai à praia nas férias, sem assumir nenhum compromisso pastoral ou ministerial. Dois deles disseram que nem vão à missa quando estão em férias, afastando-se de tudo que está relacionado ao ministério sacerdotal. Quando perguntei a um deles se o fato de não celebrar nem participar da eucaristia durante trinta dias não lhe fazia falta, respondeu-me que não, afirmando que lhe fazia bem esse distanciamento proposital, pois depois voltava com mais vontade de celebrar e com mais certeza ainda de que o ministério sacerdotal, com missas diárias durante o ano, como costumava ter, é importante. Um fato curioso é que um desses sacerdotes disse também que, além das férias, sempre arranjava alguma viagem no decorrer do ano para poder sair da rotina da paróquia. Para essas "escapadas" ele usava a desculpa de retiros, peregrinações promovidas por alguma agência de viagem, na qual ele participava como diretor espiritual, ou mesmo cursos ou outras atividades que justificavam a sua ausência da paróquia por alguns dias. Essas circunstâncias não eram computadas como férias por ele, mas como oportunidades de descanso e distanciamento da rotina paroquial.

O Código de Direito Canônico garante esse direito, afirmando que "é lícito ao pároco, a título de férias, ausentar-se anualmente da paróquia, no máximo por um mês contínuo ou intermitente"[60]. Assevera ainda que "não são calculados nesse tempo de férias os dias que o pároco dedica, uma vez por ano, aos exercícios espirituais" (idem). Observamos antes que 95,1% dos padres fazem retiro e que 20,6% deles o fazem mais de uma vez ao ano. Desse modo, alguns dos padres que disseram não tirar férias (21%) podem fazer das ocasiões de retiros oportunidades de descanso. No entanto, a grande maioria que faz retiro também tira férias todos os anos.

Enfim, embora os padres tenham direito a esse tempo, pois trabalham e estão disponíveis para o serviço pastoral praticamente todos os dias do ano, vimos que 21% não usufruem desse descanso. As razões para isso são várias, como as que vimos antes, mas lembremos

---

60 Cf. Código de Direito Canônico, Cân. 533, § 2.

os 7,7% de clérigos estrangeiros, que chegam a ficar anos longe de suas famílias. Alguns deles reservam as férias para algum tratamento médico, outros para solucionar assuntos pessoais, outros, ainda, para formação ou peregrinação especial etc. Embora haja quem não entenda por que os padres precisam de férias, se olharmos a quantidade de dias ao ano em que o padre está à disposição da comunidade, em comparação com a dos demais trabalhadores formais, veremos que os padres têm muito menos dias de descanso. O tempo de férias, mesmo sendo de trinta dias, na teoria, é bem menor na prática, também na comparação com o dos trabalhadores formais. Estes têm, além de suas férias, dois dias livres por semana, sem contar os feriados religiosos católicos – dias nos quais os padres mais trabalham.

5. Viagens e destinos preferidos

Aqui trato das viagens dos homens que se consagraram a Deus: os padres brasileiros viajam com frequência? Se fazem viagens internacionais, quem as custeia? Já estiveram em Roma? Mas, antes de ver e analisar as respostas, vamos refletir um pouco sobre viagens e a sua importância como contributo cultural.

Não há dúvida de que viajar faz bem, tanto para a formação pessoal, no aspecto cultural, como para a mente, no sentido de arejá-la e ampliar o conhecimento. Na formação pessoal, as viagens ajudam a expandir horizontes, uma vez que possibilitam conhecer novas culturas, outros povos e realidades diversas, de modo que o viajante compreenda seus limites e os de sua cultura, de seu jeito de ser e de pensar, o que nos faz lembrar o "mito da caverna", de Platão.

Refiro-me a essa alegoria filosófica por sua similitude com a realidade daqueles que nunca saem de seu lugar de origem e que só conhecem o mundo pelos meios de comunicação. Por essa razão, quem viaja tem outra concepção do mundo, outra forma de ver e lidar com as realidades e com as pessoas que os cercam, pois as viagens ampliam o conhecimento do mundo e ajudam a construir novas narrativas. E não importa o tipo ou a finalidade da viagem – a passeio, a trabalho, em missão ou peregrinação ou, ainda, um intercâmbio de estudo ou mesmo sem nenhum motivo aparente.

Todo padre, na sua labuta diária, em qualquer missão, precisa enfrentar imprevistos. No entanto, com o passar do tempo, vai se acostumando com a realidade, e as situações e os acontecimentos já não são mais tão imprevisíveis – com isso, corre o risco de se acomodar com a normalidade das coisas, enfraquecendo a capacidade de lidar com acontecimentos inesperados. Porém, ao viajar, sobretudo ao exterior, lidar com os imprevistos passa a ser mais do que uma habilidade importante, mas uma necessidade para a sobrevivência e o desenvolvimento pessoal. Isso porque, fora do ambiente conhecido, e em situações com as quais não está familiarizado, o viajante tende a encontrar imprevistos, sem contar com a rede de apoio que comumente tem em seu lugar de origem. Ela terá que usar a criatividade para solucionar problemas. Em síntese, viagens são oportunidades para treinar a habilidade de encarar o que não está sob o controle do viajante.

Perguntei, então, se o padre viajava com frequência: 41,1% disseram que não; 36,3% disseram que às vezes; e 22,6% disseram que o fazem frequentemente. Para aprofundar essas questões, entrevistei alguns padres pessoalmente. Entre os que disseram não viajar, todos alegaram falta de tempo e de dinheiro, com excesso de trabalho na paróquia, não lhes sobrando tempo para viagens mais demoradas, e que, além disso, os recursos não possibilitavam que fizessem viagens longas, sobretudo internacionais. Ainda entre eles, três afirmaram não viajar porque consideravam cansativo, apesar de dois deles acharem prazeroso. O outro disse que a falta de companhia para viajar também era um fator que dificultava assumir viagens mais longas. Ainda entre os que declararam não viajar, dois afirmaram fazer apenas viagens curtas, pelo motivo já alegado.

Os que afirmaram viajar às vezes, que é o segundo maior grupo (36,3%), também alegaram falta de tempo e dinheiro. Disseram que, se pudessem, viajariam mais, e que sempre que surge uma oportunidade – e se as condições são favoráveis – eles viajam. Na entrevista pessoal, perguntei qual era o destino mais frequente. A maioria disse escolher o litoral brasileiro, com destaque para o Nordeste; em segundo, viagens para visitar a família; e, em terceiro, viagens internacionais, tendo a Itália como o destino favorito, seguido de França, Portugal e Espanha. Alguns países da América Latina também foram apontados, como

Argentina, Chile e México. Poucos se referiram aos Estados Unidos como destino.

Os padres do último grupo, daqueles que disseram viajar com frequência, que correspondem a 22,6%, afirmaram viajar pelo menos duas vezes ao ano para fora do Brasil e três ou quatro vezes dentro do Brasil, incluindo viagens de curta distância e duração – e que, mesmo nestas, "curtiam" o passeio. Entre essas viagens estão as da missão, inclusive as internacionais, que predominam como viagens a trabalho. Foi o que disseram sete entre dez dos entrevistados desse grupo. Diferentemente do segundo grupo, a maioria disse viajar a passeio. No último grupo, a maioria disse viajar a trabalho ou em decorrência de funções religiosas, que nem sempre configuram férias ou lazer, como, por exemplo, peregrinações, reuniões de trabalho e cursos.

Entre os destinos das viagens internacionais, como já foi citado, há predomínio da Itália, mais especificamente Roma, por razões óbvias. Por isso, a segunda pergunta desse bloco versou sobre a visita dos padres à "cidade eterna", sede da Igreja Católica: quase metade – 46,4% – nunca esteve em Roma. Isso se explica, em parte, pelo fato de que 47,6% dos padres brasileiros têm menos de 45 anos. No entanto, 28,5% foram mais de uma vez e 25,1% responderam ter ido apenas uma. Se somadas essas duas últimas porcentagens, veremos que 53,6% dos clérigos brasileiros viajaram à sede do papado pelo menos uma vez.

A outra questão, ainda relacionada a viagens, versou sobre o custeio delas, sobretudo as internacionais – a Roma ou a qualquer outro destino. A maioria dos padres (58,7%) disse que suas viagens são custeadas com seus próprios recursos, enquanto 25,4% assinalaram que elas eram custeadas por outros, mas sem especificar. Em conversas com alguns que estão nesse segundo grupo, eles me disseram que suas viagens eram custeadas por agências que organizam peregrinações. Nelas, o padre vai como diretor espiritual do grupo e, portanto, ganha as suas passagens, além de uma ajuda de custo. Ainda nesse grupo, alguns disseram que suas viagens eram fomentadas por instituições de pesquisa, pela própria instituição religiosa à qual o clérigo pertence ou, ainda, por "padrinhos" ou "madrinhas", pessoas caridosas que oferecem as passagens ao sacerdote.

Os que disseram que suas viagens são financiadas por amigos correspondem a 8,5%. Alguns disseram que famílias amigas têm colaborado total ou parcialmente com suas viagens. Os que disseram viajar com recursos da diocese são 3,8%. Esses viajam geralmente a serviço ou acompanhando seu bispo em alguma atividade. Os que disseram viajar por conta da paróquia são 2,5%. Esses também, em sua maioria, disseram viajar em missão. E os que viajam pela Conferência Nacional dos Bispos do Brasil formam 1,1%, alegando que se deslocam a serviço.

VIII.

Os padres e a sua relação com a política

Neste capítulo investigo o perfil político do padre brasileiro, seja por meio de sua relação com os sistemas sociais vigentes, seja por meio da Igreja e de sua condição de padre, contemplando desde a política partidária até seu sentido original grego: aquilo que diz respeito à *pólis* (cidade-estado).

A primeira questão proposta pela pesquisa versa sobre afiliação partidária. Quis saber a porcentagem de padres afiliados a algum partido político, ou interessados em se candidatar a algum cargo dessa natureza. Em seguida, perguntei se eles concordavam que sacerdotes católicos se candidatassem a cargos políticos e se apoiavam abertamente algum candidato. A quinta pergunta buscou saber se os clérigos estavam satisfeitos com o governo federal.

Recordo que, mesmo havendo certa proibição de parte da Igreja à candidatura de padres a cargos políticos, há clérigos que se candidatam. O Código de Direito Canônico diz que "Os clérigos não podem ter parte ativa nos partidos políticos e na direção de associações sindicais, a não ser que a juízo da competente autoridade eclesiástica o exijam a defesa dos direitos da Igreja ou a promoção do bem comum". Porém, é importante destacar o que diz a nota desse cânone: "Proíbe-se a política partidária, mas não a política em geral, como arte de procurar o bem comum"[61]. A busca pelo bem comum é apoiada e incentivada pela Igreja, porque é uma postura profética e evangélica, e não sinônimo de atuação político-partidária. No entanto, se é proibido que os padres militem em partidos políticos, então por que alguns deles se candidatam a um cargo político? O Código de Direito Canônico, no mesmo cânone citado, lembra que tal candidatura deve contar com a concordância e a autorização do bispo local, que levará em conta as razões e apresentará as condições para que o sacerdote se candidate, lembrando que, para se candidatar, ele precisa se filiar a um partido – algo que a Igreja não aprova.

Da política partidária passei para a pastoral, e perguntei aos padres se mantinham em suas paróquias a política enquanto pastoral, isto é, uma pastoral que, entre outras ações, busca unir a fé e a política, visto que concebe a segunda como uma dimensão fundamental para a vivência da primeira, e a fé como horizonte da utopia política. Seu enfoque deve conduzir seus partícipes a assumir a causa dos pobres, dos oprimidos e excluídos da sociedade, priorizando a conscientização e a organização popular, de modo que se comprometam com o exercício da cidadania ativa e ajudem a construir uma sociedade democrática, plural e planetária com base nos princípios evangélicos. Nesse sentido, a Igreja, por meio das pastorais sociais, sobretudo a de fé e política, incentiva a participação efetiva dos cristãos em conselhos paritários, grupos, movimentos e organizações coletivas que visem à transformação da sociedade pela via da ação política.

Por fim, perguntei aos padres se participavam direta ou indiretamente da defesa de políticas públicas. Lembro que em 2019 a Igreja no Brasil, por meio da Campanha da Fraternidade, trouxe o tema "Fraternidade e políticas públicas" e o lema "Serás libertado pelo direito e pela justiça" (Isaías 1:27). Nessa ocasião, a campanha chamava a atenção para ações e programas que garantissem os direitos humanos. Não falava diretamente de política partidária ou de eleições, mas refletia sobre um conjunto de ações que deveriam ser implementadas pelos gestores públicos e que envolviam direta e indiretamente políticas partidárias.

---

61 Cf. Código de Direito Canônico. Cân. 287, § 2. Cf. nota.

Vale ressaltar que, desde o ano 2000, a Igreja no Brasil tem abordado nas Campanhas da Fraternidade temas diretamente relacionados a questões políticas – como, por exemplo, no ano 2000, "Dignidade humana e paz", com o lema "Novo milênio sem exclusões". Em 2005, o tema da paz é retomado, porém associado à solidariedade: "Solidariedade e paz", com o lema "Felizes os que promovem a paz". Em 2010, com o tema "Economia e vida" e o lema "Vocês não podem servir a Deus e ao dinheiro", a Igreja tocou no espinhoso tema das desigualdades sociais fomentadas por políticas nefastas. No ano de 2016, com o tema "Casa comum, nossa responsabilidade", tratou, entre outros assuntos politicamente candentes, do meio ambiente e do saneamento básico. O lema dessa campanha foi "Quero ver o direito brotar como fonte e correr a justiça qual riacho que não seca". Porém, apesar dos apelos diretos e indiretos e os clamores pastorais, nem todos os padres se envolvem com essas questões, embora a omissão ou a abstenção também sejam uma postura política.

Constatamos, assim, que a política não é tema separado da vida ministerial e pastoral dos padres, embora muitos busquem colocar uma linha divisória entre essas duas instâncias. Percebi claramente essa postura nas respostas dadas neste bloco, sobretudo quando se trata de política partidária. Nesse caso, a grande maioria dos padres mostra manter aparente isenção política, e isso se reflete também na prática pastoral, com média adesão a pastorais sociais ou a pastorais de linhas mais próximas à política em sentido estrito ou, ainda, a pastorais que carreguem em seu nome o termo "política". Tudo indica que o referido termo está maculado pelo preconceito e pelo esvaziamento do seu significado, sendo associado apenas à corrupção e a interesses escusos, pessoais, de troca de favores ou obras ou ações que não visam o bem comum, mas a defesa exclusiva de interesses privados ou de uma minoria privilegiada.

1. Afiliação partidária

Antes de tudo é preciso definir filiação ou afiliação partidária, que são duas formas sinônimas, quando usadas com o sentido de se inscrever em algum grupo, instituição ou partido político, como é o caso aqui tratado. A filiação partidária é a forma que um eleitor tem de se vincular a um partido político, por se identificar com a sua ideologia, e, em alguns casos, também para concorrer a um cargo público mediante eleição. Para se filiar a um partido existem algumas regras que estão descritas na Constituição Federal, artigo 14, parágrafo 3º, inciso V. A primeira delas é a de que o eleitor deva estar em plena posse de seus direitos e deveres políticos (Lei nº 9.096/95, art. 16), ou seja, "em pleno gozo de seus direitos políticos", estando em condições de votar e de ser votado, bem como estar habilitado a exercer cargos eletivos. Desse modo, todo candidato a cargos eletivos deve estar filiado, com antecedência mínima de seis meses da data da eleição, a um partido político regularmente constituído (Lei nº 9.504/97), com registro deferido pelo Tribunal Superior Eleitoral, sob pena de ter seu pedido de registro de candidatura indeferido. Para um cidadão comum, filiar-se a um partido é um ato relativamente simples, bastando apenas que busque a sede ou o diretório do partido de sua preferência, com o título de eleitor, e preencha uma ficha de filiação que, posteriormente, observadas as regras estatutárias, será deferida pela agremiação.

Porém, no caso de padres, há algumas regras ou exigências adicionais que são colocadas pela Igreja. Por conseguinte, deve ser entendido que a política tem a ver com a cidadania e o dever do cidadão; logo, qualquer cidadão de uma nação é um ser político e, estando em dia com as leis do país, poderá candidatar-se como um exercício de sua cidadania. Essa regra é válida também para os padres. No entanto, a Igreja, como instituição independente do Estado, tem normas e regras para os seus afiliados, sobretudo em relação à afiliação dos clérigos a partidos políticos, com vistas à disputa de um cargo público. Como já foi citado, o Código de Direito Canônico veta aos clérigos duas adesões: a partidos políticos e a sindicatos. No entanto, perante a lei civil, o padre não perde o direito de se candidatar. Caso se candidate, ele deve se afastar do ministério de presbítero. Desse modo, conforme a lei da Igreja, existe apenas uma maneira de um clérigo candidatar-se a um cargo político: ele tem que se afastar temporariamente de suas funções sacerdotais.

Assim, ele deve antes pedir autorização a seu bispo e, no caso de ser padre regular, ao seu superior religioso. No entanto, seus superiores irão orientá-lo segundo o Código de Direito Canônico e as normas da Igreja local, e, em se tratando de padres regulares, além das orientações dessas instâncias citadas, também as da instituição religiosa à qual ele pertence.

Enfim, para o padre se filiar a um partido e ser candidato, depende do entendimento dele com seu bispo ou superior religioso. De acordo com as leis canônicas, os bispos não são favoráveis a candidaturas de padres a cargos públicos, tendo em vista que o padre precisa se dedicar exclusivamente ao seu ministério. Mesmo que ele tenha a pretensão de, como político, ajudar a população, é preciso fazer escolhas, e muitos bispos optam pelo desligamento do sacerdote se ele insistir em se candidatar. Esse quadro explica as respostas à pergunta sobre filiação a partidos: 97,1% disseram que não são filiados e apenas 2,9% disseram que sim.

Essa estatística mostra que quase a totalidade dos padres não é filiada a nenhum partido político, embora isso não signifique que eles não tenham identificação com alguma legenda ou ideologia política, sobretudo em relação à postura política, que pode ser de esquerda, centro ou direita. No atual quadro da conjuntura política do Brasil, são um tanto quanto evidentes essas três posturas na sociedade, sendo que nas duas pontas do sistema os posicionamentos são mais radicais, enquanto no centro a postura é de certa neutralidade. Em conversas pessoais com padres de diversas regiões do Brasil e de diferentes faixas etárias, detectei que predomina a postura neutra, que é a mais conveniente em todos os sentidos, sobretudo para não haver rejeições dentro da comunidade paroquial e da Igreja de um modo geral.

Se os padres não são, em sua maioria, filiados a partidos políticos, eles também majoritariamente não têm interesse em se candidatar a algum cargo eletivo: a maioria absoluta (95,5%) disse que não. Os demais mostraram certa simpatia com a ideia, sendo que 2,9% assinalaram que já tiveram interesse e apenas 1,6% disse ter interesse.

Além de a maioria não ter afiliação partidária e não ter interesse em se candidatar a cargos públicos, também não concordam que padres se candidatem a cargos políticos (72,7%). Porém, nesse item, o número de padres avessos à política partidária diminui. Os que concordam que padres se candidatem somam 17,6%, e 9,7% se mostraram indiferentes a essa questão. Ou seja, a maioria não está envolvida oficialmente com a política partidária, mas um bom número não coloca objeção quanto a isso (27,3%). Esse número também é coerente quando se trata de apoio a candidatos em épocas de eleição.

2. Apoio a candidatos em época de eleição

Constatamos que, de um modo geral, há certa aversão da parte da maioria dos católicos quanto ao padre manifestar explicitamente posturas políticas, sobretudo se ela significar apoio explícito, em época de eleição, a algum candidato específico. No entanto, como cidadão e líder religioso, cuja função também é a de orientar e apontar caminhos, o padre não apenas tem o direito, mas o dever de opinar politicamente, de modo que ajude a comunidade a discernir. Se o padre não fizer esse alerta, se omitirá em uma de suas funções como pastor, que é a de guiar o seu rebanho e protegê-lo dos lobos.

Porém, a orientação política se dará somente quando o padre tiver condições de fazê-lo, porque há sacerdotes que, por sua precária formação política e baixa consciência crítica, não têm condições de ajudar. Contudo, pior é quando o padre não tem consciência crítica e pensa que tem, e acaba por orientar os fiéis de forma errada. Nesse caso, seria melhor que se omitisse, evitando males maiores. Quando um padre manifesta uma postura política aberta, ele precisa ter consciência de que é um formador de opinião e que, dependendo da sua posição, pode contribuir para causar danos à sociedade.

Seja como for, a maioria (80,2%) dos padres brasileiros disse não apoiar abertamente nenhum candidato. Essa é a postura mais cautelosa, tendo em vista que na comunidade há pessoas com distintas opiniões e posturas políticas, inclusive apreciações que diferem daquela pela qual porventura o padre tenha se manifestado a favor. Quando isso ocorre, poderá gerar desconfortos pastorais e até mesmo contendas, que prejudicarão a comunidade e a missão do padre. Nesse aspecto, a atitude mais sensata é não manifestar publicamente apoio a nenhum político, nem usar de suas prerrogativas de clérigo, servindo-se do púlpito para favorecer abertamente algum candidato. No entanto, isso não significa que o sacerdote não deva conduzir reflexões de cunho esclarecedor, no sentido de alertar a comunidade sobre os perigos de eleger políticos desonestos. Essa postura é dever do padre como parte de sua missão profética. Ser profeta é missão de todos os batizados, sendo, portanto, parte inerente da missão cristã, e essa postura profética é uma das mais necessárias para um líder religioso. Quando o padre se omite diante de situações explícitas de desrespeito à vida ou na iminência da eleição de um político comprovadamente nefasto, ele está se omitindo em sua missão sacerdotal.

No entanto, nem sempre é fácil para o padre ter posturas isentas e, ao mesmo tempo, comprometidas com a política do bem comum e da defesa dos indefesos. Isentas de apoio explícito e direto, mas comprometidas com a verdade e os direitos humanos, o direito à vida – e a vida em plenitude (João 10:10). Contudo, a grande maioria das pessoas é de opinião contrária ao envolvimento do padre com questões políticas. Porém, quase todas as questões sociais dependem da política, e, se não houver envolvimento, no sentido de alerta e orientação, essa postura "neutra" poderá sinalizar conivência. Ao não se envolver com questões políticas, a Igreja está simplesmente permitindo que o lobo venha e ataque o rebanho (João 10:12).

Padres que assumem condutas explícitas de defesa dos oprimidos, o que é também uma atitude política, são comumente criticados, perseguidos, rotulados de "comunistas", com toda a carga negativa que essa expressão carrega. Ao serem firmes, não se deixando intimidar por tais críticas, podem sofrer ameaças de morte, e alguns chegam a ser mortos por causa de seu posicionamento em defesa das vítimas de um mundo onde o lucro e a materialidade vêm em primeiro lugar. Porém, se não ferir os interesses dos grandes ou dos políticos corruptos, o padre não será incomodado. O bispo dom Helder Câmara é autor de uma frase que elucida bem essa posição política. Ele dizia: "Quando dou comida aos pobres, me chamam de santo, mas quando pergunto por que existem pobres, me chamam de comunista".

Vejo no alto índice de respostas neutras dos padres, quando perguntados se apoiavam algum candidato, o reflexo de uma perspectiva aparentemente apolítica do sacerdote, o que não corresponde à realidade, pois, como já foi visto, toda pessoa, de alguma forma, tem uma postura política, seja ela de apoio, de oposição ou de omissão. No entanto, ao se isentar, evitando opinar ou orientar, permite-se que os mais estratégicos e influentes tenham mais oportunidades, mesmo que estes não sejam o melhor para a sociedade. Portanto, uma postura de isenção não é a mais sensata, embora seja a mais cômoda. Vimos também nessa pesquisa que 10% dos padres "às vezes" apoiam abertamente algum candidato. Enfim, a política partidária é um campo bastante delicado para o padre, e, quando se trata de tomar posições, as coisas ficam ainda mais melindrosas. Talvez por essa razão 3% dos padres disseram ser indiferentes em relação a essa questão. Apenas 6,8% disseram sempre apoiar abertamente candidatos em época de eleição.

3. Satisfação com o governo federal

Quanto à avaliação do governo federal, porém, os padres brasileiros não se revelaram isentos. A maioria – 60,1% – respondeu que não estava satisfeita; já uma parcela de 31,3% disse estar parcialmente satisfeita, e outra parcela, menor, de 7%, respondeu estar plenamente satisfeita. E 1,6% se declarou indiferente.

O padre, por ser representante da Igreja, é uma figura pública em quem a população ainda confia, e o seu posicionamento influencia votos. Não é por acaso que em épocas de eleição muitos clérigos são procurados por candidatos em busca de apoio. No entanto, como vimos, a imensa maioria dos sacerdotes católicos não se posiciona abertamente a favor de nenhum candidato.

4. Pastoral de Fé e Política

A Pastoral de Fé e Política é resultado, entre outras ações pastorais, do desenvolvimento das Comunidades Eclesiais de Base (CEBs) e dos movimentos sociais que inspiraram, à luz da Doutrina Social da Igreja, um posicionamento religioso segundo o qual a fé não é incompatível com a política. Ao contrário, mostra que a política, no verdadeiro sentido do termo, deve resultar da fé, da crença de que é possível um mundo melhor, mais igualitário, sem tantas disparidades sociais e injustiças.

Nesse sentido, a Pastoral de Fé e Política, que surge após o Concílio Vaticano II e se estende à medida que se estruturam as CEBs, mostra que a Igreja é uma instituição que faculta trazer para as suas bases reflexões de questões políticas e, assim, ajudar a fomentar uma consciência que contribua para a transformação da sociedade. Nesse sentido, é comum que em boa parte das dioceses do Brasil haja essa modalidade de pastoral, o que permite a atuação de padres e leigos, por meio de articulações de caráter pastoral, interagindo com a política nas suas várias instâncias (municipal, estadual e federal), de modo ativo e decisivo, sempre à luz da palavra de Deus e da fé. No entanto, apesar de a Pastoral de Fé e Política ser reconhecida pela Igreja, não são todas as paróquias que a têm. Esse cenário foi revelado nessa pesquisa, quando perguntado aos clérigos se eles mantinham em suas paróquias a referida pastoral ou algo similar. Do total de padres entrevistados, 80,1% responderam que não. Apenas 16,1% disseram que sim e 3,8% se mostraram indiferentes.

Esse alto índice de abstenção em relação à Pastoral de Fé e Política confirma a postura apolítica dos padres. Tão apolítica que até mesmo quando se trata de pastoral, que é uma ação sem relação direta com partidos, mas com a conscientização e o compromisso político, eles se mostraram avessos ou indiferentes. Nesse aspecto, percebe-se que, embora os padres estejam entre os que compõem o quadro social dos mais instruídos, quando o assunto é política as condutas se arrefecem e não há uma interação relevante, nem mesmo no sentido de contribuição para a reflexão sobre o tema. A maioria dos padres está mais voltada para as preocupações litúrgicas e sacramentais do que para a conscientização e o posicionamento político de seus fiéis, mesmo que isso tenha consequências sociais e eclesiais que atinjam diretamente a vida das pessoas e da paróquia.

Vemos, portanto, que a conduta política não é o forte dos padres, embora a política brasileira careça de pessoas com atitudes conscientes para se impor como instrumento de transformação social. Nesse aspecto, a Pastoral de Fé e Política seria uma ferramenta importante da Igreja para participar da política brasileira como instituição que ajuda a apontar os rumos do país, de modo que favoreça o bem comum.

Descobri que 80,1% das paróquias brasileiras são desprovidas da Pastoral de Fé e Política ou de algo similar, o que indica que elas não promovem discussões abertas e sistemáticas sobre esse tema, nem mesmo em época de eleição – número que mostra, contrariando certo discurso veiculado pela mídia, uma despolitização da Igreja no Brasil. Os 16,1% de sacerdotes que mantêm essa pastoral representam aquela parcela engajada da Igreja que ainda se envolve com questões dessa natureza e que tem, nos seus quadros, pastorais sociais, como vimos anteriormente, no capítulo que aponta que 58,3% dos padres tinham pastorais sociais em suas paróquias. Embora mais da metade dos padres trabalhe com pastorais sociais, quando se trata de questões pastorais explicitamente políticas esse número cai drasticamente.

5. Relação com as políticas públicas

Antes de analisar a participação dos padres na defesa de políticas públicas, cabe esclarecer, mesmo que de modo resumido, o que entendemos por elas. O termo remete a um conceito relativamente recente, mas amplo, das Ciências Políticas. Essa área de estudos ganhou mais visibilidade a partir da segunda metade do século XX, quando as produções acadêmicas norte-americana e europeia se debruçaram sobre estudos que tinham por objetivo analisar e explicar o papel do Estado, uma vez que suas instituições administrativas impactam e regulam diversos aspectos da vida em sociedade. Nesse sentido, pode-se inferir que as políticas públicas estão diretamente associadas às questões políticas e governamentais que medeiam a relação entre sociedade e Estado.

O conceito é comumente referido no plural – "políticas públicas" –, porque consiste na soma das atividades dos governos municipais, estaduais e federal, que agem diretamente ou por meio de delegação, influenciando diretamente a vida da população. Podemos resumir de forma mais genérica que as políticas públicas são aquilo que o governo escolhe fazer ou não fazer em termos de melhoria para a vida da população – daí a importância do envolvimento com elas. Para tanto, é preciso conhecer como são formuladas e aplicadas as políticas públicas estabelecidas pelo Estado brasileiro, representado nas suas três instâncias (municipal, estadual e federal). Aqueles que conhecem esse processo podem exigir ética na formulação e concretização

Operários da fé

dessas políticas públicas, além de ajudar a despertar a consciência de outros e incentivar a participação na construção de políticas públicas em âmbito nacional, estadual e municipal – e a Igreja, presente em todo o território nacional por meio de paróquias geridas pelos padres, tem importante papel nessa conscientização. Pessoas conscientes têm condições de propor políticas públicas que assegurem os direitos sociais dos mais frágeis e vulneráveis, aqueles pelos quais a Igreja fez opção preferencial[62]. Com essa consciência, é possível trabalhar para que as políticas públicas eficazes do governo se consolidem como política de Estado. Nesse sentido, é possível promover a formação política dos membros de nossa Igreja, especialmente dos jovens, em vista do exercício da cidadania, e os párocos e vigários paroquiais podem assumir esse compromisso, suscitando, assim, católicos comprometidos com a política como testemunho concreto da fé.

Essa participação deve ser do padre e da comunidade, mas o sacerdote tem papel fundamental no engajamento da comunidade, pois ele é a principal liderança dela. No entanto, quanto mais instâncias, organizações, instituições e pessoas estiverem participando em defesa das políticas públicas, mais elas acontecerão e beneficiarão toda a sociedade. Contudo, são poucas as pessoas que têm esse compromisso, seja por não saber seu significado, seja por não saber da sua importância e do dever do poder público em relação a elas, seja por se acomodar, achando que as políticas públicas serão executadas sem o engajamento da comunidade. Elas são dever do poder público, mas este comumente as negligencia, porque nem sempre são ações sociais visíveis. Embora sejam ações de grande importância e necessidade social, as políticas públicas comumente não se traduzem em visibilidade para os políticos e, portanto, não resultam em votos nas eleições.

Essa participação direta da sociedade, incluindo a Igreja e seus representantes, na elaboração e implementação de políticas públicas, está garantida pela Constituição Federal de 1988, que prevê a participação popular em conselhos deliberativos divididos em quatro áreas: infância e adolescência, saúde, assistência social e educação. À

---

62 Cf. CELAM. *Conclusões da Conferência de Medellín/1968*, p. 195-203.

medida que uma paróquia trabalha com pastorais sociais, e 58,3% delas assim atuam, conforme verificamos, ela está direta ou indiretamente participando na defesa de políticas públicas. Pastorais, como a da criança, do povo de rua, da moradia, entre outras, estão no campo das políticas públicas. A própria Pastoral de Fé e Política, presente em 16,1% das paróquias, lida diretamente com essa questão. No entanto, "políticas públicas" podem sugerir envolvimento direto com a política partidária, e, talvez por essa razão, boa parte dos padres tenha dito não participar delas. De acordo com os resultados dessa pesquisa, 36,2% dos clérigos disseram se envolver com elas. A parcela maior dos padres, que corresponde a 38,1%, disse que às vezes tem essa participação; já 22,9% disseram que não têm nenhuma participação, nem direta nem indireta, com a defesa de políticas públicas; e 2,8% se mostraram indiferentes quanto a essa questão. Somados os indiferentes e os que não têm nenhuma participação, temos 25,7% de sacerdotes católicos brasileiros que não militam pela defesa de políticas públicas. Somados aos intermitentes ou assistemáticos, o percentual sobe para 63,8%.

Assim sendo, podemos inferir que no perfil político dos padres predomina a conduta de isenção parcial ou total em relação à política, o que mostra a faceta de uma Igreja que pouco participa de situações dessa natureza, mesmo quando elas são decisivas para o bem-estar das pessoas.

Nessa conjuntura, o analfabetismo político se torna algo ainda pior quando os analfabetos políticos têm certo poder e influência social, ou gozam de algum *status* social, como é o caso da categoria dos padres. Os analfabetos políticos nem sempre são analfabetos no sentido estrito do termo, visto que o analfabetismo político independe de classe social, grau de escolaridade ou diplomas, idade, raça ou gênero, pois atinge qualquer um que diz que "odeia política" ou que "não se envolve com política", mas não percebe que sua conduta de omissão compactua com o *status quo*. A suposta isenção política esconde um permissivismo nocivo que prejudica a sociedade.

No caso dos padres "isentos", isso se agrava ainda mais, porque o clérigo, como figura pública, é um influenciador social. Aquilo que o padre fala no púlpito da igreja ou em púlpitos eletrônicos das mídias sociais, o modo como ele age ou as coisas que ele posta influenciam grandemente os seus seguidores. Porém, pelo fato de as consequências políticas não o atingirem diretamente, pelo fato de se encontrarem numa situação privilegiada, em que lhes são garantidos certos benefícios, os sacerdotes católicos nem sempre se preocupam com o custo de vida da população. Quando a Igreja se omite nessas questões, ela está permitindo que os políticos corruptos continuem a dirigir as instâncias de decisão da sociedade e a promover situações de marginalização. Portanto, essa conduta de isenção e omissão política pode configurar o analfabetismo político.

Enfim, esta pesquisa mostrou não somente padres distanciados do campo da política, mas também com posturas de desinteresse, indiferença e, portanto, de afastamento total das relações com o poder público e suas instâncias, voltando-se mais para as ações sacras, sobretudo para a liturgia e os movimentos espirituais, com pouco envolvimento social. Esse elevado número de padres com perfil apolítico representa uma conjuntura de deficiências estruturais, como, por exemplo, uma lacuna no seu próprio processo formativo e uma política deliberada da própria Igreja.

Considerações finais

Foi significativo o número de padres entrevistados presencial e virtualmente. Portanto, essa pesquisa representa o perfil do padre brasileiro: branco, relativamente jovem, oriundo da baixa classe média rural ou de pequenas cidades do interior, nascido em família simples, com baixa escolaridade e acentuada religiosidade católica.

Uma vez no seminário, estuda em cursos internos, sem reconhecimento oficial, sem prosseguir com os estudos depois de ordenado, além da pouca leitura. Os próprios documentos da Igreja, inclusive, não são lidos por ele como deveriam. Porém, é conectado à internet e adepto de redes sociais, usadas mais para postagens de conteúdo pessoal.

O padre brasileiro se mostra satisfeito com o pontificado do papa Francisco, e seu ministério está mais focado nas celebrações sacramentais, com missas dominicais em número acima do recomendado, o que mostra uma Igreja voltada mais para os sacramentos do que para as pastorais e as ações missionárias.

Revela-se satisfeito com a remuneração que recebe e demonstra entusiasmo com a vida sacerdotal, embora os relacionamentos fraternos sejam mais convencionais, no estilo "cada um consigo e Deus com todos".

As paróquias nas quais o padre brasileiro atua estão organizadas em um estilo suficiente para a sua manutenção, sem maiores ousadias pastorais. A maioria administra a paróquia com a ajuda de conselhos paroquiais, porém sem o rigor de uma gestão participativa. São conselhos consultivos, e não deliberativos, e muitos fazem questão de assim permanecer para não diminuir o seu poder. Tais paróquias, embora em sua maioria urbanas, mantêm características rurais.

A relação com o bispo, com outros padres e com os diáconos permanentes também não vai além da convencional. O padre brasileiro se diz firme na vocação, sem crises vocacionais, e lida muito bem com o celibato. É pouco ecumênico, evitando o convívio com outras denominações religiosas ou mesmo com os outros padres. Não se envolve muito com o fomento de vocações nem com os que já estão no processo formativo, visitando pouco os seminários. Quanto à identificação pastoral, predomina a pastoral paroquial de manutenção. Cultiva a espiritualidade por meio de pouca oração pessoal, mais com celebrações e participação em retiros, mas sem uma linha de espiritualidade específica.

Demonstra ser saudável fisicamente, mesmo levando uma vida sedentária. Alimenta-se bem e tem boa assistência médica. No que se refere a problemas psicológicos, o índice mostrou-se elevado, acenando para a preocupação com questões como depressão e suicídio. Quando o tema é sociabilidade, o assunto fica pulverizado. As amizades nas paróquias se mostraram boas, mas entre o clero o cenário se revelou de certa desunião.

Sobre a identidade afetivo-sexual, o cenário que se descortinou foi de forte tendência homoafetiva, porém com demonstração evidente de que o padre lida bem com questões de natureza sexual, sejam elas quais forem.

Quanto à vida cultural, o padre brasileiro, além de ler pouco, vai pouco ao cinema e quase nunca ao teatro. Ele não dedica muito tempo ao lazer e viaja sempre que pode, a trabalho ou em férias.

No âmbito político, o padre não se envolve, ou se envolve muito pouco. Não apoia candidatos nem padres que se candidatam. Apesar de se envolver pouco com a política, o padre brasileiro se declara insatisfeito com o governo federal. Não é muito adepto de pastorais sociais e não se envolve com questões relacionadas a políticas públicas.

Esse é o perfil do padre brasileiro revelado pela pesquisa que desenvolvi, com base nas respostas dadas pelos próprios padres.

Anexo

QUESTIONÁRIO SOBRE O PERFIL DO PADRE BRASILEIRO

NOTA: favor verificar que em algumas questões
pode ser assinalada mais de uma resposta.

Circunscrição Eclesiástica: _____

Regional: _____

I. IDENTIFICAÇÃO PESSOAL

1) Identificação
Diocesano [ ]   Religioso [ ]   Brasileiro [ ]   Estrangeiro [ ]

2) Faixa etária
Até 34 anos   [ ]
De 35 a 45 anos   [ ]
De 46 a 55 anos   [ ]
De 56 a 65 anos   [ ]
De 66 a 76 anos   [ ]
Mais de 76 anos   [ ]

3) Etnia
Branca   [ ]   Negra   [ ]   Amarela   [ ]
Parda   [ ]   Indígena   [ ]   Outras   [ ]

II. FAMÍLIA

4) Você mora só?
Sim [ ]   Não [ ]   Se não, com quantos? [ ]

5) Mora com a família?
Sim [ ]   Não [ ]

6) É filho único?
Sim [ ]   Não [ ]   Se não é filho único, qual o número de irmãos? [ ]

7) É filho de pais separados?
Sim [ ]   Não [ ]

8) Há pais ou irmãos de outra religião?
Sim [ ]   Não [ ]

9) Você ainda tem os pais vivos?
Sim [ ]   Não [ ]   Somente a mãe viva [ ]   Somente o pai vivo [ ]

10) É arrimo de família (sustenta alguém da família)?
Sim [ ]   Não [ ]   De vez em quando [ ]

11) Grau de escolaridade dos pais

Analfabetos	[ ]
Terceiro grau incompleto	[ ]
Ensino fundamental incompleto	[ ]
Terceiro grau completo	[ ]
Ensino fundamental completo	[ ]
Pós-graduação	[ ]
Ensino médio incompleto	[ ]
Outros	[ ]
Ensino médio completo	[ ]

Quais?_____

III. ORIGEM SOCIAL

12) Indicador social de origem

Classe alta	[ ]	Classe média alta	[ ]
Classe média	[ ]	Classe média baixa	[ ]
Classe baixa	[ ]	Abaixo da linha de pobreza	[ ]
Outras	[ ]		

13) Origem
Rural [ ]   Urbana [ ]   Outra [ ]

14) Renda familiar no mês, em salários mínimos

Até 2	[ ]	Mais que 2 até 3	[ ]
Mais que 3 até 5	[ ]	Mais que 5 até 10	[ ]
Mais que 10 até 20	[ ]	Mais que 20 até 50	[ ]
Mais que 50	[ ]		

IV. FORMAÇÃO E INFORMAÇÃO

15) Grau de instrução
Especialização [ ]   Mestrado [ ]   Doutorado [ ]   Outras graduações [ ]

16) Seu curso de Filosofia é reconhecido pelo MEC?
Sim [ ]   Não [ ]   Em via de reconhecimento [ ]

17) Seu curso de Teologia é reconhecido?
Sim [ ]   Não [ ]

18) Em que área fez outras graduações ou pós-graduação?
_____

19) Já fez algum curso na área de gestão eclesial?
Sim [ ]   Não [ ]   Não sabe informar [ ]

20) Você fala alguma língua estrangeira?
Sim [ ]   Não [ ]
Se você fala alguma língua estrangeira, qual ou quais?
_____

21) Participa com frequência de cursos de atualização para presbíteros?
Sim [ ]   Não [ ]   Às vezes [ ]

22) Quantos livros você lê por ano?
Nenhum [ ]   Um livro [ ]   Dois livros [ ]   Três livros [ ]
Mais de três livros [ ]   Aproximadamente quantos? [ ]

23) Se você lê, que tipo de leitura faz?
Bíblicas, teológicas e pastorais [ ]
Romances   [ ]
Autoajuda   [ ]
Ciências humanas   [ ]
Outras   [ ]
Se outras, quais? _____

24) Quanto tempo você dedica aos estudos?
Menos de uma hora por dia   [ ]
Mais de uma hora por dia   [ ]
Não me dedico aos estudos   [ ]
Outros   [ ]

25) Está satisfeito com a formação recebida?
Sim [   ]   Não [   ]   Ainda não [   ]   Não sei [   ]

26) Tem acompanhado (lido) os últimos documentos da Igreja (papa e CNBB)?
Documentos da CNBB
Sim [   ]   Não [   ]   Às vezes [   ]   Indiferente [   ]

Documentos do papa
Sim [   ]   Não [   ]   Às vezes [   ]   Indiferente [   ]

27) Tem produzido algo escrito?
Sim [   ]   Não [   ]   Às vezes [   ]   Indiferente [   ]

28) Se você tem escrito, o que tem escrito?
Livros [   ]   Artigos   [   ]
Livros e artigos [   ]   Resenhas e outros [   ]

29) Lê jornais e revistas?
Sim [   ]   Não [   ]   Às vezes [   ]

30) Assiste à TV?
Pouco [   ]   Muito [   ]   Às vezes [   ]

31) Que tipo de programa costuma ver na TV?
Noticiários   [   ]
Novelas   [   ]
Programas de humor   [   ]
Reality shows   [   ]
Documentários   [   ]
Concertos   [   ]
Filmes   [   ]
Programas de auditório [   ]
Outros? Quais? _____

32) Quanto tempo você se dedica a assistir à TV ao dia?
Entre 30 minutos e 1 hora   [   ]
Entre 1 e 2 horas   [   ]
De 2 a 3 horas   [   ]
Mais de 3 horas   [   ]
Não assisto   [   ]
Assisto esporadicamente   [   ]

33) Acessa a internet?
Pouco [   ]   Muito [   ]   Às vezes[   ]   Não acesso [   ]

34) Você acessa as redes sociais?
Sim [ ]   Não [ ]
Se sim, quais?_____

V. PASTORAIS E MINISTÉRIOS

35) Está satisfeito com o pontificado do papa Francisco?
_____

36) Celebra a eucaristia todos os dias?
Sim [ ]   Não [ ]   Mais ou menos [ ]   Indiferente [ ]

37) Quantas missas, em média, você celebra aos domingos?
Uma   [ ] Duas   [ ] Três   [ ]
Quatro [ ] Mais de quatro [ ] Quantas [ ]

38) Você se considera missionário?
Sim [ ]   Não [ ]   Indiferente [ ]

39) Você está satisfeito com as côngruas que recebe?
Sim [ ]   Não [ ]   Indiferente [ ]

40) Você exerce alguma atividade profissional além do ministério sacerdotal?
Sim [ ]   Não [ ]   Às vezes [ ]
Qual? _____

41) Acompanha com alegria e entusiasmo a caminhada pastoral da sua diocese?
Sim [ ]   Não [ ]   Indiferente [ ]

42) Você se relaciona de maneira fraterna com os irmãos presbíteros da sua diocese?
Ótimo [ ]   Bom [ ]   Regular [ ]   Ruim [ ]   Indiferente [ ]

43) Organiza planejamento pastoral na sua paróquia?
Sim [ ]   Não [ ]   Às vezes [ ]
Não sabe responder [ ]   Não trabalho em paróquia [ ]

44) Onde exerce seu ministério?
Paróquia urbana   [ ]
Paróquia rural   [ ]
Periferia   [ ]
Universitária   [ ]
Outras   [ ]

45) Trabalha com Conselhos Paroquiais?
Conselho Paroquial de Pastoral (CPP) [ ]
Conselho de Assuntos Econômicos [ ]
Esses e outros [ ]
Quais? _____

46) Se você atua em outros ambientes, quais?

_____

47) Como você classifica o local onde exerce seu ministério?
Desafiador [ ]   Sem grandes desafios [ ]
Sem nenhum desafio [ ]   Indiferente [ ]

48) Participa de associação de presbítero local?
Sim [ ]   Não [ ]   Outras [ ]

49) Mantém contato constante com o bispo?
Sim [ ]   Não [ ]   Às vezes [ ]

50) Já passou por crise vocacional?
Sim [ ]   Não [ ]   Às vezes [ ]

51) Trabalha com Pastorais Sociais?
Sim [ ]   Não [ ]   Às vezes [ ]

52) Qual é seu grau de satisfação com o celibato?
Excelente [ ]   Ótimo [ ]   Bom [ ]
Regular [ ]   Insatisfeito [ ]   Indiferente [ ]

53) Quantos anos tem de ministério presbiteral?
1 a 5 anos [ ]   26 a 30 anos [ ]
6 a 10 anos [ ]   31 a 35 anos [ ]
11 a 15 anos [ ]   36 a 45 anos [ ]
16 a 20 anos [ ]   Acima de 46 anos [ ]
21 a 25 anos [ ]

54) Usa as redes sociais para trabalho pastoral?
Sim [ ]   Não [ ]   Às vezes [ ]

55) Atua nos meios de comunicação social?
Sim [ ]   Não [ ]   Às vezes [ ]

56) Sua paróquia tem diácono permanente?
Sim [ ]   Não [ ]

57) Se sua paróquia tem diácono(s) permanente(s), como é o relacionamento com ele(s)?
Ótimo [ ]   Bom [ ]   Regular [ ]   Ruim [ ]   Péssimo [ ]   Indiferente [ ]

58) Se sua paróquia não tem diáconos permanentes, aceitaria trabalhar com eles?
Sim [ ]   Não [ ]   Indiferente [ ]

59) Tem facilidade em trabalhar com outros padres e em equipe?
Sim [ ]   Não [ ]   Às vezes [ ]   Indiferente [ ]

60) Tem desenvolvido algum trabalho ecumênico, com outras denominações religiosas?
Sim [ ]   Não [ ]   Às vezes [ ]   Indiferente [ ]

61) Sente-se identificado com o trabalho que desenvolve atualmente?
Sim [ ]   Não [ ]   Às vezes [ ]   Indiferente [ ]

62) Com que tipo de trabalho mais se identifica?
Pastoral paroquial   [ ]
Administração paroquial   [ ]
Formação de seminaristas   [ ]
Missão *ad gentes*   [ ]
Assessorias   [ ]
Todas   [ ]
Nenhuma   [ ]
Outras   [ ]
Quais? _____

63) Você se considera um promotor vocacional?
Sim [ ]   Não [ ]   Às vezes [ ]   Indiferente [ ]

64) Visita regularmente os seminários?
Sim [ ]   Não [ ]   Às vezes [ ]   Indiferente [ ]

65) Recebe seminaristas para os estágios pastorais?
Sim [ ]   Não [ ]   Às vezes [ ]   Indiferente [ ]

VI. ESPIRITUALIDADE

66) Você se confessa com frequência?
Sim [ ]   Não [ ]

67) Tem diretor espiritual?
Sim [ ]   Não [ ]

68) Celebra a Liturgia das Horas?
Todas [   ]   Algumas [   ]

69) Você é feliz como padre e com o que faz?
Sim [   ]   Não [   ]   Às vezes [   ]   Não sei responder [   ]

70) Faz retiros espirituais?
Sim [   ]   Não [   ]   Não sei responder [   ]

71) Se você faz retiro, quantas vezes ao ano?
Uma vez ao ano   [   ]
Duas vezes ao ano   [   ]
Mais de duas vezes ao ano   [   ]
Não faço retiro todos os anos   [   ]

72) Tem momentos de oração pessoal diários?
Sim [   ]   Não [   ]   Às vezes [   ]   Muito raramente [   ]

73) Pertence a algum movimento ou frequenta alguma fonte de espiritualidade?
Sim [   ]   Não [   ]   Às vezes [   ]
Se sim, qual:_____

VII. SAÚDE E BEM-ESTAR

74) Você faz algum tipo de exercício físico?
Sim [   ]   Não [   ]   Às vezes [   ]

75) Faz acompanhamento médico periódico?
Sim [   ]   Não [   ]   Às vezes [   ]

76) Como é a qualidade de sua alimentação?
Ótima [   ]   Boa [   ]   Regular [   ]   Ruim [   ]   Não sei informar [   ]

77) Tem horários fixos para as refeições?
Sim [   ]   Não [   ]   Às vezes [   ]   Não sei informar [   ]

78) Tem plano de saúde?
Sim [   ]   Não [   ]

79) Já fez ou faz acompanhamento psicológico?
Sim [   ]   Não [   ]

80) Já fez ou faz acompanhamento psiquiátrico?
Sim [   ]   Não [   ]

Operários da fé

81) **Tem bons amigos?**
Sim [ ]   Não [ ]   Às vezes [ ]

82) **Tem algum problema crônico de saúde?**
Sim [ ]   Não [ ]   Não sei informar [ ]

83) **Tem bom relacionamento com as pessoas em geral?**
Sim [ ]   Não [ ]   Com alguns [ ]   Indiferente [ ]

84) **Você tem dúvida quanto à sua identidade afetivo-sexual?**
Sim [ ]   Não [ ]   Não quero informar [ ]

VIII. VIAGENS, LAZER E CULTURA

85) **Assiste a filmes em casa?**
Sim [ ]   Não [ ]   Às vezes [ ]

86) **Assiste a filmes no cinema?**
Sim [ ]   Não [ ]   Às vezes [ ]

87) **Vai ao teatro?**
Sim [ ]   Não [ ]   Às vezes [ ]

88) **Dedica algum tempo semanal ao lazer?**
Sim [ ]   Não [ ]   Às vezes [ ]

89) **Tira férias regularmente?**
Sim [ ]   Não [ ]   Às vezes [ ]

90) **Viaja com frequência?**
Sim [ ]   Não [ ]   Às vezes [ ]

91) **Já esteve em Roma?**
Sim, uma vez [ ]   Sim, mais de uma vez [ ]   Nunca [ ]

92) **Se você faz viagens internacionais, quem as custeia?**
Meus recursos pessoais [ ]
A paróquia   [ ]
A diocese   [ ]
A CNBB   [ ]
Amigos   [ ]
Outros   [ ]
Quem? _____

IX. POLÍTICA

93) É filiado a algum partido político?
Sim [ ]   Não [ ]   Se sim, qual? [ ]

94) Tem interesse em ser candidato a algum cargo político?
Sim [ ]   Não [ ]   Já tive [ ]

95) Concorda que padres se candidatem a cargos políticos (p. ex., vereador, prefeito, deputado etc.)?
Sim [ ]   Não [ ]   Indiferente [ ]

96) Apoia abertamente algum candidato em época de eleições?
Sim [ ]   Não [ ]   Às vezes [ ]   Indiferente [ ]

97) Está satisfeito com o atual governo federal?
Sim [ ]   Não [ ]   Em parte [ ]   Indiferente [ ]

98) Tem na sua paróquia a Pastoral de Fé e Política ou algo do gênero?
Sim [ ]   Não [ ]   Indiferente [ ]

99) Participa direta ou indiretamente na defesa de políticas públicas?
Sim [ ]   Não [ ]   Às vezes [ ]   Indiferente [ ]

100) Você acredita que esta pesquisa é importante?
Sim [ ]   Não [ ]   Em parte [ ]   Indiferente [ ]
Não sei avaliar [ ]

Se desejar, coloque aqui sua opinião:

_____
_____
_____
_____
_____
_____
_____

Referências bibliográficas

BAUMAN, Zygmunt. *Modernidade líquida*. Rio de Janeiro: Jorge Zahar Editor, 2001.

BAUMAN, Zygmunt. *Comunidade*: a busca por segurança no mundo atual. Rio de Janeiro: Jorge Zahar Editor, 2003.

BENTO XVI, Papa. *Instrução sobre os critérios de discernimento vocacional acerca das pessoas com tendências homossexuais e da sua admissão ao seminário e às ordens sacras*. São Paulo: Paulinas, 2005.

BÍBLIA SAGRADA. Edição Pastoral. São Paulo: Paulus, 1990.

BOAS, Franz. *Anthropology and modern life*. New York: Dover Publications.

BOXER, C. R. *A Igreja e a expansão ibérica* (1440-1770). Lisboa: Edições 70, 1981.

DE MASI, Domenico. *O ócio criativo*. Tradução: Léa Manzi. Rio de Janeiro: Sextante, 2000.

DURKHEIM, Émile. *O suicídio:* estudo de sociologia. São Paulo: Martins Fontes, 2004.

CELAM. *Conclusões da Conferência de Medellín* – 1968. Texto oficial. 3. ed. São Paulo: Paulinas, 2010.

CNBB. *Diretório da liturgia e da organização da Igreja no Brasil*. Brasília/DF: Edições CNBB, 2020.

CNBB. *Manual de procedimentos administrativos*. Brasília/DF: Edições CNBB, 2010.

CNBB. *Diretrizes gerais da ação evangelizadora da Igreja no Brasil: 2019-2023*. Brasília: Edições CNBB, 2019.

CÓDIGO DE DIREITO CANÔNICO, promulgado por João Paulo II, Papa. Tradução: Conferência Nacional dos Bispos do Brasil. São Paulo: Loyola, 1987.

CONCÍLIO VATICANO. VATICANO II: Mensagens, discursos, documentos. 2. ed. São Paulo: Paulinas, 2007.

FAILLA, Zoara (org.). *Retrato da leitura no Brasil*. 5. ed. Rio de Janeiro: Sextante, 2021.

FERNANDES, Florestan. *A formação política e o trabalho do professor*. Marília: Lutas Anticapital, 2019.

GADELHA, Renata Rocha. *Recampesinização e Ressignificação do Campesinato*: histórias de vida no movimento de mulheres camponesas do Paraná (MMC/PR). Dissertação (Mestrado) – Universidade Federal da Fronteira Sul, Programa de Pós-Graduação em Agroecologia e Desenvolvimento Rural Sustentável (PPGADR), Laranjeiras do Sul, 2017.

HAUCK, João Fagundes. A Igreja na emancipação: 1808-1840. *In*: CEHILA. *História da Igreja no Brasil*, tomo II/2. Petrópolis: Vozes, 1980. p. 131.

JOÃO PAULO II, Papa. Exortação Apostólica Pós-Sinodal – *Pastores Dabo Vobis*. Sobre a formação dos sacerdotes. São Paulo: Paulinas, 1998.

JOÃO PAULO II, Papa. Catecismo da Igreja Católica. Edição revisada de acordo com o texto oficial em latim. Reimpressão. São Paulo: Loyola, 2009.

MASLOW, Abraham H. *Introdução à psicologia do ser*. Rio de Janeiro: Eldorado, s/d.

PAULO VI, Papa. Constituição *Sacrosanctum Concilium*. Sobre a Sagrada Liturgia. In: CONCÍLIO VATICANO. *Vaticano II*: mensagens, discursos, documentos. 2. ed. São Paulo: Paulinas, 2007. p. 141-175.

PAULO VI, Papa. Decreto *Presbyterorum ordinis*. Sobre o ministério e a vida sacerdotal. In: CONCÍLIO VATICANO. *Vaticano II*: mensagens, discursos, documentos. 2. ed. São Paulo: Paulinas, 2007. p. 440-469.

PAULO VI, Papa. Documentos de Paulo VI. Col. Documentos da Igreja. São Paulo: Paulus, 1997.

PENNAC, Daniel. *Como um romance*. Tradução: Leny Werneck. Rio de Janeiro: Rocco, 1997.

PEREIRA, José Carlos. *Gestão eficaz*: sugestões para a renovação paroquial. São Paulo: Paulus, 2014.

PIERUCCI, Antônio Flávio. Não é ele o filho do carpinteiro? Origem sociocultural do clero católico. In: PRANDI, Reginaldo; PIERUCCI, Antônio Flávio. *A realidade social das religiões no Brasil*. São Paulo: Hucitec, 1996. p. 117.

PIERUCCI, Antônio Flávio; PRANDI, Reginaldo. *A realidade social das religiões no Brasil*. São Paulo: Hucitec, 1996. p. 109-142.

PLATÃO. *A República*. São Paulo: Edipro, 2019.

ROSSETTI, Stephen Joseph. *Why priests are happy*. A study of the psychological and spiritual health of priests. Fareword by John L. Allen Jr. Notre Dame, EUA: Ave Maria Press, 2011.

SCHALLER, Jean-Pierre. Direção espiritual. In: LACOSTE, Jean-Yves. *Dicionário crítico de teologia*. São Paulo: Paulinas/Loyola, 2004.

TYLOR, Edward B. *Primitive culture*. Londres, 1871.

WEBER, Max. *Economia e sociedade*. v. 1. São Paulo: Imprensa Oficial; Brasília: UnB, 2004.

Páginas consultadas

AMERICAN JOURNAL OF EPIDEMIOLOGY. Volume 188, Issue 1, January 2019, Pages 102 109, https://doi.org/10.1093/aje/kwy231. Acesso em: 21 abr. 2021.

BLOG RAINHA DA PAZ. https://carloslopesshalom.wordpress.com/2011/10/17/estudo-maioria-dos-padres-feliz-no-celibato/. Publicado por Carlos Lopes em 17/10/2011. Acesso em: 25 mar. 2021.

BONA, André. https://andrebona.com.br/o-que-e-poder-de-compra-saiba-mais-sobre-ele. Acesso em: 20 jun. 2021.

CERIS. http://www.ceris.org.br/o-processo-do-censo-2018-nas-dioceses/. Acesso em: 2 out. 2020.

COSENTINO, Francesco. Crise do padre. O que fazer? *Revista IHU*, n. 546, 23 set. 2017. Disponível em: http://www.ihu.unisinos.br/78-noticias/571448-crise-do-padre-o-que-fazer. Acesso em: 20 fev. 2021.

HOLT-LUNSTAD, Julienne *et al.* Relações sociais e risco de mortalidade: uma revisão meta-analítica. Disponível em: https://doi.org/10.1371/journal.pmed.1000316. Acesso em: 21 abr. 2021.

IBGE, Diretoria de Pesquisas, Coordenação de trabalho e rendimento, Pesquisa Nacional por Amostra de Domicílios Contínua, 2012-2019. Disponível em: https://biblioteca.ibge.gov.br/visualizacao/livros/liv101707_informativo.pdf. Acesso em: 3 out. 2020 e 31 maio 2021.

IHU UNISINOS. http://www.ihu.unisinos.br/78-noticias/572262-padres-uruguaios-ganham-pouco-e-ainda-assim-sao-os-mais-felizes, 03 de outubro de 2017. Acesso em: 25 mar. 2021.

PAULO VI. Papa. https://www.vatican.va/content/paul-vi/it/motu_proprio/documents/hf_p-vi_motu-proprio_19740613_firma-in-traditione.html. Acesso em: 4 jan. 2021.